SISTEMI BANCARI E COMPETENZE A CONFRONTO

*con speciale ringraziamento al
Professore Massimo Balducci
per la supervisione del testo*

SISTEMI BANCARI E COMPETENZE A CONFRONTO

un caso italiano e un caso olandese

Ingrid Gacci

Prima edizione: 2001 (Italia, Firenze)
Edizione in formato digitale: 2015 (Olanda, Amsterdam)

Aspetti tecnici e grafici della versione digitale curati da: Gaetano Causio.

In copertina dipinti di:
- Giuseppe Zocchi - *Piazza della Signoria, Firenze* - 1744
- Pieter Jansz Saenredam - *Het oude stadhuis van Amsterdam* - 1657

ISBN: 978-90-823922-0-3

Indice

Introduzione

Questa ricerca è una comparazione tra il sistema bancario olandese e quello italiano nonché tra le diverse modalità di gestione delle competenze del personale. L'analisi e la comparazione del sistema bancario olandese e di quello italiano sono la base per la comprensione dell'evoluzione del management delle competenze nei due Paesi. L'obiettivo della ricerca è dimostrare che in un mercato aperto alla concorrenza e inserito in un contesto ambientale in continuo cambiamento è possibile gestire strategicamente le risorse umane affinché tutto il loro potenziale possa essere adeguatamente utilizzato per il raggiungimento e il mantenimento del vantaggio competitivo. L'Olanda, uno dei paesi con il sistema bancario più avanzato a livello mondiale, costituisce in questo senso un modello a cui tendere in quanto appartenente – come l'Italia - all'Unione Europea e quindi accomunato da problematiche e esperienze di sviluppo simili e superate con successo.

Come noto, il sistema bancario italiano vive attualmente una fase di profondi cambiamenti il cui fenomeno più evidente sono i processi di fusione e acquisizione che, spesso, si scontrano con realtà aziendali interne impreparate e non sempre disposte ad accettare quello che è stato definito a livello di contrattazione. I fenomeni recenti sono il frutto di un cammino intrapreso – con alti e bassi – a partire dal 1989 con il recepimento da parte dell'Italia delle Direttive europee. Le Direttive europee hanno determinato il riconoscimento della imprenditorialità dell'attività bancaria e il contemporaneo allentamento dei vincoli formali e amministrativi della Banca d'Italia (ad esempio l'eliminazione dell'autorizzazione all'apertura di nuovi sportelli) con la conseguente apertura del mercato alla concorrenza anche di banche straniere. E' bene precisare che non sempre le Direttive europee sono state attuate con la decisione e la determinazione necessarie, mentre, altri Paesi sono stati ben più concentrati sul corretto adeguamento del sistema bancario e finanziario. Il ritardo italiano dovuto a ragioni storiche, culturali, economiche è diventato insostenibile con il recente ingresso dell'Italia nell'Unione Europea.

Al contrario il sistema bancario olandese è uno dei sistemi più moderni ed evoluti e costituisce senza dubbio un modello al quale attenersi e con il quale confrontarsi. L'Olanda, fino dagli anni Settanta e Ottanta, ha perseguito una politica di progressiva liberalizzazione dei mercati finanziari, in base al concetto per cui la liberalizzazione dei mercati finanziari incrementa il rendimento e migliora l'allocazione delle risorse finanziarie creando benessere economico e sociale. L'Olanda è stata, nel 1986, il quarto paese membro della OECD[20] ad aver totalmente liberalizzato le sue transazioni di capitali. Pertanto, le Direttive europee hanno visto l'Olanda spesso già allineata o comunque già sensibilizzata al loro contenuto. Questa situazione ha consentito all'Olanda di porsi in una situazione di vantaggio rispetto all'Italia in relazione sia ai vincoli amministrativi e operativi sia alla concorrenza; in particolare, il fattore concorrenza non costituisce una novità per le banche olandesi fortemente presenti, per tradizione, sui mercati esteri.

La ricerca è interessante in quanto evidenzia come il diverso contesto del sistema bancario italiano abbia determinato un notevole ritardo a livello di modalità di gestione delle competenze del personale e attraverso la comprensione delle soluzioni elaborate dai "cugini" olandesi può costituire un valido supporto per l'elaborazione di una strategia di gestione delle competenze adeguata ad un mercato caratterizzato da fusioni e acquisizioni e da una crescente concorrenza.

Per completezza, si riporta, a seguire, una panoramica degli argomenti trattati nei singoli capitoli.

Nel **Capitolo Primo** vengono richiamati alcuni concetti classici tradizionali che ci guideranno in maniera indiretta per tutto il lavoro.

Nel **Capitolo Secondo** si affronta il tema dell'evoluzione storica della normativa, dal 1936 -1938 - data di costituzione, con la Riforma Bancaria, di un sistema bancario "protetto" – fino ai giorni nostri, concentrandosi soprattutto sugli sviluppi degli anni Settanta, Ottanta e Novanta. La partecipazione dell'Italia all'Unione Europea dal 1° gennaio 1999, trova le basi proprio nell'adeguamento alle Direttive europee avvenuto nella seconda metà degli anni Ottanta, e fa emergere con forza la sostanziale impreparazione delle banche italiane all'appuntamento europeo e quindi, la necessità di accelerazione dei processi di fusione e acquisizione per rispondere all'aumentata concorrenza che si manifesta attraverso la specializzazione dei prodotti, la razionalizzazione e pieno utilizzo di tutti i canali di vendita, lo sviluppo di nuovi *business* quali, il risparmio gestito e la banca-assicurazione, la riduzione di costi, la gestione del personale in base all'approccio di unico fattore in grado di assicurare la permanenza sul mercato e il mantenimento del vantaggio competitivo acquisito a parità di altre condizioni. Il capitolo è completato dall'analisi delle strategie di ristrutturazione in atto nelle banche italiane fondate sul passaggio ad una gestione per processi e sul progressivo consolidamento di tre aree banca con proprie responsabilità e obiettivi: l'area "Fabbrica", l'area "Sviluppo e Gestione del *Business*", l'area "*Corporate Governance*".

Il **Capitolo Terzo** è relativo all'analisi del sistema bancario olandese. Un breve excursus storico delle norme legislative e regolamentari consente di comprendere la lenta ma progressiva liberalizzazione dei flussi di capitale internazionale e la conseguente deregolamentazione interna avviate fino dagli anni Settanta e Ottanta. Il capitolo prosegue evidenziando sia l'impatto delle politiche di liberalizzazione sulla politica monetaria che si è trasformata in pura politica per il mantenimento del tasso di cambio sia il conseguente doppio passaggio da strumenti di controllo diretto del credito a strumenti di controllo indiretto e sempre più orientati al mercato (come noto, il tasso di cambio si controlla in maniera più efficace con politiche del mercato della moneta piuttosto che con politiche orientate alla crescita del credito bancario). L'approccio graduale alla modernizzazione e alla liberalizzazione del sistema finanziario ha attivamente coinvolto gli operatori del sistema bancario che, in risposta all'aumentata concorrenza e alla perdita dei margini nelle aree tradizionali, hanno costituito grossi conglomerati finanziari. I conglomerati finanziari una volta consolidatisi sul mercato nazionale hanno allargato il loro raggio di azione a banche e assicurazioni di altri Paesi.

Il sistema finanziario olandese è ormai consolidato e la panoramica dell'evoluzione del sistema bancario, degli sviluppi sul margine di interesse, dei rapporti con le piccole e medie imprese, fornisce un quadro generale dei vari passaggi avvenuti nel corso del tempo. Il capitolo termina con l'analisi dell'influenza dei conglomerati finanziari sulla creazione e lo sviluppo di un forte settore *Retail Banking*. Infatti, i conglomerati finanziari hanno determinato la fornitura di servizi non solo bancari ma anche assicurativi ad ampie fasce di clienti, la razionalizzazione dei canali distributivi in relazione alla tipologia di clientela e di prodotto e la conseguente diminuzione del numero degli sportelli bancari, la diversificazione dei prodotti.

Nel **Capitolo Quarto** si confrontano i dati emersi sulla realtà del sistema bancario italiano con quelli del sistema bancario olandese, evidenziando le congruità e le differenze. In particolare, la diversa evoluzione normativa di due Paesi – ambedue facenti parte dell'Unione Europea - è la base per comprendere l'esito delle operazioni di fusione e acquisizione; si rileva così fra l'altro, che in Italia, pur essendo diminuito il numero complessivo delle banche è - contrariamente al caso olandese - aumentato notevolmente il numero degli sportelli bancari mentre la quota di mercato delle cinque istituzioni maggiori rimane ancora ben lontana da quella olandese (51% contro 85%).

Nel **Capitolo Quinto** si illustrano le modalità di gestione delle competenze aziendali che sono il risultato di un processo di apprendimento continuo e devono essere scoperte, indirizzate, stimolate, ecc. L'importanza della gestione delle competenze si manifesta apertamente negli ultimi anni in quanto i processi di cambiamento improvviso e repentino consentono la sopravvivenza solo di quelle aziende che hanno valorizzato le loro Risorse Umane con scelte strategiche che privilegiano la creazione di pool di persone in grado di portare valore aggiunto in tutti i ruoli aziendali e di cogliere le nuove opportunità. Un breve excursus della evoluzione storica della gestione delle competenze è preliminare alla definizione dei caratteri delle competenze, delle conoscenze e delle competenze chiave (*core competencies*). Successivamente si specificano in dettaglio le fasi del Management delle Competenze: la mappatura, che è l'attività rivolta all'individuazione delle competenze aziendali necessarie; la valutazione, attraverso la quale si determina la presenza o meno e il livello di presenza delle varie tipologie di competenze individuate in fase di mappatura; lo sviluppo, che consente la programmazione dell'evoluzione delle competenze; e infine, il monitoraggio, attraverso il quale si valutano gli effetti dei processi di sviluppo; per ogni fase vengono riportate le principali metodologie, gli strumenti e le motivazioni per una scelta operativa consapevole.

Nel **Capitolo Sesto** si riportano i risultati della ricerca compiuta in due banche, il gruppo Banca Popolare di Bergamo - CV e la banca olandese Mees Pierson.

L'attività del gruppo italiano è allo stadio iniziale, si svolge per fasi successive a partire dalla definizione e dettagliata descrizione di ogni singola conoscenza attinente ai singoli profili organizzativi; si sviluppa con la verifica del possesso delle conoscenze e capacità da parte di coloro che devono ricoprire i singoli profili organizzativi individuati; termina con la comunicazione dei risultati delle rilevazioni attraverso un colloquio tra responsabile e collaboratore che consente la discussione sui punti forti e sugli aspetti da migliorare. La ricerca relativa al caso italiano riporta il dettaglio del metodo applicativo: il censimento delle conoscenze e capacità, l'individuazione dei profili organizzativi, gli strumenti per la verifica del possesso di conoscenze e capacità, la scheda con i risultati (base per la discussione fra il responsabile e il collaboratore), il piano di miglioramento individuale con la specificazione degli obiettivi e delle azioni da intraprendere.

La ricerca sulla banca Mees Pierson mostra che l'obiettivo della banca olandese è lo sviluppo di determinati talenti per il miglioramento delle prestazioni; l'esplicitazione di questo obiettivo denota che la banca conosce perfettamente le proprie necessità in termini di competenze di profili organizzativi. La ricerca analizza in dettaglio gli strumenti per lo sviluppo delle competenze a partire dalla matrice di sviluppo che individua le necessità, proseguendo quindi con il Piano di Sviluppo Personalizzato e con la guida con i corsi e le attività formative ritenuti indispensabili dall'azienda per lavorare nella banca Mees Pierson e terminando con una guida delle caratteristiche singole competenze e delle modalità più adatte per svilupparle. Il caso della banca olandese si chiude con un esame dell'attività svolta, all'interno dell'azienda dal "Centro per lo sviluppo della Carriera" e con l'analisi dell'attività di formazione effettuata da un istituzione nazionale il NIBE-SVV; infine, viene riportato il modus operandi – a livello commerciale – della banca BBL a testimonianza che l'attività commerciale della banca Mees Pierson è comune all'intero sistema bancario olandese.

Infine, nel **Capitolo Settimo** si riportano le conclusioni generali della ricerca.

CAPITOLO PRIMO

Le banche in transizione: elaborazione di un modello teorico

Come riportato nell'introduzione questo breve capitolo riporta una serie di concetti classici tradizionali che indirettamente accompagnano tutta la ricerca.

Quando si parla di "sistema aperto" si intende un sistema inserito in un ambiente in continua trasformazione che, per sopravvivere, deve interagire con l'ambiente stesso.

Il sistema aperto è costituito da:

- variabili interne, dipendenti dall'ambiente (quali strategie, struttura, tecnologia e organizzazione, meccanismi di comunicazione per coordinamento e controllo, cultura organizzativa);
- variabili esterne (ambientali), indipendenti, caratterizzate nel breve periodo, da immodificabilità e incontrollabilità; queste sono: il sistema economico-sociale, il sistema normativo, la tecnologia.

La banca intesa come azienda è un "sistema aperto" con una propria strategia e struttura. Strategia e struttura, definite secondo il modello pluralista di organizzazione,[1] rispettivamente, l'insieme dei fini delle direttrici del governo della banca e del management e l'insieme di tutti gli organi e di tutte le funzioni aziendali, si caratterizzano per un rapporto bidirezionale di influenza e modificazione reciproca e per una costante tensione al risultato.

I mutamenti strategici

I mutamenti normativi, dovuti all'ingresso nell'EMU e all'introduzione di una nuova legge bancaria e quelli economici, dovuti alla crescente competizione nei

mercati finanziari, all'aumentata incertezza e rischiosità, alla diminuzione dei margini di intermediazione, hanno determinato una fase di profondi cambiamenti per tutte le banche.

Si tratta essenzialmente di cambiamenti di strategia conseguenti alle mutate condizioni ambientali, ossia la ridefinizione del proprio di posizionamento rispetto al prodotto, al mercato e alla struttura organizzativa.

L'organizzazione tradizionale basata su un mercato protetto e regolamentato, su una burocrazia centralizzata, su procedure formali, specializzazione funzionale, livelli gerarchici dettagliati crolla sotto il peso della crescente competitività del mercato.

Gli obiettivi delle nuove forme organizzative sono: la soddisfazione delle esigenze del cliente e il contenimento dei costi.

Grazie al ridimensionamento dei livelli gerarchici emergono strutture più corte e più snelle nelle decisioni, e viene riconosciuta maggiore autonomia all'attività delle filiali. La conseguenza è la costituzione di sportelli specializzati in relazione alle tipologie dei mercati presidiati (ad es. corporate banking), nonché, a cascata, l'adeguamento delle funzioni di back-office, che vengono progressivamente accentrate e la maggiore autonomia riconosciuta alle funzioni di front-office.

Nelle banche si diffonde la strategia competitiva che, rifacendosi allo schema di Porter, identifica cinque punti che influenzano la redditività del sistema bancario:

1. le pressioni competitive di carattere economico, sociale, demografico, politico, normativo provenienti dall'ambiente esterno;

2. i fornitori di denaro (imprese, privati, enti) di tecnologie e di impianti;

3. i clienti (imprese, privati, enti, istituzioni, professionisti, ecc.) con esigenze proprie;

4. i nuovi entranti potenziali (banche straniere, società finanziarie, compagnie di assicurazione, ecc.);

5. l'innovazione tecnologica applicata indifferentemente ai clienti o ai prodotti.

La conoscenza approfondita delle regole di concorrenza permette l'elaborazione di un'efficace strategia competitiva che cerca di mantenere corrispondenza tra obiettivi, risorse e opportunità di lavoro. La manifestazione della strategia competitiva è il vantaggio competitivo ossia "il valore che un impresa è in grado di creare per i suoi clienti, tale da fornire risultati superiori rispetto ai costi di creazione".

Un'azienda che intende entrare in un mercato diverso compie scelte strategiche differenziate in relazione a quelle che sono le barriere d'ingresso; in particolare:

- le economie di scala impongono alle aziende esterne al settore volumi di attività più bassi che determinano la lievitazione dei costi. Le economie di scala, presenti in tutte le funzioni dell'attività bancaria (produzione, acquisti, marketing, rete di assistenza, ecc.), possono riguardare intere aree o singole operazioni o attività all'interno di un'area;

- la differenziazione di prodotto dovuta all'identificazione, da parte del consumatore, del marchio, impone alle imprese investimenti notevoli quanto rischiosi che diventano irrecuperabili in caso di insuccesso. I veicoli di diffusione sono la pubblicità, il servizio alla clientela, le diversità del prodotto;

- l'accesso ai canali di vendita è una barriera all'entrata, in quanto le imprese possono trovare difficoltà ad assicurarsi l'accesso e la distribuzione di prodotti e servizi. In questi casi solo ricorrendo allo sfruttamento di canali alternativi, alle campagne pubblicitarie, ad iniziative promozionali sarà possibile entrare nel mercato.

I modelli delle strategie di Ansoff ci permettono di verificare come le strategie e altri fattori determinino la scelta delle modalità di segmentazione della clientela e l'individuazione delle variabili interessanti per la banca.

Clienti Prodotti	vecchi	nuovi
vecchi	**Strategia di penetrazione e fidelizzazione.** La banca che teme la concorrenza di altre banche attua questa strategia con particolare attenzione ai clienti di classe socio-economica elevata in quanto *opinion leader*, in grado di incidere sui ricavi della banca, spesso multibancarizzati e quindi in grado di esprimere giudizi.	**Strategia di acquisizione di nuove fasce di clientela.** La banca che apre una nuova sede in genere sviluppa una politica di aggressione per cui è utile la segmentazione dei Privati in base alla professione e quella delle Imprese in base al settore di attività.
nuovi	**Strategia di diversificazione del prodotto.** Questa strategia è adottata dalle banche che intendono offrire ai clienti acquisiti nuovi prodotti.	**Strategia di diversificazione totale.** E' la strategia delle banche di grande dimensione che affronta la concorrenza su due fronti: l'espansione della clientela e l'espansione dei prodotti.

Le strategie di prodotto/mercato di Ansoff consentono grazie all'incremento o alla diminuzione dei prodotti l'estensione o la riduzione del numero dei mercati in cui un'impresa opera.

Prodotti Mercati	attuali	nuovi
attuali	Strategia di penetrazione del mercato. 1	Strategia di sviluppo dei prodotti. 2
nuovi	Strategia di espansione del mercato. 3	Strategia di diversificazione. 4

Le strategie **due** e **quattro** permettono di acquisire nuove fasce di clientela; la strategia tre permette di acquisire clientela sottratta alla concorrenza; la strategia uno permette di sviluppare l'uso di prodotto bancari da parte della clientela già acquisita.

La strategia di posizionamento consente l'innovazione dei prodotti e servizi esistenti (**caso tre**); la creazione autonoma di vari prodotti (**caso quattro**); l'acquisizione di nuovi prodotti all'esterno (**caso due**).

Inoltre si suddividono in competitori globali (global player) e competitori di nicchia[2] (niche player).

Mercati Prodotti	pochi	molti
pochi	Competitori globali. Leadership di prodotto. 1	Competitori globali. Leadership di prezzo. 2
molti	Competitori di nicchia. Leadership di prodotto. 3	Competitori di nicchia. Leadership di prezzo. 4

Il sistema bancario in Italia: il contesto storico e l'evoluzione verso un nuovo modo di fare banca

In linea con quanto affermato nell'Introduzione, in questo capitolo si affronta l'evoluzione storica della normativa italiana, dal 1936-1938 fino ai giorni nostri, soffermandosi in particolare sulle esigenze e sulle necessità manifestatesi in seguito al recepimento delle Direttive europee e all'ingresso dell'Italia nell'Unione Europea. La ricerca è completata dall'analisi delle strategie di ristrutturazione in atto nelle banche italiane e fondate sul passaggio ad una gestione per processi e sul progressivo consolidamento di tre aree banca con proprie responsabilità e obiettivi: l'area "Fabbrica", l'area "Sviluppo e Gestione del *Business*", l'area "*Corporate Governance*".

Nel corso degli anni Novanta, il sistema bancario e finanziario in Italia e nel mondo ha subito una profonda trasformazione strutturale: è diminuito il numero degli intermediari finanziari ed è aumentata la dimensione aziendale media cui corrisponde un'altrettanto forte concentrazione dei mercati, sono aumentate le integrazioni tra settori dell'attività finanziaria, si sono affacciati sul mercato competitori non provenienti da settori finanziari, si è modificato il peso delle diverse aree di servizi finanziari.

In uno scenario caratterizzato da una tendenziale convergenza dei modelli anglosassone[3] e continentale[4], il sistema bancario e finanziario italiano è divenuto più concorrenziale anche verso i *competitors* internazionali, sviluppando, in particolare, un forte orientamento verso la specializzazione e la liberalizzazione, la visione di innovazioni tecnologiche e finanziare quali perno per la crescita aziendale e, infine, la realizzazione delle privatizzazioni del sistema stesso.

La trasformazione dell'ambiente di riferimento è stata la conseguenza diretta dell'evoluzione normativa ed economica.

L'evoluzione normativa: dalla riforma bancaria del 1936 all'ingresso nell'Unione Europea

Con riforma bancaria del 1936-38 nasce un sistema bancario protetto costituito da intermediari protetti, dove la competitività non esiste e assai scarsa è l'attenzione per il mercato mobiliare.

I concetti fondamentali sono quelli di "controllo" e di "essere controllati".

Gli obiettivi della riforma sono la garanzia di stabilità, l'efficienza esterna e l'efficacia funzionale delle banche e, a cascata, dell'intero sistema finanziario.

Viene delineandosi un sistema bancario che, pur incentrato sulla presenza di un'Autorità Centrale forte (Banca d'Italia) dotata di strumenti di controllo e d'intervento efficaci e fonte di normativa secondaria, presenta i seguenti caratteri:

- specializzazione istituzionale, temporale e operativa per ridurre il rischio finanziario,
- bassa competitività,
- sviluppo di controlli determinati e dettagliati della struttura,
- limitazione del rischio d'impresa attraverso il divieto per le banche di detenere partecipazioni nell'industria.

Nel periodo 1945-1973 si consolida un modello i cui caratteri preminenti sono:

- lo sviluppo industriale finanziato con l'indebitamento;
- il rapporto di dipendenza e fusione tra istituti di credito speciale e aziende di credito ordinario, dovuto all'incremento del credito a medio termine;
- la centralità della funzione di intermediazione creditizia;

- la trasformazione delle scadenze grazie a meccanismi di doppia intermediazione;
- la marginalità del mercato azionario e obbligazionario.

A livello economico, fino alla metà degli anni Settanta, la fonte di guadagno per eccellenza è costituita dall'elevata attività di intermediazione creditizia cui si affiancano, sia la forte forbice tra la durata media ponderata dell'indebitamento delle imprese (molto elevata) e la durata media ponderata delle passività bancarie nel portafoglio delle famiglie (assai più ridotta), sia l'alto moltiplicatore dell'effetto di leva finanziaria (la leva dell'impresa moltiplicata per la leva della banca).

A livello sociale, la forte crescita dei volumi intermediati si accompagna a stabilità ed efficienza del sistema; il management bancario fa perno su valori definiti e condivisi nonché su un sistema di premi e punizioni basato sui criteri stabiliti dalla Banca d'Italia.

La crisi del sistema bancario e finanziario si presenta nel periodo 1974-1984 con il manifestarsi dello shock petrolifero, dell'instabilità dei cambi, del rapporto tra inflazione e regressione dell'economia reale, dell'aumento e della variabilità dei tassi di interesse.

La soluzione della crisi vede l'impegno degli intermediari creditizi, nella posizione di strumento del Governo per il ristabilimento dell'equilibrio generale attraverso interventi amministrativi quali:

- il vincolo dell'investimento obbligatorio in titoli,
- il massimale sull'espansione degli impieghi,
- l'aumento dei controlli diretti.

Da un lato la diminuzione del 16% dei fondi intermediati totali deflazionati per addetto e dall'altro la diminuzione del 14% del margine d'interesse deflazionato per addetto, confermano la situazione di grave crisi e instabilità del sistema.

Negli anni Ottanta, gli interventi per il superamento della crisi mirano alla diversificazione delle funzioni di disintermediazione finanziaria e alla trasformazione del mercato mobiliare ancora troppo rigido e strutturato. Con la legge 77/1983 vengono disciplinati i fondi comuni d'investimento mobiliare.

Il periodo dal 1985 al 1989 si apre con il recepimento della Prima Direttiva CEE che:

- segna l'inizio del processo di coordinamento delle legislazioni bancarie;
- afferma la natura imprenditoriale dell'attività bancaria;
- cerca di limitare la discrezionalità consentita all'Organo di Vigilanza nell'esercizio delle sue facoltà autorizzative.

L'Italia la recepisce solo nel 1985 con la legge 74/85 e il D.Lgs. 350/85, in ritardo rispetto a Inghilterra (1979), Germania e Francia (1984).

Il recepimento della Prima Direttiva CEE vede l'evolversi della funzione dei piani di sportelli - l'ultimo dei quali datato 1985 - predisposti dall'Organo di Vigilanza: da strumento per garantire la stabilità del sistema a strumento di competitività ed efficienza tra le diverse imprese bancarie; ma bisognerà aspettare il 1989 con il recepimento della 2° Direttiva CEE - che introduce il modello di banca universale – per vedere la fine dell'ordinamento del 1936 ed il passaggio ad un modello di banca preoccupato della concorrenza piuttosto che della vigilanza.

Il 1987 si caratterizza per:

- l'introduzione dei coefficienti patrimoniali minimi in rapporto alle dimensioni della banca e alla rischiosità dell'attivo che segna il superamento del concetto di controllo strutturale a vantaggio di quello di controllo prudenziale nell'attività dell'Organo di Vigilanza;

- la facoltà riconosciuta alle banche dal CICR (Comitato Interministeriale per il Credito e il Risparmio) di costituire società d'intermediazione finanziaria con l'acquisizione anche di partecipazioni industriali per il finanziamento che segnala la volontà di ridurre la forbice tra banca e industria.

Negli anni Novanta gli eventi innovativi si succedono rapidamente, vale la pena ricordare quelli salienti:

- Il 1990 è l'anno della liberalizzazione, sia dell'apertura degli sportelli, sia dei movimenti di capitali con l'estero nonché della riserva obbligatoria. L'attuazione della Legge Amato (legge 218/1990) determina l'inizio del processo di trasformazione delle banche, da enti pubblici in società per azioni, nonché l'introduzione del il concetto di "gruppo polifunzionale"[5] sia come modello per la trasformazione degli enti creditizi, sia come area di sviluppo di una vigilanza consolidata. Ed è proprio la disciplina della vigilanza che definisce il gruppo come "un'impresa economica unitaria", le cui caratteristiche sono: l'imprenditorialità, la forte coesione interna e la direzione unitaria.

- Nel 1991 abbiamo l'istituzione con legge delle SIM – Società di Intermediazione Mobiliare.

- Nel 1992 vengono introdotte le istruzioni di vigilanza per la disciplina dei gruppi creditizi. E' datato 1992 anche il recepimento della Seconda Direttiva CEE con il D.Lgs 481/1992 che:
  - conferma la possibilità per le assicurazioni di assumere il controllo delle banche e per le banche di assumere partecipazioni nel capitale delle assicurazioni;

- introduce il concetto di "banca universale" intesa come un'unica azienda multidivisionale;[6]

- conseguentemente, consente alle banche un ampio raggio di attività (tutte quelle incluse nella Seconda Direttiva CEE) eliminando il principio di specializzazione.

La scelta fra il modello organizzativo del gruppo creditizio (gruppo polifunzionale) e quello della banca universale deve essere effettuata dalle singole imprese bancarie in base alle loro specificità.

In seguito alla liberalizzazione normativa, per garantire la stabilità del sistema, viene rivisto il ruolo dell'Organo di Vigilanza con il rafforzamento della funzione di vigilanza prudenziale e regolamentare anche attraverso la possibilità di emanare disposizioni in materia di adeguatezza patrimoniale, partecipazioni detenibili, organizzazione aziendale e controlli interni.

- Nel 1993 si ha con l'approvazione del Testo Unico delle leggi bancarie (D.Lgs. 385/94) con il pieno riconoscimento di nuovi intermediari finanziari: le SIM, i Fondi Pensione, i Fondi Comuni d'Investimento.

- E' datata 1994 la privatizzazione di IMI, Banca Commerciale e Credito Italiano. Inoltre la legge 474/1994 che sancisce l'eliminazione dell'obbligo delle Fondazioni di partecipazione nel capitale delle banche con una quota pari ad almeno il 51% viene completata dalla direttiva Dini, che determina l'inizio del processo di separazione tra fondazioni e banche controllate.

- Con la legge 52/1996 si ribadisce la separazione tra banca e industria: le imprese non finanziarie possono partecipare al capitale delle banche con quote non superiori al 15%.
  Il riassetto del sistema finanziario si completa solo con il recepimento delle Direttive 93/22/CEE e 93/6/CEE relative alla disciplina dei servizi di investimento, che trovano attuazione nel D.Lgs. 415/1996 – decreto Eurosim – e nel Testo Unico della Finanza. In particolare, il decreto Eurosim sancisce la privatizzazione dei mercati con conseguente sviluppo di

funzionalità e competitività, lasciando alle Autorità istituzionali solo il compito di vigilanza e controllo.

Nel lungo processo evolutivo del sistema bancario due eventi fondamentali accompagnano il ruolo determinante ricoperto dalla Banca d'Italia nel promuovere la formazione di gruppi bancari con l'assoluta convinzione che gli stessi assicurano espansione e differenziazione nonché riduzioni dei costi unitari:

- da un lato, il riconoscimento dell'attività bancaria quale attività imprenditoriale e quindi la necessità di produrre utili che determina una pluralità d'azione su fronti diversi;

- dall'altro, la trasformazione giuridica in società per azioni e la possibilità di contendibilità della proprietà della banca che incentivano il mutamento delle strutture proprietarie della banca.

Brevemente si riportano i caratteri fondamentali del vigente ordinamento comunemente definito di tipo "liberistico":

- la forma giuridica di società per azioni ed eventualmente di cooperativa che garantisce agli intermediari parità istituzionale e competitiva;

- la scomparsa della segmentazione amministrativa dei mercati che quindi sono divenuti competitivi e la comparsa di processi di fusione e acquisizione nonché lo sviluppo di relazioni competitive tra tutti gli attori;

- il superamento del controllo strutturale a vantaggio del controllo prudenziale e il ruolo primario che, in questo contesto, viene ad assumere l'assetto gestionale dell'intermediario;

- lo sviluppo delle funzioni di corporate e merchant banking avvenuto grazie al riconoscimento della possibilità per le banche di acquisire partecipazioni azionarie nelle imprese industriali.

2.1.1   L'ingresso nell'Unione Europea.

L'Italia dal 1° gennaio 1999 è entrata a far parte dell'Unione Europea grazie al raggiungimento di quattro parametri su cinque previsti dal Trattato di Maastricht: il rapporto disavanzo / PIL è sceso al 2,7%, il tasso d'inflazione è stato portato al di sotto del 2%, il raggiungimento della stabilità valutaria e della convergenza dei tassi di interesse. La sfida italiana ancora aperta è costituita dal risanamento nei conti pubblici e dalla necessaria diminuzione del debito pubblico, sia in termini relativi, sia assoluti.

Alla luce degli obiettivi dell'Unione Europea che sono:

- a livello economico, la creazione di un unico mercato in grado di assicurare efficienza e vantaggi reali nello scambio di prodotti e servizi tra paesi dell'Unione;

- a livello politico, il raggiungimento dell'unità politica di tutti gli stati europei;

l'ingresso nell'Unione Europea assicura all'Italia la possibilità di competere – unitamente agli altri Paesi Europei – con le potenze internazionali nell'ambito del processo di globalizzazione.

L'attuazione del mercato europeo rende le banche europee libere di scegliere strategie competitive che mirino al raggiungimento di economie di scala di grosse dimensioni attraverso l'offerta di una maggiore quantità di prodotti e servizi e richiede la sussistenza di due requisiti:

- la possibilità di gestire masse di volumi maggiori;

- l'acquisizione di competenze qualificate e specializzate.

I processi di aumento della concorrenza, restrizione dei margini, riorganizzazione aziendale e concentrazione ecc., già presenti nella realtà bancaria italiana, sono oggi accelerati in conseguenza della costituzione dell'Unione Europea.

Tre sono le aree interessate dai processi di adeguamento e mutamento:

1. L'area delle *performance* economiche, dove si assiste ad una costante diminuzione dei tassi d'interesse e del margine di interesse nell'ordine del 20%; una riduzione, nell'ordine del 50%, delle commissioni sulle negoziazioni delle operazioni in cambi; un calo degli utili da trading soprattutto sul pronti e sull'interest risk position; cambiamenti della riserva obbligatoria con un aumento del 50% della redditività.

2. Le aree di *business*, dove gli effetti riguardano la finanza, il corporate e il *retail banking*.
    Nel settore della finanza vi è un progressivo allineamento dei tassi a quello stabilito a livello europeo – fatto salvo il differenziale del "rischio Paese emittente -. Il mercato mobiliare deve svilupparsi ulteriormente per giungere ad un'ampia differenziazione del rischio. Il MID (Mercato Interbancario dei Depositi) deve adeguarsi alle dimensioni stabilite dall'UE.
    Nel settore corporate banking, si prevede una riduzione dei rapporti bancari con le imprese grazie allo sviluppo della Banca Elettronica; nonché l'accentramento della tesoreria delle imprese multinazionali presso la sede centrale.
    Nel settore *retail banking*, si prevede l'incremento della raccolta di denaro in obbligazioni e un'intensificazione dell'asset management conseguente alla diminuzione delle prestazioni della previdenza nazionale.

3. La macchina operativa è l'area relativa al funzionamento della banca; occorre tenere presente che ogni banca ha una propria strategia che ora deve modificarsi in funzione dell'effetto Unione Europea.
    Le barriere all'ingresso di ciascun paese trovano la loro ragione d'essere nelle specificità culturali, fiscali, operative, ecc e non sono interamente e facilmente abbattibili nonostante l'intensificarsi della competizione tra le banche europee e la progressiva eliminazione dei vantaggi delle banche locali.
    Le banche italiane si sono presentate impreparate all'appuntamento

con l'Unione Europea: hanno dovuto affrontare, in breve tempo, processi che negli altri paesi erano già in corso o addirittura erano completati predisponendo funzioni nuove, strutture nuove e soprattutto strategie nuove. Senza dubbio la competizione sul mercato europeo determina un incremento di costi e rischi senza un pari incremento dei benefici, infatti, i proventi da commissioni per lo scambio di valute nazionali sono stati eliminati; il pricing unitario dei prodotti e dei servizi offerti è stato ridotto; i tassi di interesse si sono progressivamente allineati a quelli europei con una notevole riduzione di redditività perché da lungo tempo il conto economico nelle banche italiane si è basato sui ricavi derivanti dalla gestione del denaro.

Le banche dovrebbero intervenire sui propri conti economici, sulla struttura territoriale e sulla distribuzione, sulla corretta individuazione degli obiettivi aziendali, concentrando le risorse sui settori maggiormente redditizi: risparmio gestito, prodotti assicurativi e consulenza alle imprese.

In realtà per colmare i propri gap dovuti alla ridotta offerta di prodotti e servizi, alla scarsa capacità professionale nei settori specializzati, alle ridotte economie di scala le aree di intervento sono state:

- la distribuzione per le banche a carattere regionale,
- la produzione e quindi, fusioni e acquisizioni per le banche di dimensione maggiore.

La strategia finanziaria decisa dall'Unione Europea ha obiettivi diversi in relazione ai diversi tipi di mercato:

- per il mercato monetario l'obiettivo è la stabilità dei prezzi;
- per il mercato dei cambi, non è stato dato alcun obiettivo per assicurare la stabilità di lunga durata del cambio, salvo il mantenimento delle condizioni non inflazionistiche;

- per il mercato obbligazionario, sono stati individuati una serie di titoli pubblici e privati, utilizzabili a fini di garanzia in quanto l'efficienza, la consistenza e la liquidità del mercato titoli in euro è la garanzia di una buona politica monetaria.

La riduzione dei margini di profitto da intermediazione è avvenuta diversi ordini di motivi:

- da un lato la riduzione dei tassi d'interesse, dovuta sia alla diminuzione dei tassi attivi (tassi sugli impieghi) e sia alla diminuzione meno che proporzionale – per assicurarsi comunque una certa raccolta - dei tassi passivi (tassi sulla raccolta);

- dall'altro, l'aumento della competitività che si è scaricato sul livello dei prezzi;

- inoltre, la politica di liberalizzazione degli sportelli che ha prodotto da parte delle banche entranti la riduzione dei tassi attivi e l'aumento dei tassi passivi per acquisire una clientela.

La tendenza dominante è la forte contrazione del margine di interesse (indicato anche con il termine di spread o forbice) ossia del reddito generato dalla gestione del denaro e dato dalla differenza tra i tassi attivi del prestito e i tassi passivi della raccolta fondi al netto del tasso interbancario Euribor (ossia il costo dei ricavi interni): il margine di interesse che in Italia nel 1992 rappresentava l' 82% del margine totale, nel 1997 è sceso al 67% del margine totale. La gestione del denaro viene effettuata attraverso tre leve: la raccolta, gli impieghi e le perdite su crediti.

L'area della raccolta è dominata dal fenomeno della **disintermediazione** (ossia dal ricorso diretto degli operatori ai mercati finanziari bypassando le banche) che si manifesta con la difficoltà per le banche di raccogliere fondi a basso costo (bassa è, infatti, la remunerazione dei depositi bancari) e la necessità di procurarsi i fondi con emissioni obbligazionarie o direttamente sul mercato con oneri più elevati.

L'area degli impieghi è attraversata da un crescente ricorso diretto al mercato da parte delle aziende: tramite l'ingresso in borsa o l'emissione di prestiti obbligazionari. Inoltre la contrazione dello spread tra tassi attivi e passivi – ormai su livelli intorno al punto percentuale – costringe le banche ad aumentare i volumi degli impieghi.

L'area delle perdite su crediti è investita dagli effetti delle crisi internazionali succedutesi negli ultimi tempi: la crisi asiatica, quella russa e dell'america centrale oltre alle insolvenze di origine locale.

Le banche si sono quindi indirizzate verso i ricavi da commissione, su incassi e pagamenti, sugli investimenti, sui ricavi da operazioni in titoli.

Le risposte del sistema bancario

L'ingresso dell'Italia nell'Unione Monetaria Europea e l'orientamento all'attuazione di un modello imprenditoriale piuttosto che al prestigio istituzionale hanno accelerato la necessità di cambiamento del nostro sistema bancario: improvvisamente e rapidamente *mergers & acquisitions* sono diventate la realtà del settore bancario ed hanno determinato la scomparsa delle distinzioni tradizionali tra i settori *dell'investment banking, l'asset management e la bank insurance.*

Il fenomeno è "nuovo" solo per il settore bancario, infatti, negli ultimi 15 anni altri settori dell'economia, quali ad esempio le telecomunicazioni e la vendita al dettaglio, sono stati oggetto di processi d'integrazione.

Le ristrutturazioni in atto sono la risposta sia alle precise richieste degli Organi di Vigilanza, sia ai *trend* di mercato e, in particolare, alla forte riduzione del margine d'interesse che ha determinato la crescente attenzione per l'incremento dei ricavi, per la riduzione dei costi e per la migliore gestione dei rischi.

Aumento dei ricavi. La voce ricavi si compone dei ricavi provenienti dalla gestione del denaro e dei ricavi da servizi costituiti dalle commissioni praticate ai clienti in relazione ai servizi offerti (vendita di prodotti finanziari, di polizze assicurative, servizio di incassi e pagamenti, operazioni in titoli, ecc.).

Per aumentare i ricavi da servizi le banche attuano due strategie che comportano anche diversità nelle successive scelte organizzative:

- la diversificazione dell'offerta caratterizza le banche orientate *retail* che indirizzano forti investimenti commerciali ai clienti in essere, per ampliarne il portafoglio prodotti e incrementare così le commissioni. In questo senso, importanti sviluppi sono attesi nell'area *business* del risparmio gestito dove aumenta la domanda di attività finanziarie remunerative a fronte di un offerta di strumenti sempre più sofisticati e precisi in relazione al profilo rischio / rendimento;

- la specializzazione dell'offerta caratterizza gli operatori che mirano a raggiungere posizioni di leadership di prodotto o di segmento con il perseguimento di una "strategia di nicchia"; l'esempio tipico è l'area *business* dei mutui casa.

Riduzione dei costi. Questa politica è una scelta obbligata che è già stata attuata negli USA dove *l'Efficiency Ratio* (Rapporto tra costi di struttura e ricavi) è passato dal 67% del 1990 al 58% del 1998 grazie anche ai processi di aggregazione tra banche che hanno consentito economie di scala, esternalizzazione delle attività *non core-business*, politiche del personale orientate ad una forte flessibilità –compreso l'impiego di operatori "peak-time" solo nelle ore di maggiore affluenza allo sportello -. In Italia i processi di fusione e acquisizione sono ancora poco numerosi e l'incidenza dei costi operativi sul margine di intermediazione è addirittura aumentato passando dal 66% del 1992 al 69% del 1997.

Il successo di progetti di ristrutturazione ben formulati dimostra che spesso la criticità della "rigida normativa del lavoro" che non consentirebbe di gestire il personale in soprannumero è solo un alibi del management per rimandare il problema o sollecitare un intervento legislativo.

Migliorare la gestione dei rischi. Il mercato spinge le banche ad avere una redditività in linea con le medie di settore pena un costo più elevato per l'ottenimento del capitale. Ben si comprende la necessità di governare il *trade-off* rischio / rendimento. Il tema è molto sentito anche dagli organismi di controllo - Comitato di Basilea, Banca d'Italia e Consob - che tentano di stabilire metodologie, regole e margini economici di fronteggiamento dei rischi onde evitare crisi per l'intero sistema finanziario.

2.2.1 Mergers & Acquisitions: cause, forme e effetti.

Gli Stati Uniti, l'Europa e anche l'Italia sono oggi caratterizzati dal fenomeno della costante diminuzione del numero delle banche anche se non sempre i fenomeni di *merger & acquisition* sono coronati da successo. In Italia tra il 1990 e il 1997 il numero delle banche è diminuito di oltre 200 unità, negli USA il numero delle banche è passato da 14.500 della metà degli anni '80 a meno di 9.000.

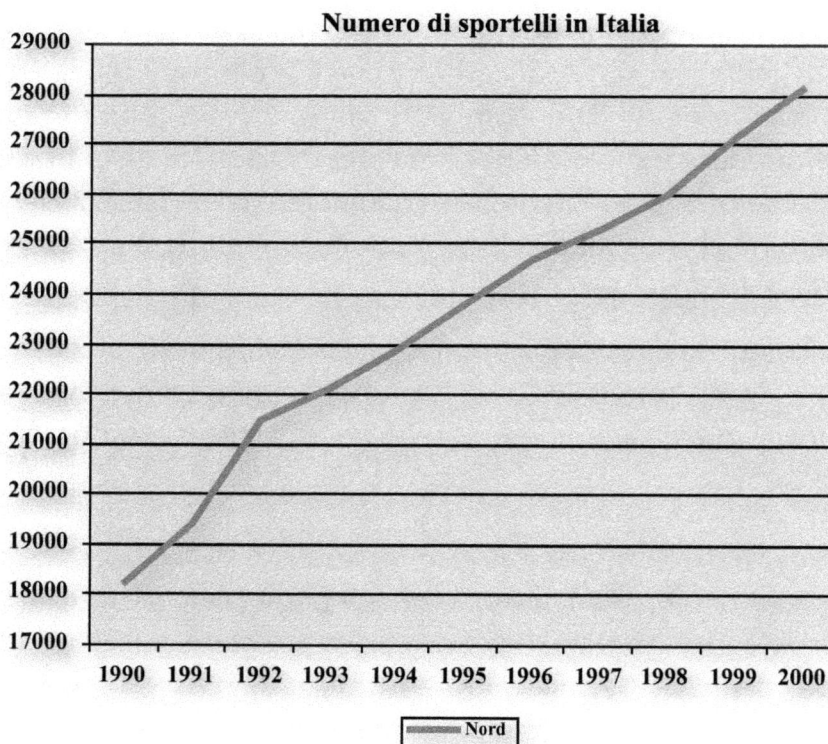

Numero di sportelli in Italia

Figura 1 - Numero di sportelli in Italia.[7]

38

Le fusioni e acquisizioni riguardano tutte le istituzioni finanziarie, e sono la diretta conseguenza delle politiche di liberalizzazione - e della contemporanea evoluzione normativa - adottate da tutti i paesi, per cui la competizione non avviene più solo nei mercati locali ma, potenzialmente, in tutti i mercati del mondo e i *competitors* sono sia le banche tra loro, sia le altre istituzioni finanziarie. Un fattore fondamentale per la riuscita delle strategie di aggregazione è l'utilizzo consapevole e professionale degli strumenti tecnologici: grazie ad internet le banche e le imprese di qualunque settore possono competere per la stessa domanda di servizi.

Chiaramente il sistema bancario italiano, da sempre "sistema protetto", in conseguenza della forte pressione competitiva è stato costretto ad una pesante ristrutturazione strategica con la conclusione di operazioni di fusione acquisizione nell'ottica di una maggiore efficienza allocativa delle risorse, una riduzione dei costi fissi di struttura, una specializzazione delle reti commerciali a supporto dei macro segmenti: *retail, corporate e private*.

La fusione è una strategia di aggregazione che permette una rapida integrazione delle banche. In Italia si è privilegiato l'adozione di un "**modello federale**", grazie al quale sono state mantenute le autonomie locali, dove, un'azienda capogruppo ha funzioni di indirizzo e di produzione e le singole banche costituiscono la rete di distribuzione. I vantaggi del modello federale sono: l'impatto morbido sulla struttura, il mantenimento delle autonomie locali, la possibilità di coniugare i vantaggi della maggiore dimensione con il radicamento territoriale delle singole banche partecipanti.

Un'altra strategia di aggregazione è la costituzione di una **holding** con attorno tante "macchine operative comuni" che, grazie agli ingenti volumi trattati, consentono la riduzione dei costi. I vantaggi sono il mantenimento, da parte delle singole banche, di marchi, reti di distribuzione e processi commerciali nonché la riconosciuta centralità della relazione con la clientela.

Il progetto industriale è fondamentale per il successo di ogni strategia di aggregazione:

- nel modello federale, è necessaria l'individuazione dei tempi, dei poteri e delle responsabilità per l'attuazione dei piani di integrazione nonché l'individuazione dei futuri assetti di comando;

- nel modello holding assume grande importanza l'individuazione e la separazione delle funzioni strategiche della holding dalle funzioni delle singole banche, nonché la definizione del ruolo della società che gestirà tutta la macchina operativa di gruppo. Un'altra criticità è la previsione di momenti di integrazione tra le funzioni di gruppo e quelle decentrate nelle singole banche, soprattutto per quanto riguarda l'area commerciale: dove occorre definire quali funzioni continueranno ad essere svolte nelle singole banche.

Per far crescere il ROE e, più in generale, i profitti non sono sufficienti l'aumento della dimensione aziendale ma occorrono interventi di razionalizzazione delle reti distributive, processi di specializzazione delle risorse umane, attivare la revisione sistematica dei prodotti e nonché un'espansione dell'operatività a livello internazionale.

2.2.2   Lo sviluppo di nuovi business: il risparmio gestito e la banca-assicurazione.

Le banche cercano di superare la fase di difficoltà con lo sviluppo di nuove aree di *business*: il risparmio gestito e la banca-assicurazione.

In Italia il settore del risparmio gestito si è sviluppato in ritardo rispetto agli altri Paesi ma in seguito agli stessi input:

- il progressivo invecchiamento della popolazione ha influito l'affluire di ricchezza in fondi pensione, fondi comuni d'investimento, assicurazioni, in conseguenza di vantaggi fiscali e di un miglior rendimento;

- la globalizzazione della finanza ha reso evidente che nessun individuo ha competenze per un investimento in tutto il mondo;

- la complessità degli strumenti finanziari.

Le cause del ritardo sono state:

- il forte risparmio delle famiglie contrapposto all'indebitamento delle imprese e ad un elevato debito pubblico;

- l'abitudine a far confluire il risparmio presso le aziende di credito;

- la concentrazione del risparmio in titoli del debito pubblico;

- la scarsa competenza professionale del personale bancario addetto alla consulenza;

- la debolezza della moneta nazionale che ha indirizzato il risparmiatore verso forme non finanziarie di risparmio.

Affinché il mercato finanziario italiano si sviluppi coerentemente ai mercati europei, occorre:

- la diversificazione dei mercati,

- lo sviluppo di istituzioni – quali banche di gestione, fondi d'investimento, fondi pensione, assicurazioni, ecc. - in grado di investire in tutto il mondo,

- lo sviluppo di un servizio di consulenza efficiente e preparato;

- l'acquisizione di competenze e capacità per migliorare la capacità gestionale.

Fondamentale per la realizzazione di tutto il processo è lo sviluppo di una cultura di gestione patrimoniale basata sulla *performance*, intesa come base del tasso di capitalizzazione del patrimonio e la conoscenza del rischio ossia della volatilità della *performance* in termini di deviazione standard per realizzare l'*asset allocation*.[8]

Il fenomeno di integrazione tra banche e assicurazioni ha avuto origine negli anni Ottanta superando gli ostacoli, anche istituzionali, che intendevano salvaguardare gli interessi dei risparmiatori e garantire lo sviluppo dell'economia del paese.

Le ragioni dell'integrazione sono:

- la deregolamentazione dovuta al recepimento delle Direttive comunitarie;

- l'ampliamento della competizione dovuto all'ingresso di nuovi soggetti e all'approntamento di nuovi prodotti;

- l'aumento della richiesta da parte dei risparmiatori, sia in seguito alle deficienze del sistema previdenziale, sia per il delinearsi della figura del "risparmiatore attivo" con esigenze ben definite ed in grado di scegliere tra i prodotti e servizi offerti.

La polizza assicurativa si trasforma e diventa un prodotto finanziario in competizione con le forme alternative di impiego del risparmio.

Alla iniziale competizione tra banche e assicurazioni si sostituiscono accordi di collaborazione, sia perché operano in un campo comune: l'intermediazione finanziaria, sia perché i prodotti assicurativi sono adatti ad essere venduti presso gli sportelli bancari.

2.2.3   Il management: le competenze e la formazione.

Il passaggio all'età dell'euro ha investito la realtà sociale, culturale, politica, economica e finanziaria, e come tutti i cambiamenti di grande portata, ha preceduto nei fatti la percezione sociale del cambiamento. Questa situazione di impreparazione riguarda anche il management cui è richiesto, per riuscire a adeguarsi ai nuovi processi comunicativi, relazionali e culturali, un bagaglio di competenze ex novo per affrontare la globalizzazione dei mercati, la competitività nazionale e internazionale, la privatizzazione di aziende e servizi pubblici, la rivoluzione tecnologica e informatica.

Il riconoscimento della banca come impresa *profit-oriented* ha determinato l'esigenza di creare competenze distintive in grado di favorire, di fronte alle quotidiane sfide del mercato, la scelta e l'attuazione di strategie vincenti. Innanzi tutto occorre un'organizzazione leggera e dinamica a livello strutturale e gestionale: deve essere chiaro il contesto del *business* e forte la capacità di individuare le priorità, i risultati a cui tendere e le modalità per raggiungerli; per fare questo occorrono persone con ben definite competenze distintive.

Si distinguono due tipologie di competenze:

- le competenze di *business*, relative a tutti i comportamenti correlati al raggiungimento dei risultati e,

- le competenze aziendali, relative al mantenimento dell'ordine all'interno dell'azienda, e che sono le competenze manageriali ai vari livelli di *business* (imprenditorialità, integrazione, leadership, gestione e sviluppo del personale).

Un'altra sfida è rappresentata dal capitolo "formazione": dove emerge un forte dualismo tra le necessità reale di sviluppare i propri servizi e le competenze per affrontare, in modo vincente, le sfide del mercato e il mantenimento del controllo e di uno stretto ordine gerarchico.

Molte banche italiane considerano la formazione un puro costo e spesso la praticano formazione perché imposta dai contratti nazionali senza coglierne il significato vero di strumento per aumentare efficienza e competitività nonché strumento di incentivazione e maggiore professionalità del personale.

E' interessante notare, a conferma dell'ordinamento strettamente gerarchico e della cultura tradizionalista, come la richiesta di formazione provenga dal direttore della filiale o dal capo servizio e che solo marginalmente provenga dal diretto interessato e come la formazione sia strutturata con netta prevalenza dei corsi su convegni e workshop, mentre assai scarsa è l'assistenza sul campo, l'autoformazione e la formazione a distanza.

In genere la formazione attiene agli aspetti tecnici del lavoro ad es. funzioni di credito (*corporate e retail banking*) e finanza (finanza mobiliare, gestione finanziaria, rischi di mercato e *private banking*) e, comunque, riguarda lo sviluppo di competenze nei settori emergenti dell'attività bancaria quali il rapporto con le imprese, la consulenza finanziaria alle famiglie, la gestione dei rischi di interesse e di cambio, le attività di intermediazione mobiliare, ecc.; mentre assai scarsa è l'attenzione alle aree manageriali quali, l'organizzazione e la gestione delle risorse, il marketing, la strategia e la pianificazione, il controllo di gestione.

Si evince da questo aspetto la volontà dell'azienda-banca di risolvere le problematiche operative piuttosto che di sviluppare le competenze distintive per l'individuazione e la gestione di strategie vincenti nel contesto competitivo attuale.

La practical expertise si può acquisire con l'acquisto all'esterno di tecnologie e competenze specialistiche (*buy*) oppure con la produzione d'innovazione direttamente all'interno (*make*).

Le tipologie sono:

- l'esperimento finalizzato attraverso indagini di mercato, studi e ricerche;

- l'innesto ossia l'acquisizione di organismi che detengono le conoscenze richieste tramite la costituzione di gruppi, la realizzazione di fusioni o l'acquisizione di partecipazioni;

- gli accordi di condivisione o i patti associativi;[9]

- la mera copiatura da altri.

Interessanti sono le forme di acquisizione di *practical expertise* attraverso le forme di innesto, già ridefinite nel Testo Unico 385/1993. Il T.U. disciplina, nell'ordinamento italiano, l'operabilità della banca universale eliminando il vincolo di specializzazione per le operazioni di raccolta e di impiego secondo le indicazioni contenute nella Seconda Direttiva CEE.

Il *know-how* di una banca è la manifestazione in campo finanziario ed economico delle conoscenze riservate, prodotte o acquisite e non può chiaramente prescindere dal ROE[10] che evidenzia l'attitudine di un'azienda a generare reddito o più in generale la sua adeguatezza rispetto al sistema. Informazioni specifiche si possono ricavare dai margini d'interesse e di intermediazione, dal risultato finale di esercizio, dal contributo delle singole aree, quali la gestione del denaro e l'intermediazione rispetto al risultato complessivo. Ci sono altri elementi informativi, quali gli impieghi, i rapporti con le banche e i valori mobiliari, gli interessi attivi maturati su incagli e sofferenze, ecc.

2.2.4 I mutamenti del marketing strategico e il ruolo della comunicazione.

La consapevolezza della centralità delle relazioni di scambio determina l'adozione di una strategia di marketing.

Si distinguono due diverse strategie di marketing:

- l'approccio transazionale, che fa parte del marketing tradizionale ed è impostato sulla vendita del singolo prodotto ma con scarsa attenzione per il rapporto con il cliente: ogni scambio con il cliente è considerato un'operazione isolata e conclusa anche se ripetuta più volte nel tempo e con modalità diverse.

- l'approccio relazionale, che si pone l'obiettivo di mantenere e sviluppare il rapporto con i clienti esistenti; riconosce l'importanza della ricerca di nuovi clienti ma l'interesse prioritario è la vendita ai già clienti e, l'instaurarsi con loro di una relazione duratura nel tempo.

Il marketing relazionale si basa sulla razionalizzazione del rapporto e quindi sulla gestione di un portafoglio clienti, sulle tecniche di fidelizzazione, su verifiche di *customer satisfaction* e su azioni mirate di *cross-selling* (*marketing one-to-one*), nonché sull'applicazione di tecniche per l'analisi del cliente e evidenziarne l'indice di *cross-selling*.[11]

L'impiego della tecnologia consente di costruire *customer data base* in grado di personalizzare il rapporto con il cliente limitandone la mobilità e assicurando in tal modo il mantenimento delle condizioni di economicità per la banca, che è tanto più elevato, quanto più il rapporto con il cliente è continuativo e movimentato nel tempo.

La comunicazione economico-finanziaria comprende le comunicazioni relative all'evoluzione dell'assetto reddituale, finanziario e patrimoniale ed è un documento ufficiale con cui l'azienda rende noto il proprio valore, legittima la propria offerta e mira a creare valore grazie all'aumento della credibilità e dell'immagine aziendale nonché, in caso di operazioni di *mergers & acquisitions*, a informare il mercato delle strategie in atto; è diretta a tutti i portatori di interessi della società e quindi non solo ai soci ma anche agli altri *stake-holder* ossia agli obbligazionisti, ai dipendenti, ai fornitori, agli organi di controllo. L'efficacia della comunicazione contribuisce a creare un rapporto duraturo con il cliente.

2.2.5   Un nuovo approccio alla "funzione vendita" in banca.

La ristrutturazione in atto porta con sé la separazione della funzione di vendita dalle altre funzioni e l'individuazione della stessa quale settore strategico. La comunicazione, il layout delle filiali, le funzioni specifiche del sistema informativo hanno permesso la valorizzazione e la differenziazione dell'approccio alla clientela.

I vantaggi di questo approccio alla funzione di vendita si possono cogliere nella loro interezza nel settore *retail banking*, dove lo stretto rapporto col cliente rende possibile una pianificazione commerciale efficiente e l'utilizzo di strumenti di personalizzazione di massa[12] nel rapporto banca-cliente. Scarsa invece è l'opportunità di utilizzo nel settore *corporate banking* dove l'attività prevalente, piuttosto che la vendita, è la produzione dei servizi intesi come acquisizione di conoscenze per monitorare e gestire al meglio il rapporto di affidamento.

La funzione di vendita si avvale dei seguenti strumenti:

- gli strumenti di conoscenza della base di clientela. Tutte le banche hanno vasti database dove sono contenuti, e immediatamente disponibili per ricerche e statistiche di vario tipo, i dati socio-anagrafici della clientela e del territorio provenienti da archivi, ricerche di mercato e procedure operative. Le procedure possono estrarre poche variabili quali, età, livello d'istruzione, dimensione del deposito titoli, ecc. o effettuare estrazioni multiple e fare confronti tra gruppi omogenei in modo da classificare i clienti, in tradizionalisti, innovativi, ecc., individuare prodotti e servizi associati a ciascun gruppo oppure individuare a quale gruppo abbinare ogni singolo cliente.

- gli strumenti della comunicazione e della promozione, sono attinenti all'ambito pubblicitario. L'aumentata competitività degli ultimi anni vede aumentare gli investimenti nel settore pubblicitario che rimangono, per ora, sbilanciati a favore di campagne pubblicitarie che promuovono l'immagine della banca piuttosto che la presentazione di servizi *ad hoc* (campagne prodotto), e ancora poco mirati al target di clientela.

- il disegno strategico dei canali distributivi, riguarda sia il passaggio ad un sistema distributivo multicanale perfettamente integrato dove alle filiali si affiancano i promotori, la banca telefonica, la banca telematica, i negozi finanziari sia l'effettuazione di dettagliate analisi per la localizzazione ottimale delle dipendenze (soprattutto quelle di nuova apertura). Ancora poco sviluppata è invece l'attività di ottimizzazione del layout e della capacità di vendita delle dipendenze, con la distinzione tra prodotti che creano traffici e prodotti che creano profitti.

La funzione di vendita, che investe comunque tre dimensioni: i prodotti e servizi, i mercati e clienti, i canali distributivi, deve essere ripensata in modo unitario con l'individuazione di un'unica direzione dove siano definite le strutture e compiti delle stesse, dove si realizzi la separazione tra pianificazione strategica e gestione dei prodotti e mercati con le competenze per le attività di segmentazione, comunicazione, supporto commerciale alle filiali.

E' interessante sottolineare che le innovazioni dei prodotti bancari non sono brevettabili e rimane sempre possibile l'imitabilità dei prodotti e che spesso, si preferisce le innovazioni della struttura e della modalità erogativa del prodotto in quanto queste vengono direttamente percepite dal cliente come livello di qualità del servizio.

Può essere utile riportare la classificazione proposta da M. Di Antonio.[13]

1. In base alla **novità all'interno del mercato**, si distinguono:

    • **prodotti originali**, nuovi per la banca e per tutto il mercato;

    • **prodotti imitati**, nuovi per la banca ma non per il mercato;

2. In base alla **novità strategica**, si distinguono:

    • **prodotti di espansione**, per entrare in nuovi mercati;

- **prodotti di penetrazione**, per rafforzare la propria quota nei mercati esistenti.

3. In base alla **novità tecnologica**, si distinguono:

- **prodotti di rottura**, dove l'innovazione è dovuta alla applicazione di nuove tecnologie (il trasferimento automatico dei fondi), alla combinazione di prodotti base preesistenti (conto liquidità), all'individuazione di forme innovative per rispondere a esigenze tradizionali (certificati di deposito);

- **prodotti riformulati**, per migliorare le caratteristiche tecniche e aumentarne funzionalità e campo di applicazione;

- **prodotti riposizionat**i, dove l'innovazione è rappresentata dagli aspetti percettivi, per cui vengono introdotti cambiamenti marginali o modifiche sostanziali delle politiche di mercato.

I fattori che contribuiscono alla innovazione del prodotto bancario sono:

- i mercati finanziari ed i connessi processi di ingegneria finanziaria;

- l'evoluzione tecnologia e la conseguente creazione di nuovi canali distributivi;

- il processo di *restyling* di prodotto che comprende la fase di individuazione delle caratteristiche elementari, allocazione del prodotto in base ai diversi target, confezionamento in modo da richiamare la relazione prodotto/bisogni;

- l'allargamento della banca in settori di affari affini abbinato alla creazione di prodotti ad hoc (assicurativi, previdenziali, risparmio gestito, gestione patrimoniale, *factoring, leasing*, ecc.).

All'interno del processo di erogazione di un prodotto / servizio si distinguono tre fasi, la fase del contatto con il cliente, la fase di vendita, l'attività post-vendita di supporto commerciale e operativo per permettere la fruizione del servizio.

I principali canali di vendita sono: lo sportello bancario, i canali automatizzati, le reti di vendita interne ed esterne.

Il canale di vendita tradizionale è lo sportello bancario che può assumere tre diverse configurazioni:

- lo sportello multifunzionale, espressione storica delle banche, è strutturato per la vendita di tutti i prodotti e servizi commercializzati dalla banca a tutti i segmenti di clientela. La ristrutturazione in atto cerca di valorizzare all'interno di questo modello l'attenzione al mercato e al cliente che ne è espressione.

- lo sportello specializzato è di due tipologie, quello per segmento è strutturato per l'erogazione del servizio a uno o pochi segmenti accomunati dalle modalità di erogazione; quello per prodotto è dedicato per l'erogazione di un gruppo di prodotti accomunati a livello commerciale, produttivo e tecnico/specialistico;

- lo sportello leggero è di ridotte dimensioni e in genere è privo di *back-office*. Gli addetti – da tre a cinque - sono prevalentemente occupati nell'attività commerciale e affiancati da canali automatizzati.

I canali automatizzati per eccellenza sono il *Call Center* e il *Remote Banking*.

Il modello di *Call Service* risponde a precisi obiettivi bancari:

- la riduzione dei costi delle filiali, dirottando le richieste di semplici informazioni ad un disco automatico;

- la chiusura delle filiali con bassa redditività;

- la realizzazione di nuovi prodotti per quei clienti che utilizzano il *Call Service* come canale distributivo;

- l'incremento dei ricavi in modo più che proporzionale rispetto ai costi dei nuovi prodotti e servizi.

La sua realizzazione richiede che la banca disponga di competenze tecnologiche, organizzative e di gestione delle risorse umane e il sostenimento di costi soprattutto per il personale, per i sistemi di telecomunicazione e per gli impianti.

Fra i canali più innovativi vale la pena ricordare il *Remote Banking* lo sportello *self service*[14] e il POS (*Point of Sale*).[15] Il *Remote Banking* consente di alleggerire il volume delle transazioni agli sportelli tradizionali e di effettuare le operazioni dalla propria abitazione o dal proprio ufficio. Specificamente il servizio di *Home Banking* è rivolto alle famiglie e quello di *Corporate Banking* è rivolto alle imprese. In un primo tempo i vantaggi non sono stati completamente compresi dalle banche che hanno applicato commissioni assai elevate rendendolo, di fatto, un canale d'èlite.

Le reti di vendita interne sono composte da due figure:

- i consulenti bancari, che hanno aree di competenza ben definite, svolgono la loro consulenza al di fuori dello sportello e la cui remunerazione e indipendente dal volume di affari conclusi;

- gli addetti alle vendite presso lo sportello, che svolgono attività promozionale e di vendita presso lo sportello verso la clientela già acquisita e la cui remunerazione e indipendente dal volume di affari conclusi.

Le reti di vendita esterne si suddividono in tre tipologie:

- di proprietà, partecipate al 100% dalla banca;

- del gruppo, destinate a commercializzare i prodotti di tutte le società del gruppo;

- esterne, cui la banca si appoggia per la distribuzione di propri prodotti finanziari.

All'inizio degli anni Novanta, l'aumento della concorrenza seguito al processo di deregolamentazione con l'apertura di nuovi sportelli, la diversificazione della domanda e le specifiche esigenze della clientela, l'ingresso di nuovi *competitors* hanno determinato il passaggio ad un atteggiamento di maggiore attenzione al soddisfacimento della clientela.

Le decisioni della banca relativamente all'attuabilità delle innovazioni di prodotto e del successivo supporto di marketing devono ponderare l'esigenze della clientela, la concorrenza, il posizionamento della banca, la redditività del nuovo prodotto.

La nuova banca non si preoccupa più solo del prodotto: il vero elemento strategico è il rapporto con la clientela. Il rapporto si esplica nell'instaurarsi di una relazione di tipo finanziario, informativo, di comunicazione di marketing e personale, di disponibilità, di cortesia che attraversa varie fasi, si instaura, cresce, si stabilizza e infine termina. Ben si comprende il ruolo giocato dalle risorse umane che sono chiamate a sviluppare una cultura di qualità basata essenzialmente sulla condivisione di valori e atteggiamenti aziendali omogenei nonché a essere coinvolte in un'intensa attività di trasformazione e formazione.

Gli elementi di criticità del processo di ristrutturazione sono essenzialmente due: la difficoltà di separare il prodotto materiale rispetto al servizio complessivo offerto al cliente inteso come rapidità di risposta, competenza, capacità; e la considerazione che gli interventi sulle risorse umane investono persone spesso persone non più giovani, disperse sul territorio e formate secondo modelli culturali diversi.

Le ristrutturazioni in atto nelle banche italiane

Gli eventi europei determinano il cambiamento sia delle regole del gioco sia dei partecipanti, attraverso riassetti proprietari e ristrutturazioni aziendali; in particolare è il mantenimento delle posizioni acquisite che promuove i processi di ristrutturazione attraverso la ridefinizione globale delle strategie. Il caso italiano ha caratteri propri che sono da un lato l'urgenza, visto che la concorrenza determina una costante e inarrestabile discesa dei tassi e dall'altro, la differenziazione di soluzioni, in quanto ogni singola banca deve cercare di sviluppare priorità proprie e quindi una propria identità e un proprio posizionamento sul mercato. La *herd strategy* nel lungo periodo non paga: le dimensioni richiedono modelli differenziati e i segmenti di clienti strategie specifiche.

La strategia aziendale si compone della combinazione di fattori diversi: offerta, clienti, canali distributivi, territorio, *information e communication technology*, ecc.

2.3.1   I cambiamenti come motore delle ristrutturazioni.

La riuscita del processo di ristrutturazione dipende dal progetto aziendale di cambiamento e dalla capacità di realizzarlo verso l'esterno (il mercato), e verso l'interno (la propria organizzazione).

La criticità di fondo è costituita dalla poca diffusione in Italia di personale con competenze di *Program & Project Management* in grado di superare i rallentamenti e le interferenze, di gestire il cambiamento, di integrare e coordinare le modifiche relative ai processi, alle strutture, al dimensionamento / *outsourcing*, alle risorse, al *sistema di reporting*, all'ICT.

L'attività di ristrutturazione investe tutta l'azienda:

- **i processi**, con la valorizzazione delle attività con maggior valore aggiunto verso la clientela e la esternalizzazione, automazione o eliminazione delle attività di più basso profilo;

- **le strutture**, che divengono sempre più piatte, efficienti e responsabilizzate sulla produzione di reddito, qualità e gestione dei rischi;

- **il dimensionamento** delle strutture interne rispetto alla possibilità di effettuare operazioni di *outsoourcing*;

- **le risorse umane**, dove il *dictact* è nuove competenze e flessibilità culturale;

- **i sistemi di *reporting***, per seguire passo passo l'evoluzione della banca e per effettuare prontamente modifiche alla strategia dovute ai margini molto stretti e ad una forbice rischio / rendimento sempre più complessa;

- le opportunità fornite dai sistemi di ***information & communication technology***.

LINEE GUIDA		
	Ristrutturazioni in corso	**Banca tradizionale**
Fattori critici di successo	Competenze di program & project management e capacità di avviare piani strategici di breve periodo orientati all'acquisizione con urgenza di nuove quote di mercato per la contrazione dei costi.	Strategia di medio termine con l'obiettivo della copertura del territorio e del conseguimento e rafforzamento della propria universalità.
Scelte strategiche e di mercato	Scelta di un proprio posizionamento rispetto a tante possibili combinazioni (mercato / canali / offerta....)	Difesa del proprio posizionamento.
Scelte organizzative	Strutture organizzative piatte con limitati livelli gerarchici e organizzazioni per processi in linea con le aree di *business* prescelte (mercato / offerta /...)	Struttura interna articolata per servizi e uffici.
***Focus* gestionale**	Rendimento per gli azionisti, forbice rischio / rendimento, qualità dei servizi, costi di struttura.	Prestigio istituzionale, autonomie, condizioni, costi operativi
Risorse umane	Obiettivo risultati e, valutazione delle prestazioni con l'introduzione di correlati sistemi premianti.	Adempimento e rispetto della normativa e nell'ambito del singolo servizio specializzazione tecnica ed efficienza.
Information & Communication Technology	Creazione di un vantaggio competitivo grazie a l'investimento tecnologico (es. *internet, phone banking, call center*, ecc.).	Automazione di fasi del processo produttivo.

Figura 2 - Il cambiamento nelle banche italiane.[16]

Le ristrutturazioni in atto sono la risposta sia alle precise richieste degli Organi di Vigilanza, sia ai trend di mercato e, in particolare, alla forte riduzione del margine d'interesse che ha determinato la crescente attenzione per l'incremento dei ricavi, per la riduzione dei costi e per la migliore gestione dei rischi.

2.3.2   Il consolidamento di tre aree banca.

Nelle ristrutturazioni è costante la presenza di due capisaldi:

1. il passaggio a modelli orientati ad una gestione per processi coerenti con le combinazioni di *business* scelte (mercato / canali / offerta / organizzazione / ICT ecc.) accompagnato dalla progressiva eliminazione dell'articolazione funzionale per Servizio e Ufficio;

2. il progressivo consolidarsi di tre aree nella Banca con proprie responsabilità e obiettivi: l'area "Fabbrica" per la produzione; l'area "Sviluppo e Gestione del *Business*" per il conseguimento degli obiettivi di *business*; l'area "*Corporate Governance*" per l'orientamento strategico, l'allocazione del capitale e la gestione dei rischi.

Si manifesta nella sua complessità il conflitto tra i concetti base *Business Process Reengineering* –patrimonio comune del management bancario - e la vecchia cultura tecnico-funzionale articolata in Servizi, dotati di autonomia e lontani dal considerarsi parte di una macchina che mira a creare valore per il cliente finale e quindi in grado di rallentare l'intero processo di cambiamento.

L'area "Fabbrica".

La costituzione di un area "Fabbrica" è resa possibile da due situazioni:

a. la presenza di una serie di attività amministrative omogenee che possono essere trattate con criteri standard attraverso la creazione di un unico aggregato per tutte le attività di *back-office*.
    In questo modo si supera il modello di divisione del lavoro adottato negli uffici centrali e basato sulla specializzazione delle risorse e si effettuano valutazioni di accentramento / decentramento diverse che consentono di liberare tempo degli addetti di filiale dalla gestione di ampie fasi di processo per dedicarlo alla gestione dei clienti;

b. la creazione di un presidio unitario permette di coordinare e ottimizzare i flussi, le modalità di lavoro e i comportamenti organizzativi nonché di garantire gli standard di servizio concordati per la gestione dei processi produttivi. Inoltre rende possibile la costante valutazione delle opportunità tecnologiche disponibili e, eventualmente, l'attuazione di politiche di *outsourcing*.

L'area "Sviluppo e gestione del business".

L'area "Sviluppo e gestione del *business*" si occupa di garantire il conseguimento di risultati di *business* coerenti con gli obiettivi strategici. In questa area ci sono le funzioni Prodotto / Mercato che devono assicurare lo sviluppo e la manutenzione del portafoglio prodotti relativo ai diversi segmenti serviti; la scelta e la gestione dei canali distributivi idonei per le diverse combinazioni di prodotto / segmento; la commercializzazione, la vendita e la gestione dei prodotti / servizi (credito, finanza, incassi e pagamenti, ecc.). L'attenzione al mercato e quindi alla soddisfazione del cliente abbinata alla redditività della banca costituiscono gli obiettivi delle politiche degli ultimi anni.

L'approccio indifferenziato tramite l'unico canale delle agenzie è ormai superato da una specializzazione delle reti funzionale dei diversi segmenti di clientela, ma anche delle competenze e dei costi e dallo sviluppo delle reti di Promotori Finanziari. I canali Banca Telefonica, Banca via *Internet, Call Center*, riducono i costi delle singole transazioni ma devono essere opportunamente integrati nell'offerta della banca per evitare sovrapposizioni o cannibalizzazioni.

Le ultime tendenze vedono la creazione di strutture unitarie composte da funzioni tecniche (crediti, finanza) e da funzioni commerciali (reti) con l'obiettivo di integrare le esigenze dei clienti con i prodotti offerti; in questa tendenza rientra la creazione di Divisioni *Corporate* - divisioni specializzate per segmento con presidi di prodotto interni - responsabili sia della quota di mercato sia della redditività di prodotto segmento.

"Corporate Governance".

Gli obiettivi dell'area "*Corporate Governance*" sono:

- definire, guidare e monitorare le strategie aziendali e le scelte di posizionamento competitivo;
- decidere le scelte di allocazione del capitale sulle diverse aree di *business*;
- gestire in modo ottimale tutti i rischi dell'attività bancaria.

La mancata definizione di una strategia aziendale chiara e ben precisa in termini di combinazioni mercato / canali / offerta / organizzazione / risorse / *Information & Comunication Technology* / ... è una grave penalizzazione che espone la banca a perdita di competitività e all'accorpamento con qualche concorrente più determinato; il caso tipico è rappresentato dalla situazione di crisi, dovuta al minor peso delle Fondazioni, di molte Casse di Risparmio di piccole e medie dimensioni.

La scelta di allocazione del capitale è oggi fondamentale in un mondo bancario costretto ad operare con margini reddituali sempre più stretti. Nel valutare le scelte di allocazione del capitale occorre tenere conto di due parametri: il rischio gestito e la remunerazione del capitale investito.

La gestione ottimale dei rischi caratteristici dell'impresa bancaria è un tema cui sono sensibili anche gli Organi di Vigilanza. A livello di singola banca è necessario un costante monitoraggio delle situazioni che possono provocare perdite patrimoniali dirette (rischi di mercato) o indirette (rischi di reputazione) a tutela del reddito e degli azionisti. A livello di settore bancario la criticità è data dall'interdipendenza del settore finanziario, per cui occorre scongiurare che il rischio di crisi di un operatore possa produrre effetti sulla stabilità dei mercati.

Gli interventi in atto vedono il superamento dei tradizionali modelli ispettivi focalizzati al controllo della regolarità amministrativa a vantaggio di modelli di auditing che cercano di responsabilizzare tutti gli operatori coinvolti nell'attività bancaria.

Il panorama che emerge denota la difficoltà di stabilire un confine netto e delimitato tra strategia, controllo di gestione, marketing strategico, auditing e sviluppo organizzativo, la situazione sembra essere quella di una forte interazione tra le varie funzioni.

Conclusioni

Come già precisato, il capitolo, con l'esplicitazione dell'evoluzione normativa del sistema bancario italiano pone le basi per comprendere il contesto di riferimento delle attività di ristrutturazione - tuttora in corso – diventate necessarie con la globalizzazione del mercato europeo.

Fondamentale per il successivo sviluppo del sistema bancario è la sua caratteristica, fino dal 1936-38, di "sistema protetto", con: assenza di competitività, scarsa attenzione al mercato mobiliare e, presenza di un'Autorità Centrale forte (Banca d'Italia) che guida l'attuazione dell'attività creditizia attraverso l'applicazione del concetto di rigido controllo di tutti gli intermediari.

A parte gli interventi amministrativi conseguenti allo shock petrolifero di metà anni Settanta, il vero cambiamento inizia a manifestarsi nel periodo 1985-1989 con il recepimento – in ritardo rispetto ad altri Paesi della Comunità Europea - della Prima Direttiva europea (1985), che sancisce la natura imprenditoriale dell'attività bancaria e tenta di limitare la discrezionalità dell'Autorità Centrale e, nel 1989, della Seconda Direttiva europea che introduce il modello della banca universale.   Da questo momento importanti interventi legislativi si susseguono: nel 1990, la liberalizzazione sia dei movimenti di capitali con l'estero sia dell'apertura degli sportelli bancari; la Legge Amato (legge n. 218/1990) sancisce la trasformazione giuridica delle banche, da enti pubblici in società per azioni; nel 1993, il Testo Unico delle leggi bancarie (D.Lgs. 385/94) riconosce l'attività di nuovi intermediari finanziari: le SIM, i Fondi Pensione, i Fondi Comuni d'Investimento, ecc. La situazione italiana, spesso, somma al ritardo nel recepimento delle Direttive europee anche un'attuazione legislativa molto lenta o solo parziale con una forte ricaduta - in termini negativi per il nostro sistema bancario - al momento della costituzione dell'Unione Europea (1° gennaio 1999).

Il cambiamento del contesto europeo mette il sistema bancario italiano di fronte alla concorrenza globale: le strategie competitive delle banche europee mirano al raggiungimento di grosse economie di scala attraverso la gestione di masse di volumi sempre maggiori e l'acquisizione competenze qualificate e specializzate. Il sistema bancario italiano, impreparato ad affrontare simili strategie competitive, vede così accelerarsi - al suo interno - i processi già in atto di restrizione dei margini, aumento della concorrenza, riorganizzazione aziendale, concentrazione. La risposta strategica delle banche italiane è l'aumento delle operazioni di fusione e acquisizione per cercare di colmare i propri gap dovuti alla ridotta offerta di prodotti e servizi, alla scarsa capacità professionale nei settori specializzati, alle ridotte economie di scala.

Negli ultimi anni la sfida in atto è costituita dalla capacità del sistema bancario di effettuare una forte ristrutturazione strategica che miri, all'attuazione di operazioni di fusione e acquisizione con l'obiettivo di migliorare l'efficienza allocativa delle risorse, alla riduzione dei costi fissi di struttura, alla specializzazione delle reti commerciali a supporto dei macro segmenti (*retail, corporate e private*).

La strategia di ristrutturazione complessiva comprende in particolare:

- lo sviluppo dell'area di *business* del risparmio gestito, per il quale è fondamentale una cultura di gestione patrimoniale basata sul risultato e la perfetta conoscenza della volatilità della *performance* in termini di deviazione standard;

- lo sviluppo dell'area di *business* della banca-assicurazione, che vede la polizza assicurativa trasformarsi in un prodotto finanziario in competizione con le forme alternative di impiego del risparmio e la nascita di accordi di collaborazione tra banche e assicurazioni, vista la facilità di vendere i prodotti assicurativi presso gli sportelli bancari;

- la crescente esigenza, in seguito ai grandi cambiamenti dovuti alla globalizzazione dei mercati, alla competitività nazionale e internazionale, alla rivoluzione *dell'Information Technology*, di creare nel *management* competenze distintive in grado di favorire, la scelta e l'attuazione di strategie vincenti e la conseguente necessità di formare maggiore professionalità in tutto il personale;

- l'attuazione di strategie di marketing orientate all'approccio relazionale con il cliente, ossia a mantenere e sviluppare un rapporto personalizzato e duraturo nel tempo anche con il supporto della tecnologia per la costruzione di *customer data base;*

- l'individuazione della funzione di vendita quale settore strategico e separato dagli altri i cui vantaggi si colgono essenzialmente nel settore *retail banking.* La funzione di vendita viene così ad avvalersi di strumenti specifici per: conoscere la base di clientela; effettuare la promozione dei singoli prodotti; razionalizzare e sviluppare i vari canali distributivi con l'adozione di una strategia multicanale e l'integrazione della rete di filiale con promotori, la banca telefonica, la banca telematica, i negozi finanziari. La funzione di vendita, che viene così a impattare su tre dimensioni: prodotti e servizi, mercati e clienti, canali distributivi, necessita di essere ripensata in modo unitario magari attraverso l'individuazione di un'unica direzione.

Tutta la strategia di ristrutturazione presenta comunque due tendenze comuni: da un lato, il progressivo passaggio, da una articolazione di tipo funzionale per Servizio e Ufficio, ad un modello di gestione per processi in base alle combinazioni di *business* scelte (mercato/canali/offerta/tecnologia, ecc.); dall'altro, il progressivo consolidarsi di tre aree all'interno della Banca, ognuna con proprie responsabilità e obiettivi: l'area "Fabbrica" per la produzione; l'area "Sviluppo e Gestione del *Business*" per il conseguimento degli obiettivi di *business*; l'area "*Corporate Governance*" per l'orientamento strategico, l'allocazione del capitale e la gestione dei rischi.

Nei capitoli successivi si vedrà meglio come le tendenze in atto ricalcano il percorso progressivo effettuato dal sistema bancario dell'altro Paese che costituisce il termine di paragone di questa ricerca: l'Olanda.

CAPITOLO TERZO

Il sistema bancario olandese: il quadro generale e la transizione degli Anni Novanta

Nell'Introduzione si è già affermato che in questo capitolo si affronta il tema del sistema bancario olandese. Un breve excursus storico delle norme legislative e regolamentari e della conseguente modifica della politica monetaria consente di comprendere che l'approccio graduale alla modernizzazione e alla liberalizzazione del sistema finanziario è stata, per il sistema bancario olandese, una tattica vincente. Infatti, il conseguente aumento graduale della concorrenza e la diminuzione dei margini di interesse hanno portato gli operatori alla costituzione di grossi conglomerati finanziari che, una volta consolidatisi sul mercato nazionale, hanno allargato il loro raggio di azione a banche e assicurazioni di altri Paesi. Nella parte finale del capitolo si esaminano gli effetti dei conglomerati finanziari sullo sviluppo di un forte settore *Retail Banking*; i conglomerati finanziari hanno determinato fra l'altro la razionalizzazione dei canali distributivi in relazione alla tipologia di clientela e di prodotto e la conseguente diminuzione del numero degli sportelli bancari; e la diversificazione dei prodotti e servizi con la fornitura non solo di servizi bancari ma anche di servizi assicurativi ad ampie fasce di clientela.

Gli sviluppi nella liberalizzazione dei capitali, nel pieno rispettato delle linee guida del Consiglio d'Europa impartite nel 1988 - che stabilivano che entro il mese di luglio 1990 tutte le transazioni di capitali all'interno dei Paesi membri dell'Unione Europea avrebbero dovuto essere completamente liberalizzate - hanno segnato l'inizio, in Olanda, dell'affermazione di un nuovo tipo di sistema finanziario. Nei primissimi anni Novanta a fronte di una favorevole politica governativa di liberalizzazione e deregolamentazione che favoriva le fusioni tra banche e compagnie assicurative – come riportato nella Seconda Direttiva CEE - le banche hanno avuto parte attiva rispondendo con fusioni e con la costituzione di grossi conglomerati finanziari in grado di offrire un servizio finanziario completo a 360 gradi, spalmare il rischio con l'ampliamento della gamma dei prodotti offerti e fare un miglior uso dei canali distributivi.

Anche se il processo di transizione dei conglomerati finanziari olandesi non può dirsi completato, il sistema finanziario olandese costituisce un modello per tutti gli altri Paesi dell'Unione Europea. Il vantaggio del sistema Olanda rispetto a Germania, Regno Unito, Francia, Belgio e alla stessa Italia, è, da un lato, l'elevato grado di concentrazione del sistema finanziario: in Olanda, le cinque istituzioni maggiori hanno una quota di mercato pari a circa l' 85%, mentre negli altri Paesi la quota delle cinque istituzioni finanziarie maggiori è rispettivamente il 27%, il 38%, il 41%, il 60% in Belgio[17] e 51% in Italia; dall'altro, la capacità e l'abilità delle istituzioni finanziarie olandesi di essere partite, fin dall'inizio, in direzione della piena attivazione dell'UE e dell'euro, prima con la conversione tecnico-organizzativa con obiettivo l'euro, poi con le fusioni e acquisizioni interne, le *joint ventures* oltre confine, le attività del *telephone banking* nei paesi confinanti per concludere con fusioni e acquisizioni oltre confine.

Ben si comprende che il caso Olanda costituisce un modello interessante per la comparazione con il nostro Paese, che sta tentando –soprattutto negli ultimi anni - di costituire un sistema basato su gruppi finanziari efficienti e redditizi.

Profilo Istituzionale: la struttura del sistema bancario

La tradizionale suddivisione del settore finanziario, anche se ormai superata, viene riportata di seguito in quanto consente di comprendere perfettamente gli sviluppi del sistema e i motivi alla base delle scelte delle banche olandesi. E' noto che, nel frattempo, le casse di risparmio sono state convertite in banche universali e, le compagnie assicurative, i fondi pensione, le banche per la concessione di mutui, le compagnie finanziarie sono state fuse o integrate nelle banche universali maggiori per divenire conglomerati finanziari.

Tradizionalmente il sistema finanziario olandese è formato da:

- banche commerciali e banche agricole di origine cooperativa che adottano il modello della banca universale;

- compagnie di assicurazione, fondi pensione e altri intermediari che si occupano di risparmio istituzionalizzato.

Elevata è la presenza di banche straniere e parimenti elevata è la presenza all'estero delle principali banche del paese.

La normativa che regola il sistema finanziario e creditizio risale al 1952, al 1956 e recentemente al 1978. Il *Wet Toezicht Kreditwezen* - WTK (Atto di Supervisione del Sistema Creditizio del 1978), conforme alla Prima Direttiva CEE di coordinamento bancario del dicembre 1977, definisce quali aziende di credito le istituzioni con i seguenti caratteri essenziali:

- ente giuridico, società semplice, società in accomandita e persona fisica;

- istituzioni che raccolgono fondi rimborsabili giornalmente o con un preavviso inferiore a due anni, siano o non siano essi in forma di risparmi;

- istituzioni che concedono prestiti e compiono investimenti per conto e in nome proprio.

Il sistema bancario olandese è strutturato in:

1. banche universali (*Algemene Banken*) che offrono una gamma completa di prodotti bancari e mobiliari. Queste banche possono detenere fino al 5% del capitale in partecipazioni di istituzioni non finanziarie. Le banche universali sono essenzialmente filiali di banche estere, salvo le due importanti istituzioni nazionali ABN-AMRO Bank e ING, le altre banche indipendenti sono circa 10 e, queste ultime hanno quote di mercato molto esigue – nell'ordine dell' 1% -. La quota di mercato delle banche universali nella raccolta dei depositi a risparmio è circa il 28%;

2. banche cooperative(*Cooperatief Georganiseerde Banken*) che, partendo dalla tradizionale area agricola, sono progressivamente entrate nelle aree di affari delle banche universali. L'istituto centrale di categoria Rabobank coordina l'attività delle diverse associate – circa 1000 – che raccolgono circa il 40% dei depositi a risparmio del paese. Le attività svolte sono tutte quelle elencate nella Seconda Direttiva CEE;

3. casse di risparmio (*Spaarbanken*) che offrono soprattutto depositi vincolati e, in genere, sono costituite da fondazioni senza fine di lucro. Raccolgono circa il 16% del dei depositi a risparmio del paese e il loro spettro operativo compre tutte le attività elencate nella Seconda Direttiva CEE;

4. istituzioni di intermediazione mobiliare (*Effectenkredietinstellingen*) che solitamente fanno capo alle banche universali o alle Rabobanks ed effettuano operazioni di brokeraggio mobiliare in Borsa;

5. altre istituzioni come le *Hyoitheekenbanken* (banche che forniscono prestiti ipotecari) e fanno parte di gruppi finanziari e Postbank. Queste istituzioni possono concedere crediti, effettuare operazioni di leasing finanziario, emissione e gestione di mezzi di pagamento come carte di credito e travellers cheque, fornire servizi di gestione e consulenza in materia di portafoglio ma non possono raccogliere fondi rimborsabili giornalmente o con un preavviso inferiore a due anni.

L'evoluzione normativa e i riflessi sulla politica monetaria

L'intero settore finanziario olandese è stato investito da una riforma sostanziale e complessiva che ha i suoi punti forti da un lato, nella modifica della normativa dell'altro nella predisposizione di un'adeguata politica monetaria. In particolare, negli ultimi venti anni, la politica monetaria ha gradualmente abbandonato gli strumenti di controllo diretto a favore di quelli indiretti, ma questo processo di transizione è inestricabilmente legato ad altri tre fattori:

1. la conversione dall'uso degli indicatori monetari verso la sostanziale conferma della piena affidabilità della fascia di oscillazione di cambio,

2. la graduale deregolamentazione di mercati finanziari nazionali e,

3. la liberalizzazione del flusso dei capitali internazionali.

Un excursus delle norme legislative e regolamentari consente di comprendere i processi **di liberalizzazione delle transazioni finanziarie internazionali e quelli di deregolamentazione dei mercati finanziari nazionali,** nonché di valutare la notevole importanza di ambedue i processi nell'influenzare i cambiamenti nella **strategia monetaria** - con la specifica scelta tra obiettivo del tasso di cambio e obiettivo del tasso monetario - e l'utilizzo dei corrispondenti **strumenti della politica monetaria.**

3.2.1   La riforma del sistema finanziario e la liberalizzazione.

Durante gli anni Settanta e Ottanta, l'Olanda, in linea con gli sviluppi degli altri paesi industrializzati ha:

1. liberalizzato le transazioni dei capitali internazionali e,

2. deregolamentato i mercati finanziari nazionali.

Alla base di questa trasformazione vi è il concetto per cui la liberalizzazione dei mercati finanziari incrementa il rendimento e migliora l'allocazione delle risorse finanziarie; i due fattori sono strettamente correlati, infatti: l'integrazione del mercato nazionale nel mercato finanziario globale risultante dalla liberalizzazione dei capitali ha imposto alle autorità di adeguare le politiche di regolamentazione in modo da prevenire un'eventuale mancata competitività delle istituzioni nazionali.

1945	*"Foreign Exchange Decision"* per il regolamento dei pagamenti internazionali.
1948	Adozione del *"Bank Act"*.
1952 / 56	Adozione dell' *"Act on the Supervision of the Credit System"*; nel 1952 fu adottato un atto temporaneo e la versione finale rivista fu adottata nel 1956.
1961	Istituzione di una piena convertibilità dei conti correnti e accettazione del *"Fund's Artiche VIII"*.
1977	Semplificazione del sistema di controllo dei capitali; cambiamento da un sistema di controlli negativo ad un sistema positivo.
1978	Adozione della versione revisionata dell' *"Act on the Supervision of the Credit System"*.
1981	Adozione della legge sulle relazioni finanziarie con l'estero, inclusa l'approvazione automatica di tutti i prestiti esteri con scadenza superiore a due anni.
1982 - 83	Problemi nel settore bancario delle ipoteche.
1983	Abolizione delle restrizioni rimanenti sui flussi di entrata di capitali.
1986	Liberalizzazione delle questioni estere del mercato dei capitali olandese; Deregolamentazione del mercato dei capitali.
1988	Liberalizzazione delle restrizioni rimanenti sul mercato nazionale dei capitali.
1990	Liberalizzazione della politica strutturale che separava le società di assicurazione dalle banche; Istituzione di un protocollo relativo al controllo dei conglomerati finanziari; Controllo dei fondi della gestione assicurativa da parte della Banca d'Olanda.
1990 - 91	Maggiori fusioni tra le banche e tra banche e assicurazioni.
1991	Termine della proibizione dei prestiti indicizzati.
1992	Revisione dell' *"Act on the Supervision of the Credit System"* con l'inclusione di moderne procedure per l'attivazione delle politiche monetarie.
1995	Controllo degli Uffici dei Cambi da parte della Banca d'Olanda.
1998	Adozione pianificata di un *Bank Act* revisionato Partecipazione pianificata all'EMU

Figura 3 - I maggiori sviluppi nel sistema finanziario olandese dal periodo post-bellico[18].

La liberalizzazione dei flussi di capitale internazionali. Un breve excursus storico consente di confermare come l'Olanda abbia optato per una liberalizzazione progressiva dei flussi internazionali di capitale. D'altra parte gli sviluppi nella liberalizzazione dei capitali hanno rispettato perfettamente le linee guida del Consiglio d'Europa impartite nel 1988, che stabilivano che entro il mese di luglio 1990 tutte le transazioni di capitali all'interno dei Paesi membri dell'Unione Europea avrebbero dovuto essere completamente liberalizzate. Se la motivazione essenziale ai fini della spinta alla liberalizzazione è il benessere economico e sociale, in Olanda esisteva una caratteristica di fondo: stava diventando sempre più difficile controllare le transazioni di capitali internazionali a causa dell'ampiezza dell'economia, dell'internazionalizzazione dell'industria bancaria e, dello sviluppo di centri finanziari *on-shore e off-shore*.

L'Olanda ha sempre dato molta importanza alla libertà nel commercio internazionale e nei pagamenti. Immediatamente dopo la Seconda Guerra Mondiale, i pagamenti internazionali vennero regolarizzati secondo il *"Foreign Exchange Decision"* del 1945.

Nel 1961, il Paese liberalizzò completamente le transazioni dei conti correnti e accettò gli obblighi dell'art. VIII del *"Fund's Articles of Agreement"*[19]. Inoltre, furono concessi senza restrizioni, gli investimenti diretti effettuati all'estero ma, vennero strettamente controllate e regolamentatela maggior parte delle transazioni di capitale a breve e medio termine. Le autorità monetarie temevano che la liberalizzazione dei flussi di capitale potesse creare complicazioni monetarie: i flussi di capitale a breve termine, in entrata, avrebbero potuto indebolire l'efficacia dei controlli creditizi. Per questo motivo fu mantenuta la possibilità di effettuare controlli (temporanei) sui capitali nei momenti in cui le circostanze li avessero giustificati, anche se questa opzione non fu esercitata frequentemente e in effetti, il sistema già dal 1970 fu relativamente liberalizzato.

Nel 1970 il sistema dei controlli in conto capitale fu notevolmente semplificato. Fu trasformato da un sistema negativo (nessuna transazione era concessa, escluse alcune specifiche eccezioni) ad un sistema positivo (tutte le transazioni erano concesse, escluse alcune specifiche eccezioni).

Nel 1981 questa prassi venne formalizzata nella legge sulle relazioni finanziarie con l'estero che sostituiva il precedente *"Foreign Exchange Decision"*. La nuova legge e le linee guida associate alla stessa, richiedevano l'approvazione a priori da parte delle autorità per le emissioni di titoli denominati in fiorini da parte di non residenti, per i prestiti in fiorini a non residenti, nonché per i prestiti esteri a residenti.

Il 1° giugno 1983 le restrizioni sui flussi di capitale in entrata furono abolite; comunque già nel 1981, dopo l'abolizione del livello massimo dei crediti (che sarà trattato più avanti), la Banca d'Olanda aveva acconsentito a concedere l'approvazione per tutti i prestiti esteri con scadenza superiore a due anni.

Nel mese di ottobre 1986 furono liberalizzate le emissioni di titoli esteri sul mercato dei capitali olandese e l'Olanda divenne il quarto paese membro della OECD ad aver totalmente liberalizzato le sue transazioni di capitali. Da allora, non ci sono state più restrizioni sul mercato dei capitali olandese per le transazioni dei non residenti e c'è un livello completamente operante nel campo delle transazioni in fiorini sia nazionali sia internazionali.

La deregolamentazione dei mercati finanziari nazionali. La motivazione della politica di liberalizzazione è da ricercare nell'affermazione del principio della migliore allocazione delle risorse finanziarie che, a livello di deregolamentazione nazionale si esplicita nella distribuzione ottimale dei fondi in eccesso. Il processo di liberalizzazione internazionale ha, in parte, obbligato le autorità alla deregolamentazione a livello nazionale, infatti, il mantenimento delle restrizioni nazionali avrebbe potuto compromettere l'attività delle istituzioni finanziarie olandesi che si sarebbero trovate in una posizione di competitività meno favorevole. Inoltre, diventava sempre più evidente la difficoltà di far rispettare i controlli nazionali all'interno di un ambiente globale liberalizzato.

Nel 1986 ebbe luogo la maggiore deregolamentazione del mercato dei capitali olandese, incluso la virtuale eliminazione di gran parte degli obblighi esistenti relativamente a forma e emissione degli strumenti finanziari. Questo includeva:

- l'abolizione della lista dei requisiti (obblighi per ottenere il permesso per un'emissione pianificata) per gran parte delle emissioni;

- una diminuzione del scadenza minima dei titoli da cinque a due anni;

- eliminazione degli obblighi di distribuire l'ammortamento al minimo in quattro anni, che consentiva l'emissione di prestiti "pallottola";

- libertà di emissione di polizze di pagamento a tassi variabili, documenti commerciali e certificati di deposito; e

- il permesso alle filiali olandesi di banche estere di agire direttamente sul mercato dei capitali olandese.

La deregolamentazione effettivamente finì per separare il mercato monetario e da quello dei capitali, con importanti implicazioni per la politica monetaria.

Nel 1988 ebbe luogo una seconda e minore ondata di liberalizzazione delle rimanenti restrizioni, incluso:

- l'abolizione degli obblighi rimanenti per la richiesta dei permessi per l'emissione di grossi quantitativi di titoli, nonostante il mantenimento dell'obbligo di informare preventivamente la Banca d'Olanda;

- l'aumento del limite massimo per le partecipazioni detenute dai managers delle compagnie straniere; e

- la concessione dell'emissione di obbligazioni *"deep-discount"* e *"zero-coupon"*.

Infine nel 1991 fu abolita una delle ultime restrizioni: il divieto di prestiti indicizzati.

In seguito alle possibilità di espansione per le istituzioni finanziarie straniere di penetrare il mercato finanziario olandese, le istituzioni nazionali si sono trovate ad affrontare una crescente competizione. Questo sviluppo è stato in seguito rafforzato dall'apertura del mercato europeo a tutti i servizi finanziari a partire dal 1° gennaio 1993. L'Olanda ha una forte tradizione di accettazione delle istituzioni straniere sui suoi mercati, così i cambiamenti nei mercati sono stati piuttosto graduali e i partecipanti ai mercati sono stati in grado di prepararsi alla competizione internazionale intensificata.

Un'altra importante tendenza nel sistema finanziario è stata l'eliminazione delle distinzioni tra le diverse categorie di istituzioni finanziarie. In particolare, a partire dal 1990 grazie alla liberalizzazione della cosiddetta "politica strutturale", che aveva in precedenza separato banche e assicurazioni, queste due attività si sono integrate sempre di più come risulta dal gran numero di fusioni tra grandi banche e compagnie di assicurazione. L'evoluzione dovuta in parte, alla necessità per i grandi gruppi finanziari di operare all'interno di un mercato europeo e di un mercato finanziario globale integrati, è stata accettata anche dalle autorità di controllo[21].

In generale il processo di liberalizzazione dei mercati finanziari olandesi è stato portato a termine senza creare grossi problemi alle istituzioni finanziarie; questa caratteristica è da sottolineare, in quanto una delle maggiori cause delle crisi bancarie sembra essere proprio la liberalizzazione che, spesso, produce radicali cambiamenti nell'ambiente operativo del settore bancario e quindi incrementa i rischi bancari. Per questo la liberalizzazione se non è accompagnata da misure di controllo e di regolamentazione prestabilite e collaterali può avere effetti negativi sull'indebitamento e sulla solidità del sistema bancario nonché determinare un aumento spropositato dei prezzi delle attività bancarie.

Nel caso Olanda, i problemi nel settore bancario ci sono stati nei primi anni Ottanta - come testimoniato dall'aumento dei fallimenti delle società commerciali e industriali - a causa della combinazione di elevata inflazione, elevati tassi di interesse e recessione economica (stagflazione). Il forte decremento del valore dei beni immobili commerciali e, parimenti, il forte aumento dei prezzi dei beni immobili residenziali combinati con politiche dei prestiti imprudenti determinò, alla fine, la bancarotta di una banca di medie dimensioni che operava nel settore delle ipoteche e la ristrutturazione di altre banche operanti nello stesso settore; la situazione, sanata grazie agli interventi di acquisizione

di altre banche e di investitori istituzionali, segnò comunque l'inizio di anni positivi per tutto il settore bancario.

L'inizio di un periodo positivo per tutto il settore bancario è dovuto sia ai costanti e adeguati controlli, sia al processo di concentrazione del settore bancario olandese[22] che ha dato vita ad istituzioni finanziarie piuttosto forti e ben fondate che non sono molto vulnerabili agli sviluppi negativi interni a determinati segmenti dei mercati finanziari o a determinate categorie di richiedenti i prestiti (debitori).

Nel 1990 fu concordato un protocollo fra la Banca d'Olanda e la Camera delle Assicurazioni che includeva regole per il controllo delle società di holding di banche e di società di assicurazione. Il controllo di questi "conglomerati finanziari" è fondamentalmente condotto a livello decentrato con il separato controllo della società holding compiuta dalla Camera delle Assicurazioni o dalla Banca Centrale, in base all'attività della holding prevalente (modello "solo-plus").

Il miglioramento e lo sviluppo delle attività di controllo c'è stato sia per le tradizionali attività della banca sia per le attività del sistema finanziario; in particolare, dal 1990 la Banca d'Olanda controlla i fondi della gestione assicurativa, con lo scopo di assicurare da un lato, il buon funzionamento e la trasparenza dei mercati finanziari e dall'altro la protezione della posizione degli investitori in questi mercati.

Successivamente, nel 1995 alla Banca Centrale è stato affidato il controllo degli uffici di cambio allo scopo di contrastare le azioni per la "pulizia" del denaro sporco.

Relativamente alle relazioni tra la Banca Centrale e il settore bancario in genere, le banche sono diventate sempre meno disposte ad accettare la guida della Banca Centrale che spesso ha tentato di ostacolare gli adempimenti della politica monetaria. Si è cercato di aggirare questo impasse sia con l'adeguamento nel 1992[23] dell' *"Act on Supervision of the Credit System"* sia con l'eliminazione della necessità per la Banca Centrale di accordarsi con il settore bancario per le misure di politica monetaria.

3.2.2   La strategia monetaria.

Il monetarismo moderato. Secondo il *"Bank Act"* del 1948, l'obiettivo della politica monetaria olandese era "regolare il valore della unità monetaria olandese in modo che contribuisse alla prosperità e al benessere della nazione e, cercare di mantenere il valore il più stabile possibile" (art. 9, sezione 1).

Si evince subito che vi sono compresi due elementi:

1.   lo sviluppo economico e,

2.   la stabilità della monetaria.

L'Atto non stabilisce esplicitamente se la stabilizzazione monetaria riguarda il valore interno (stabilità dei prezzi) o il valore esterno (stabilità dei tassi di cambio). La relazione diretta alla prosperità economica è basata sulla teoria della neutralità della moneta, sviluppata da Koopmans nel 1930 e successivamente rielaborata da Holtrop nel periodo post bellico. L'elemento fondamentale di questa teoria è che in un'economia monetaria - in contrasto la pura economia di scambio (baratto) - la domanda per le merci non è direttamente collegata alla offerta. La domanda può essere più elevata quando le riserve monetarie (i risparmi) sono attive, può essere più bassa quando le entrate rimangono intatte. La conclusione fondamentale è che la politica monetaria dovrebbe essere neutrale; questo implica che si deve ottenere l'identico e ottimo risultato di Pareto di una economia di scambio in presenza di mercati pienamente flessibili e competitivi.

Questa teoria ha costituito la base della politica monetaria dal 1940 al 1950. In termini operativi significa che lo scopo della politica monetaria era adeguare l'offerta di moneta alla domanda di moneta necessaria per finanziare la crescita economica reale e basata sulle transazioni su ragioni motivazionali. Questa situazione si risolve automaticamente nella stabilità dei prezzi e, quindi, con il soddisfacimento di ambedue gli obblighi dell'art. 9 del *Bank Act*. In pratica, appare difficile stimare la domanda di moneta basata sui motivi nonché l'abilità a condurre transazioni. Inoltre, l'eccesso di fondi può essere usato in un periodo successivo per finanziare un processo inflazionistico e per questo la conclusione operativa delle autorità fu che la parte di moneta in termini di entrate nazionali sarebbe risultata stabilizzata.

Questa politica è stata descritta come "**monetarismo moderato**" in quanto contiene chiaramente elementi di monetarismo che furono successivamente sviluppati da Friedman e altri. L'uso del termine moderato è da ricondurre alle seguenti condizioni:

- la politica non era costruita sulla base del presupposto della stabilità della funzione della domanda di moneta nel breve periodo e di una inalterata stabilità del mercato economico;

- si riconosceva il ruolo chiave della politica fiscale e del potenziamento dei salari per sostenere la stabilità dei prezzi[24];

- la politica monetaria si combinava con una forte preferenza dei tassi di cambio fissi.

Nel corso del tempo le autorità monetarie privilegiarono il mantenimento della stabilità dei prezzi piuttosto che il tentativo di stabilizzare le fluttuazioni cicliche o stimolare l'economia, in base al presupposto di una curva di Phillips verticale nel lungo periodo. Nel segno della stabilità dei prezzi, la politica monetaria aveva, quale scopo dell'orientamento di medio termine, **portare e mantenere il tasso di inflazione al di sotto del limite riconosciuto del 2 per cento.**

In periodi di deficit reali o di minaccia di tali deficit, lo scopo della politica monetaria è stato annullare la sistemazione di questi deficit. Nel dettaglio, la normativa per la creazione di moneta interna era fondata sulla base dell'assenza di flussi in entrata o in uscita di moneta dal conto corrente. Se c'era un flusso in uscita, questo implicava che la creazione totale di liquidità sarebbe stata inferiore alla domanda stimata di liquidità, con la conseguenza di un restringimento della situazione monetaria e la tendenza all'incremento dei tassi di interesse. Questo avrebbe contribuito ad una diminuzione della domanda nazionale e di conseguenza al ritorno all'equilibrio della bilancia dei pagamenti. In particolare negli anni in cui la bilancia dei pagamenti è stata in una situazione di disequilibrio, l'obiettivo della politica monetaria è stato il controllo sulla creazione della moneta nazionale piuttosto che l'indice di liquidità[25]. Questo conferma che la politica monetaria olandese orientata all'indice di liquidità è stata quella a medio termine.

Il ruolo dei Tassi di Cambio. Un altro obiettivo della politica monetaria olandese è stato la costituzione di un tasso di cambio stabile.

Nel decennio successivo alla Seconda Guerra Mondiale, l'obiettivo fu assicurato dalla partecipazione al sistema *Bretton Woods*.

Nel 1961 il fiorino fu rivalutato con un po' di riluttanza insieme al marco tedesco. Quando il sistema di *Bretton Woods* si spezzò, nei primi anni

Settanta, sparì la possibilità di un tasso di cambio fisso con tutte le altre monete, e l'Olanda dovette decidere a quale moneta o monete agganciare il fiorino. Inoltre, all'interno dell'Europa, l'assetto dovuto al serpente monetario e di conseguenza, il Meccanismo dei Tassi di Cambio ("*Exchange Rate Mechanism*" ERM) del Sistema Monetario Europeo venne modificato per consentire una maggiore stabilità dei tassi di cambio.

Il marco tedesco divenne la moneta guida e, grazie alla inflazione più bassa, la moneta più forte d'Europa; l'Olanda decise di agganciare la parità del fiorino al marco tedesco, poiché gran parte il commercio avveniva in gran parte con la Germania.

Negli anni Settanta il fiorino non riuscì a mantenere i livelli del marco e, nel 1983, avvenne l'ultima svalutazione del fiorino in relazione al marco. Fino ad allora, le valute erano state collegate ad una parità invariata, inizialmente solo all'interno della struttura dell'ERM e, dal 1993, anche con accordi bilaterali tra le autorità monetarie olandesi e tedesche. In basse agli accordi, il fiorino avrebbe dovuto variare solo all'interno della fascia di più o meno 2,25% della sua parità con il marco tedesco; il mantenimento degli accordi fu assicurato essenzialmente con l'uso degli strumenti monetari del mercato[26].

Negli ultimi decenni le operazioni dei tassi di cambio sono notevolmente cambiate, infatti:

- negli anni Cinquanta e primi anni Sessanta furono necessari solo piccoli interventi in quanto vigevano strette limitazioni alle transazioni di capitale internazionale, gli attacchi speculativi erano assai rari e l'eccesso della bilancia dei pagamenti era considerevole;

- negli anni Settanta la regolamentazione del tasso di cambio iniziò a richiedere una politica attiva.

Implicazioni della Riforma del sistema finanziario e della liberalizzazione.

La liberalizzazione delle transazioni dei capitali internazionali ha avuto un forte impatto sulla politica monetaria olandese. Ha seriamente influenzato la trasmissione monetaria, poiché l'influenza della domanda sull'indice di liquidità è aumentata, d'altra parte, le limitazioni nella espansione nazionale dei crediti hanno determinato una diminuzione della offerta di moneta e quindi dell'indice di liquidità (*liquidity ratio*) solo per un breve periodo e, hanno incrementato l'afflusso di capitali stranieri confermando la inconsistenza della combinazione di liberi flussi di capitali internazionali, tassi di cambio fissi e politica monetaria indipendente.

In un regime di tassi di cambio fissi non si deve rinunciare alla indipendenza della politica monetaria o alla restrizione delle transazioni di capitale[27]. Questo significa che quando, nel 1980, furono abolite le restrizioni in conto capitale, a vantaggio della scelta di tassi di cambio fissi, gli spazi per una politica monetaria indipendente diminuirono drasticamente.

La liberalizzazione del conto capitale internazionale è stata un processo graduale e anche il grado di libertà per la politica monetaria indipendente è scomparso gradualmente.

Negli anni Ottanta diminuirono le possibilità di condurre una politica indipendente nell'offerta di moneta, e divenne difficile da spiegare anche lo sviluppo dell'indice di liquidità[28]: a fronte di un'elevata crescita del rapporto coincideva la diminuzione dell'inflazione con la conseguente difficoltà alla riduzione dell'espansione interna del credito. Il riferimento all'indice di liquidità come indicatore del meccanismo di trasmissione monetaria risultava compromesso in quanto l'indicatore non assicurava più la sua controllabilità attraverso gli strumenti monetari e la stabilità della relazione con l'obiettivo finale.

Il ruolo dell'ampia politica monetaria nel sostegno ai tassi di cambio si basava sui seguenti quattro assunti:

* la possibilità di controllare la moneta netta creata dalle banche;

- la stabilità, nel medio termine, della funzione di domanda di moneta;

- l'espansione dei crediti interni quale causa primaria dei flussi di liquidità in uscita; e

- la pressione sul tasso di cambio dovuta proprio ai flussi di liquidità in uscita.

All'inizio del 1990, comunque, solo il primo assunto era ancora considerato valido. Questo portava al secondo passaggio negli obiettivi della politica monetaria. In linea con la strategia attuale, le restrizioni nella creazione di moneta interna sarebbero state introdotte solo al ricorrere delle seguenti condizioni:

- minacce di disequilibri fondamentali nella economia reale;

- elevata creazione di moneta;

- sostanziosi flussi di uscita esteri;

- minaccia da parte dei flussi di uscita per la sicurezza dell'economia e del fiorino.

Alla luce della difficoltà oggettiva alla realizzazione delle condizioni suddette, la politica monetaria si è trasformata in una pura politica dei tassi di cambio.

3.2.3 Gli sviluppi della politica monetaria.

Nel dopo-guerra, in Olanda è stata usata un'ampia varietà di strumenti monetari che possono essere analizzati in base allo scopo primario (controlli diretti versus controlli indiretti) e al grado di orientamento al mercato. Nella tabella successiva sono illustrati il graduale sviluppo dell'uso dei controlli diretti, a partire dall'analisi di rigidità e qualità sui livelli massimi dei crediti fino ai sistemi di controllo dei crediti maggiormente basati sui mercati (tabella 2)[29].

PERIODO	STRUMENTO	SCOPO
1945-60	Forme diverse di controlli qualitativi e quantitativi sul credito	Sostenere la ricostruzione dell'economia e ridurre le pressioni inflazionistiche
1961-72	Massimi livelli dei crediti a breve termine	Limitare l'espansione monetaria
1965-72	Extra: limite delle attività nette a lungo termine	
1973-79	Sistema delle riserve di liquidità	Ridurre la liquidità (in eccesso) nel settore bancario e controllare l'espansione monetaria
1977-81	Restrizione dei crediti netti	Riduzione dell'indice di liquidità
1986-87	Gentlemen's Agreement	Riduzione della crescita della moneta netta e creazione di attività in questo modo di flussi di capitali in uscita
1989	Politica dei mercati aperti nei mercati di capitali	Segnali di valutazione della Banca Centrale relativamente agli sviluppi del tasso di interesse e del tasso monetario (curva del rendimento)
1989-90	Disponibilità di riserve monetarie in contanti	Controlli della crescita del credito netto e sostegni alla politica dei tassi di cambio

Figura 4 - Strumenti per il controllo del credito in Olanda nel dopoguerra[30].

Controlli Diretti versus Controlli Indiretti: l'adeguamento del mercato. Le banche centrali adottano due diversi metodi per dirigere la politica economica:

- l'imposizione di regole che influiscono sull'espansione dei crediti bancari,

- il controllo della base monetaria (in particolare i depositi delle banche presso la Banca Centrale) che le banche necessitano per la liquidazione dei pagamenti e per fronteggiare le richieste di riserve.

Gli strumenti del primo gruppo sono detti "**diretti**", in quanto direttamente influenzano la posizione della banca di fronte al settore non bancario, che è il canale attraverso il quale le banche influenzano gli sviluppi monetari; gli strumenti "diretti" presuppongono una solida struttura legislativa in quanto agiscono sulle relazioni finanziarie che non coinvolgono la Banca Centrale. I controlli diretti avvengono principalmente in due modi diversi, da un lato, attraverso la limitazione dei prezzi dei crediti o dei depositi (controlli sui tassi di interesse) dall'altro, attraverso il restringimento dell'ammontare dei crediti (limiti massimi di credito).

Gli strumenti "**indiretti**" influenzano indirettamente le relazioni monetarie, grazie all'azione su prezzi e volumi nel mercato della moneta, per esempio, con le relazioni finanziarie tra le banche e la Banca Centrale e con le modifiche dei tassi di interesse. Queste misure generalmente influenzano i tassi a cui le banche raccolgono e prestano i loro fondi (tassi di deposito ossia tassi passivi e tassi di prestito ossia tassi attivi). In un sistema liberalizzato le politiche del mercato monetario hanno implicazioni anche sui tassi di cambio che possono essere un importante canale di trasmissione alternativo della politica monetaria.

Anni Cinquanta: i Controlli di Credito Qualitativi. Dopo la Seconda Guerra Mondiale, la politica economica olandese fu orientata alla rapida ricostruzione economica. In questo contesto ben si inserivano le misure di controllo qualitative che regolavano l'espansione del credito a livello di settore poiché assicuravano ai settori considerati vitali per lo sviluppo economico i necessari finanziamenti. Contemporaneamente le banche vennero incoraggiate, spesso attraverso la persuasione morale, a limitare i crediti per altri scopi come ad esempio i crediti al consumo. Questa politica era conforme al doppio orientamento della politica monetaria di sostenere il benessere dell'economia del paese e la contemporanea stabilizzazione del livello generale dei prezzi, come già precisato. Alla la fine degli anni Cinquanta le possibilità per la Banca d'Olanda di utilizzare questi controlli rigidi e dettagliati venne gradualmente scomparendo[31].

Anni Sessanta: i Limiti Quantitativi. All'inizio degli anni Sessanta, vista la crescita totale del credito bancario, per limitare la distribuzione settoriale, vennero introdotte le misure di controllo quantitative attraverso l'imposizione di un tasso massimo di crescita dei crediti concessi da ogni banca. Questa politica fu mantenuta attiva per tutto il periodo di tempo durante il quale il settore bancario, complessivamente, eccedeva un determinato saggio di espansione creditizia. Inizialmente e, in base al principio che a fronte di crediti a lungo termine vi erano depositi a lungo termine, – non facenti parte, per definizione, dell'aggregato offerta di moneta - la restrizione fu applicata solo ai crediti a breve termine. Nel corso del tempo questo presupposto perse la sua validità e così si decise di stabilire un limite addizionale sulle attività finanziarie nette a lungo termine delle banche ossia sul valore determinato dai prestiti a lungo termine al netto degli investimenti a lungo termine.

Requisiti delle Riserve di Liquidità (1973-79). Durante gli anni Settanta, la Banca d'Olanda, per controllare il credito e la crescita della moneta, fece temporaneamente affidamento su un sistema indiretto di requisiti delle riserve di liquidità che si esplicitava con l'obbligo, per le banche, a tenere fondi liquidi relativi ai depositi a breve termine. Ben presto si crearono dei conflitti, poiché sia i requisiti delle riserve di liquidità sia le politiche dei mercati monetari orientate ai tassi di cambio, influenzano i tassi di interesse a breve termine e la politica dei requisiti delle riserve di liquidità venne abbandonata.

La Restrizione dei Crediti Netti (1977-81). Nel 1977 vennero riammessi i limiti massimi di credito orientati ad una riduzione dell'indice di liquidità di circa quattro punti percentuali[32]. Il massimo livello netto non risentiva della interferenza delle politiche monetarie del mercato, poiché le banche tendevano a pareggiare con la raccolta gran parte dei loro crediti a lungo termine o con la vendita delle attività a lungo termine (come il debito governativo) che aumentavano la pressione sui tassi di interesse a lungo termine piuttosto che sui tassi di interesse a breve termine. Il presupposto, affinché i limiti massimi dei crediti non interferissero con le politiche del mercato della moneta orientate ai tassi di cambio, era la separazione o almeno la mancata integrazione tra il mercato della moneta e quello dei capitali.

In conclusione, rispetto ai limiti massimi lordi degli anni Sessanta, il limite massimo ai crediti netti degli anni Settanta fu basato soprattutto sul mercato.

The Gentlement's Agreement (1986-87). Nel 1980 la mobilità del capitale aumentò notevolmente, questo implicava che, da un lato, era sempre più difficile controllare l'offerta di moneta in un sistema di tassi di cambio fissi, dall'altro, diventava un problema l'aggiramento del sistema dei crediti attraverso le filiali estere. Inoltre, i flussi di capitale internazionale divenivano un indicatore della politica monetaria e, anche se a livello inferiore rispetto al passato, l'ampliamento dell'espansione dei crediti interni influenzava l'inflazione interna e gli sbilanci delle partite correnti, creando comunque un flusso trasferimento della liquidità verso l'estero attraverso il conto di capitale della bilancia dei pagamenti, con la conseguenza di aumentare la pressione sul tasso di cambio. La concomitanza di questi fattori determinò nel 1986 il "Gentlement's Agreement" tra la Banca d'Olanda e i rappresentanti del settore bancario con l'obiettivo di limitare l'espansione del credito nel 1986 al 5,5-6 per cento[33].

Alla fine del 1986 i risultati monetari confermarono che:

- la riduzione mirata del tasso di espansione del credito non si era verificata,

- era avvenuta una sostanziale uscita di capitali verso l'estero,

- la curva di reddito nei confronti della Germania, paese di ancoramento, si era appiattita.

La decisione successiva fu il mantenimento della validità dell'accordo per altri due anni con l'espansione creditizia limitata all' 11-12 % negli anni 1986-87e una significativa restrizione della politica monetaria del 1987 con una crescita del tasso dei crediti netti di non più del 2%. Inoltre, per salvare le istituzioni creditizie piccole e quelle appena fondate, per le quali una restrizione creditizia poteva dimostrarsi particolarmente dannosa e per le quali le alternative dei fondi a lungo termine potevano non essere fattibili, venne introdotta una clausola specifica che concedeva a queste istituzioni un tasso di crescita più elevato. Infine, nel 1987 venne riconosciuta la possibilità di commerciare sui margini inutilizzati al di sotto del limite massimo e un gran numero di banche se ne avvalsero.

La Politica del Mercato Aperto nel Mercato dei Capitali (1989). Nell'ottobre del 1987, mentre l'accordo Gentlement's Agreement relativo alla crescita del credito era ancora valido, la Banca d'Olanda annunciò la costituzione di un portafoglio di obbligazioni governative a lungo termine per poter effettuare le operazioni di mercato aperto sui mercati di capitale, poiché era ormai evidente la mancanza di flessibilità del sistema di controllo creditizio.

La modesta grandezza del portafoglio (3 milioni di fiorini, o circa 1 bilione di dollari USA del tempo) in relazione al giro di affari nel mercato dei capitali rese evidente che la funzione dello strumento del mercato aperto all'interno del mercato dei capitali era evidenziare le tendenze e la visione delle autorità monetarie. Infatti, sarebbero state le banche a reagire alle intenzioni politiche della Banca d'Olanda con l'adeguamento delle loro politiche creditizie e di raccolta fondi ben consapevoli che la Banca Centrale, in caso di necessità, avrebbe sempre potuto reintrodurre i controlli creditizi.

Lo strumento del mercato aperto all'interno del mercato dei capitali fu usato per la prima volta nel marzo 1989. Durante lo stesso anno, la Banca d'Olanda introdusse le disposizioni sulla Riserva Monetaria per Cassa (MCR) che, in quanto strumento piuttosto flessibile, rese superflue le operazioni di mercato aperto. Questo tipo di operazioni non vennero più usate dopo il 1989 e nel 1992 la Banca Centrale decise di vendere gradualmente il portafoglio delle obbligazioni governative costituito a suo tempo. Il processo si concluse nel 1993.

La Riserva Monetaria per Cassa (1989-90). Nella primavera del 1989 fu sviluppato uno strumento per controllare la crescita creditizia maggiormente basato sul mercato rispetto ai limiti massimi creditizi. Il limite massimo per le singole banche non rimase ancora per lungo tempo, ma le banche che avevano tassi di espansione creditizia eccedenti un determinato e permesso "limite soglia" sarebbero state obbligate a tenere una riserva in denaro a rendimento zero presso la Banca Centrale. Il "limite soglia" e le caratteristiche della riserva in denaro erano uguali per tutte le banche.

In realtà, non c'era alcun obbligo formale di mantenere queste riserve presso la Banca Centrale, ma solo l'obbligo di pagare i costi di interesse associati. La differenza fondamentale con le precedenti restrizioni creditizie era che alle banche era permesso oltrepassare il "limite soglia", ma ogni eccesso sarebbe stato accompagnato da interessi da pagare che rappresentavano una penalità per la rapida crescita. In questo modo, la Riserva di Cassa avrebbe aumentato i costi dei prestiti finanziati effettuati con fondi a breve termine e questo avrebbe reso più appetibili i fondi a lungo termine. I finanziamenti a breve termine erano comunque permessi - in contrasto con la situazione del limite massimo creditizio - ma al di sopra di certi limiti solo ad un determinato prezzo. La Riserva Monetaria per Cassa da un lato, era assai più orientata al mercato rispetto ai limiti massimi creditizi, poiché era il mercato assumeva il ruolo di governare il processo di creazione di moneta da parte di ciascuna banca; dall'altro, influenzava il mercato monetario in quanto le riserve presso la Banca Centrale erano "riserve virtuali", infatti, le banche non erano obbligate a mantenere le riserve.

La Riserva Monetaria per Cassa divenne effettiva per la prima volta nel luglio 1989 e fu mantenuta fino al 1993 ma già nel 1992, in seguito ai cambiamenti nelle relazioni monetarie e in particolare alla instabilità della funzione di domanda, fu deciso di astenersi dall'ulteriore uso della Riserva. La Banca Centrale decise che la possibile riattivazione sarebbe stata considerata solo in caso di un grave sbilancio macro-economico che minacciasse la sicurezza dell'economia e della moneta; da allora una simile situazione non si è mai più sviluppata e l'Olanda ha pienamente avuto fiducia nella politica dei tassi di cambio fino dai primi anni Novanta.

Le Politiche del Mercato della Moneta orientate al tasso di cambio. Durante gli anni Cinquanta, la politica dei tassi di interesse era orientata a mantenere i tassi sufficientemente bassi in modo da trasformare il surplus nella bilancia dei pagamenti in attività estere nette detenute dal settore bancario.

Questa strategia consentiva di evitare che il surplus nella bilancia dei pagamenti determinasse le riserve ufficiali e i surplus associati del mercato interno della moneta. I tassi ufficiali servivano come un limite massimo per i tassi di interesse sul mercato della moneta e la politica del mercato della moneta era orientata ad evitare la caduta dei tassi a livelli molto bassi. Alla piena efficacia di questa situazione contribuiva in modo determinante l'assorbimento delle libere riserve del sistema bancario attraverso la regolamentazione delle riserve di cassa e l'emissione di Buoni del Tesoro. Infine, le operazioni del mercato aperto con Buoni del Tesoro assicuravano la gestione delle condizioni a breve sul mercato della moneta.

Agli inizi degli anni Sessanta le condizioni del mercato della moneta iniziarono a cambiare. L'incremento endogeno delle banconote in circolazione causò la restrizione delle condizioni che incrementarono controllo del mercato da parte della Banca d'Olanda. Questo sviluppo determinò una diminuzione delle riserve di cassa e l'abolizione dell'uso dei Buoni del Tesoro per l'assorbimento della liquidità. Alla fine, un deficit del mercato della moneta determinò il pieno accordo fra le banche e la Banca Centrale per il funzionamento dei tassi ufficiali come tassi minimi sul mercato della moneta; l'attività della Banca Centrale continuò con gli interventi sui cambi esteri per controllare le condizioni del mercato della moneta sia attraverso le transazioni dirette, sia effettuando operazioni swap sulla valuta.

Nel 1970 la Banca d'Olanda ampliò la gamma di strumenti con l'introduzione del sistema delle aliquote, che dava alle banche la possibilità, in media dopo un periodo di tre mesi, di scontare la carta commerciale o ottenere anticipazioni fino ad un certo livello massimo. Questo strumento, insieme ai tassi ufficiali e alle anticipazioni specifiche divenne la base degli strumenti del mercato monetario.

Attualmente, le politiche del mercato della moneta sono totalmente determinate dai tassi di cambio. Inoltre, il tasso di interesse, poiché influenza le condizioni del mercato della moneta sia in termini di tassi sia in termini di volumi, influisce sul mantenimento del fiorino all'interno delle strette bande di oscillazione attorno alla sua parità rispetto al marco tedesco (+ o - il 2,25%). La Banca d'Olanda utilizza un certo numero di strumenti per regolare la liquidità del settore bancario: in particolare, il sistema delle aliquote fornisce alle banche gran parte delle loro necessità finanziarie. Siccome questo sistema non copre l'intera domanda di moneta alla Banca Centrale spesso vengono effettuate specifiche anticipazioni attraverso le vendite all'asta, gli swap sulla valuta estera e a volte anche interventi nel mercato della moneta a vista[34].

Nel 1988 furono introdotti i requisiti per la riserva di cassa del mercato monetario. Questo strumento era orientato a assorbire gli eccessi di liquidità del settore bancario e quindi, aveva caratteristiche diverse dalle riserve monetarie per cassa sopra descritte.

I requisiti della riserva di cassa per il mercato monetario determinano un ammontare minimo di liquidità da mantenere in forma di deposito presso la Banca Centrale per ogni banca singola per un periodo prestabilito. Il valore della liquidità richiesta viene calcolato in base alle passività della banca. Durante i primi anni della sua esistenza l'ammontare delle riserve aumentò notevolmente, soprattutto a causa degli effetti della crisi del Sistema Monetario Europeo, mentre più recentemente l'ammontare delle richieste di riserva è diminuito in conseguenza dell'emissione di valori da parte della Banca Centrale. Questi valori della Banca Centrale (Certificati della Banca d'Olanda o NBC) furono venduti all'asta alle banche, per la prima volta nel 1994. Le vendite degli NBC sono più nettamente orientate all'assorbimento degli eccessi di liquidità rispetto ai requisiti di riserva.

L'adeguamento degli strumenti avvenuto negli ultimi anni in anni è dovuto sia alla scelta di piena effettività dell'Unione Monetaria e Economica Europea sia all'introduzione dell'euro, come moneta scritturale, avvenuta nel 1999. In questo quadro molte agevolazioni sono state trasferite dal sistema delle aliquote alle riserve di cassa del mercato della moneta; è stata introdotta l'agevolazione Lombard; e, sono state fornite regolarmente anticipazioni ad hoc.

<u>Tendenze nella scelta degli strumenti</u> Se si esamina il periodo post bellico, si possono distinguere due importanti tendenze nell'uso degli strumenti monetari:

1. i controlli diretti del credito sono stati gradualmente sostituiti con gli strumenti monetari di controllo indiretto;

2. gli strumenti utilizzati sono sempre più orientati al mercato.

La tendenza è chiaramente in relazione ai cambiamenti nella strategia monetaria e alla strategia di liberalizzazione dei mercati finanziari. E' opportuno sottolineare come la transizione dalle ampie politiche monetarie interne orientate alla liberalizzazione dell'indice di liquidità verso la politica monetaria orientata ai tassi di cambio, non coincide totalmente con il trasferimento dai controlli diretti ai controlli indiretti, infatti, negli anni Ottanta, gli strumenti diretti sono stati usati per il sostenimento del tasso di cambio.

Strumenti diretti	Controlli di credito qualitativi	Controlli di credito quantitativi	Controllo del credito netto	Controllo del credito netto e commercializzazione sui margine di interesse	Riserva di cassa per mercato monetario	
Strumenti di pura segnalazione						Operazioni di politica sui mercati aperti.
Controlli Indiretti	Sistema delle aliquote	Riserve per cassa	Riserve per cassa già pagate	Swaps	Prestiti speciali	Vendita di valori della Banca Centrale
	BASSO ⟵		*Grado di orientamento al mercato*		**ALTO** ⟶	

Figura 5 – classificazione degli strumenti di politica monetaria[35].

Nota: il grado di orientamento al mercato di uno strumento monetario non può essere esattamente stabilito. L'ordinamento sopra riportato è un ordinamento crescente per ogni categoria di strumenti, e quindi, gli strumenti diretti e indiretti riportati nella stessa colonna non hanno necessariamente lo stesso grado di orientamento al mercato.

Il sistema delle riserve di liquidità del 1970 è un esempio di strumenti indiretti orientati a controllare la crescita della moneta ed è chiaro, che la transizione verso una politica dei tassi di cambio perfettamente flessibili ha contribuito alla dismissione degli strumenti diretti poiché il tasso di cambio si controlla in modo più efficace con le politiche del mercato della moneta piuttosto che con politiche orientate alla crescita del credito bancario.

Il secondo importante sviluppo riguarda il passaggio a strumenti basati sul mercato, facenti parte sia del gruppo dei controlli diretti sia del gruppo dei controlli indiretti. All'interno del gruppo dei controlli diretti, i molto rigidi e grossolani limiti massimi qualitativi e quantitativi degli anni Cinquanta e Sessanta furono sostituiti da restrizioni creditizie nette basate sul mercato con la possibilità, negli anni Settanta e Ottanta, di rinegoziare sui margini inutilizzati. Questa evoluzione culminò, nel 1989, con l'introduzione delle disposizioni sulle riserve monetarie per cassa che fu probabilmente, fra gli strumenti possibili, uno di quelli maggiormente basato sul mercato e dotato di flessibilità per controllare direttamente la crescita del credito del settore bancario.

Lasciava alle singole banche un ampio spazio per la concorrenza in quanto non c'erano limiti massimi di credito, ma penalità da pagare per la crescita creditizia al di sopra di una certa soglia. Anche all'interno del gruppo dei controlli indiretti ci fu una tendenza a incrementare il grado di orientamento al mercato, esempi di questa situazione furono la remunerazione degli interessi basata sul mercato per le riserve monetarie per cassa introdotta nel 1988 e l'uso di operazioni di mercato aperto con la valuta della Banca Centrale a partire dal 1994.

Sebbene si possa affermare che non c'è alcun collegamento fra il grado di orientamento al mercato e l'orientamento "diretto / indiretto" degli strumenti, è palese che la complessità delle misure necessarie per incrementare il grado di orientamento al mercato degli strumenti diretti abbia contribuito a favorire la preferenza per i controlli indiretti. Per questo, la transizione negli anni Novanta verso strumenti completamente indiretti, è da ricondurre a due ordini di motivi:

1. il cambiamento della strategia monetaria (da una combinazione di obiettivi monetari e di tasso di cambio ad un obiettivo di puro tasso di cambio);

2. la necessità, di strumenti semplici, trasparenti e flessibili che ben si inserivano nel sistema finanziario olandese deregolamentato e liberalizzato.

3.2.4   Considerazioni sulle riforme del sistema finanziario olandese.

Il processo di riforma del sistema finanziario, in Olanda, è stato basato su un approccio integrato nei confronti della modernizzazione e della liberalizzazione del sistema finanziario che si è manifestato attraverso:

• gli adeguamenti della struttura legislativa e regolamentare,

- il rafforzamento e l'espansione degli ambiti di controllo del sistema finanziario,
- la liberalizzazione delle transazioni internazionali,
- la deregolamentazione dei mercati finanziari interni,
- la modernizzazione della gestione monetaria.

Ogni successo nei processi di riforme del sistema finanziario deve essere accompagnato da adeguate regolamentazioni e controlli di tipo prudenziale che sono certamente più efficaci in presenza di condizioni di stabilità macro-economica.

Le autorità monetarie e di controllo olandesi, hanno dato molto peso al mantenimento delle due condizioni suddette e, a livello complessivo, sono state in grado di combinare il processo di riforma con il mantenimento di un solido sistema bancario e della stabilità macro-economica.

In base a quanto esposto si evince che il processo di riforma del sistema finanziario ha avuto un impatto fondamentale sullo sviluppo della politica monetaria olandese.

In termini di strategia monetaria ha influenzato la graduale eliminazione delle politiche sulla offerta di moneta, in seguito all'impossibilità di realizzare simultaneamente due obiettivi diversi (il valore interno e esterno del fiorino) con un solo strumento (il tasso di interesse). Data la preferenza per i tassi di cambio fissi – e l'agganciamento al marco tedesco – fu privilegiato l'uso del tasso di interesse come strumento per il mantenimento del tasso di cambio all'interno delle strette bande di oscillazione attorno alla sua parità in termini di marco tedesco.

Questa scelta fu considerata la via più efficace e efficiente per il raggiungimento della stabilità dei prezzi nel medio periodo anche in considerazione dell'elevata quota di commercio con la Germania e, in base al presupposto della solida politica monetaria tedesca. Quindi, durante gli anni Settanta e Ottanta, l'Olanda gradualmente passò da una combinazione di obiettivi monetari e di tasso di cambio a, nel 1990, una piena affidabilità dell'agganciamento al marco, considerato come *benchmark* per la sua politica monetaria.

Struttura legislativa e regolamentare	...1948 Bank Act...1998 Revisione ......1952/56 Act on Supervision....1978 Revisione.................1992 Revisione ....1990 Liberalizzazione della politica strutturale
Liberalizzazione: – **delle transazioni internazionali** – **dei mercati finanziari interni**	..................1961 Adozione dell'Art. VIII........................ ....1983 Conversione dei conti capitale ....1986 Prima fase della liberalizzazione ....1988 Seconda fase di liberalizzazione
Strategia monetaria e dei tassi di cambio	1945-71 Bretton Woods System...1973-98 Disposizioni europee sui tassi di cambio 1945-86 Diverse strategie orientate a controllare l'offerta di moneta ....1986-90 Controlli creditizi se necessari per sostenere il tasso di cambio ....1991-98 Politica dei tassi di cambio
Politiche di Controllo creditizio	1945-60 Occasionalmente controlli creditizi (qualitativi)............................ ....1961-72 Limite massimo di credito quantitativo.................... .... 1978-81 / 1986-87 Limiti massimi di credito basati sul mercato ....1989-90 Riserve monetarie per cassa
	1945 1955 1965 1975 1985 1995

Figura 6 – Sistema Finanziario e Riforma della Politica Monetaria: una panoramica[36].

Nota: In alcuni casi gli sviluppi hanno avuto inizio dopo un certo numero di anni, in questi casi è stato riportato l'anno oppure gli anni in cui avvennero i cambiamenti chiave.

La liberalizzazione del sistema finanziario e la deregolamentazione non hanno influenzato solo la strategia monetaria olandese, ma anche le operazioni di politica monetaria, compreso l'uso degli strumenti monetari. I rigidi limiti massimi di credito, per i mercati finanziari, non si inserivano bene all'interno di una struttura basata sul mercato in quanto ostacolavano la competizione, bloccavano l'ottima allocazione delle risorse ed erano un impedimento per lo sviluppo del sistema finanziario. Inoltre, con la piena liberalizzazione del conto capitale, aumentarono nettamente le possibilità di possibilità di aggiramento delle norme. Per questo, negli anni Settanta e Ottanta, furono sviluppate un maggior numero di alternative basate sul mercato.

L'unicità del caso Olanda, è proprio l'adozione di un approccio graduale, peraltro già adottato in altre aree della politica economica. L' adeguamento graduale si basa sul consenso e sulla cooperazione e sulla piena consapevolezza del forte peso riconosciuto al mantenimento della stabilità nei settori economico, monetario e finanziario.

L'Olanda ha continuato ad utilizzare gli strumenti diretti, in particolare il limite massimo creditizio, per un periodo più lungo dei paesi vicini acquisendo esperienza con i nuovi strumenti e, mantenendo contemporaneamente in vita i controlli esistenti. Anche se, si deve notare, che dai primi anni Ottanta il limite massimo creditizio è stato usato solo per brevi periodi (uno o due anni) e in genere non è mai stato posto a livelli molto restrittivi. Questo approccio di tipo *mordi & fuggi* riduce i rischi di perdita del controllo sul complessivo processo di riforma durante la fase di transizione.

Il risultato è stato che, sono stati limitati gli inconvenienti in termini di inibizione della crescita degli intermediari finanziari, distorsione nella allocazione delle risorse e aggiramento delle norme.

Le ristrutturazioni nel sistema bancario: implicazioni per le banche e per l'economia

Fin da subito - anni Settanta e Ottanta -, l'Olanda ha optato per un approccio graduale alla modernizzazione e alla liberalizzazione del sistema finanziario, questa scelta ha comunque comportato: gli adeguamenti della struttura legislativa e regolamentare; il rafforzamento e l'espansione degli ambiti di controllo del sistema finanziario; la liberalizzazione delle transazioni internazionali; la deregolamentazione dei mercati finanziari interni; la modernizzazione della gestione monetaria. Chiaramente la riforma sostanziale dell'intero sistema finanziario ha coinvolto attivamente anche il settore bancario dove, a partire dalla fine degli anni Ottanta, *mergers & acquisitions* sono diventate la realtà con la formazione di grandi conglomerati finanziari all'interno del Paese. La formazione dei gruppi è la risposta del sistema bancario all'aumentata concorrenza e alla necessità limitare la perdita dei margini nelle aree tradizionali di intermediazione bancaria ma successivamente i gruppi hanno allargato il loro raggio di azione, a banche e assicurazioni di altri Paesi.

Negli ultimi 10 anni il panorama bancario olandese è profondamente cambiato. Le fusioni su larga scala come la creazione della società ABN Amro e della società NMB-Postbank (attualmente ING Bank) e la stretta cooperazione tra le casse di risparmio hanno determinato un mercato dei servizi bancari molto concentrato. L'espansione oltre confine si è intensificata e negli ultimi anni, si sono moltiplicate le acquisizioni, da parte delle banche olandesi in Belgio, Brasile e Stati Uniti.

L'analisi dei seguenti fattori:

1. **la concorrenza e gli sviluppi del mercato bancario;**

2. **l'evoluzione i margini sul tasso di interesse e in particolare, la perdita dei margini nelle aree tradizionali di intermediazione bancaria;**

3. **il rapporto con le piccole e medie imprese;**

4. **le strategie di risposta del sistema bancario all'incremento dei tassi monetari;**

consente di evidenziare le tendenze della ristrutturazione del sistema finanziario e bancario che è, peraltro, in via di consolidamento.

In particolare, in Olanda si sono verificate le seguenti condizioni:

- contrariamente a molti altri paesi europei, i margini sul tasso di interesse sono stati, negli anni Novanta, stabili attorno all' 1,5% (raccolta interna) anche se la tendenza comune è la differenziazione nell'evoluzione dei margini nei diversi segmenti di mercato;

- le banche olandesi hanno approfittato di una situazione del mercato interno favorevole e di ampi margini sui mutui. Sono aumentati anche i finanziamenti alle imprese nonostante i margini sul tasso di interesse siano stati piuttosto ridotti e la concentrazione delle banche non sia stata seguita da un pari incremento del mercato;

- in seguito della maggiore competizione fra le nuove entrate per raccolta e i fondi di investimento le banche hanno gradualmente incrementato costi sui risparmi *retail* a breve termine relativi ai tassi del mercato monetario e hanno visto aumentare anche i costi della raccolta a lungo termine relativa al mercato dei tassi monetari, quindi, i costi medi della raccolta bancaria hanno oscillato leggermente al di sopra dei tassi del mercato monetario degli ultimi anni;

- la differenza tra la media bancaria dei tassi sui prestiti e i costi della raccolta delle maggiori banche olandesi ha fluttuato tra il 1,9% e il 2,1% (raccolta consolidata).

- le piccole imprese sono quattro volte più colpite dalla restrizione del credito rispetto alle grandi imprese. Le cause principali della razionalizzazione dei crediti sono le informazioni asimmetriche, la netta preferenza da parte delle banche per le operazioni con garanzie accessorie, e la forte avversione da parte delle imprese a far controllare e dare maggiore trasparenza delle operazioni aziendali.

- le piccole imprese "si assicurano" contro il rischio della razionalizzazione creditizia mantenendo una maggiore disponibilità di liquidi e trattenendo una maggiore quota di profitti, rispetto alla grandi imprese;

- in seguito alla politica monetaria restrittiva, le banche olandesi difendono il loro portafoglio di prestiti con il mantenimento di attività estere hanno la funzione di riserve flottanti. Questo contrasta nettamente con l'esperienza americana dove questo compito è assegnato al mantenimento dei titoli finanziari;

- nonostante l'aggancio del fiorino al marco tedesco, l'Olanda ha mantenuto, negli ultimi 15 anni una certa discrezionalità nella politica monetaria, anche se la prospettiva si spostava da una quasi unione monetaria a una piena unione monetaria e, per questo, segnata da costi non indifferenti.

3.3.1   L'evoluzione del sistema bancario olandese.

Come in molti altri sistemi bancari, la tendenza alla concentrazione ha caratterizzato il settore bancario olandese durante gli ultimi venti anni. Il cambiamento più grosso è avvenuto tra la fine degli anni Ottanta e i primi anni Novanta quando:

- la Nederlandse Middenstandbank (NMB) si fuse con la Postbank (1989), in seguito vi aderì anche la più grossa compagnia assicurativa olandese Nationale Nederlanden e formarono la ING Group (1991); e,

- la Algemene Bank Nederland (ABN) e la Amsterdam-Rotterdam Bank (AMRO Bank) costituirono la ABN Amro Bank (1990).

L'emergenza della "all-finance" dette vita ad altri gruppi anche tra banche e compagnie assicurative in seguito alla liberalizzazione della cosiddetta "financial structure policy" che fino al 1990 aveva separato nettamente i servizi bancari da quelli assicurativi. Anche le casse di risparmio, le banche cooperative e le merchant banks, costituirono gruppi portando il numero totale delle istituzioni finanziarie incorpore da circa 170 del 1988 a circa 150 del 1997. Attualmente il numero totale delle aziende bancarie è formato da quasi 100 banche universali, 18 istituzioni di intermediazione mobiliare, 26 casse di risparmio, 4 banche per mutui e 1 istituto centrale. Inoltre, quasi 480 banche cooperative operano con il marchio dell'istituto centrale Rabobank.

L'evoluzione del sistema bancario influisce fortemente sulla struttura, sulla diversificazione e sull'internazionalizzazione e, infine sulla efficienza e sui risultati finanziari.

La struttura del mercato. Le fusioni hanno naturalmente influenzato i livelli di concentrazione e la distribuzione delle quote del mercato bancario ma, nel caso Olanda, la conseguenza è stata che la mitigazione della concentrazione in termini di quote di mercato. Infatti, da un lato i clienti con la preferenza di rapporti con più di una banca si sono spostati verso altre banche e questo ha in qualche caso ha ridotto la combinazione delle quote di mercato delle "merged banks"; dall'altro le società nuove entrate nei mercati della raccolta del risparmio e dei mutui hanno guadagnato ridotte quote di mercato.

Grado di concentrazione dell'attività bancaria olandese					
Settore Crediti a privati			Depositi e risparmi		
1987	1992	1997	1987	1992	1997
3 GRANDI 65,8%	81,5%	77,7%	61,3%	80,4%	78,7%
5 GRANDI 89,0%	88,5%	86,8%	90,2%	86,9%	87,3%

Figura 7 - Grado di concentrazione dell'attività bancaria: quote di mercato delle tre e delle cinque banche più grandi negli ultimi 10 anni.[37]

Negli ultimi 10 anni, le quote di mercato delle cinque banche più grandi sono diminuite solo leggermente (la diminuzione più evidente è relativa ai mutui: con una riduzione dal 94% del 1987 al 88% del 1997) mentre è avvenuto un comune incremento della concentrazione sebbene, in qualche caso, mitigato negli anni più recenti.

Gli elevati livelli di concentrazione dovrebbero essere precisati dal posizionamento degli intermediari bancari e di quelli non bancari nel processo di intermediazione. In Olanda, i crediti interni delle banche rappresentano poco più della metà di tutti i crediti del settore privato interno. Altri intermediari finanziari importanti sono: le compagnie di assicurazione, i fondi pensione e gli altri investitori istituzionali. Da questo punto di vista, l'Olanda è confrontabile con il Regno Unito, mentre in Francia, Germania e Italia il settore bancario domina completamente l'intermediazione finanziaria con quote dell'80% e più.

Le banche straniere non sono state in grado di penetrare in modo significativo il mercato *retail* olandese, nonostante le regole di libero accesso esistenti da tempo sull'istituzione e sulla libera circolazione dei capitali. Negli anni Ottanta il Credit Lyonnais acquisì piccole quote di mercato ma in seguito fu incorporato dalla Generale Bank of Belgium. Nei mercati all'ingrosso (*wholesale market*), c'è stato, comunque, un incremento delle istituzioni UE - da 120 del 1995 a 170 del 1997 - che offrono servizi oltre confine dalla loro base nazionale. L'internazionalizzazione esterna è stata avviata dalla ABN già negli anni Ottanta, ma solo negli anni Novanta è diventata un vero e proprio strumento di espansione.

L'ABN Amro ha avuto una forte espansione negli Stati Uniti con la costruzione graduale di un secondo significativo mercato *retail* interno, ma ci sono state acquisizioni anche nell'Est Europa in Asia Australia e America Latina.

Nel 1997 la ING ha raggiunto lo sviluppo di un secondo mercato interno grazie ad una strategia di lungo periodo terminata con acquisizione della Bank Brussel Lambert of Belgium (BBL).

Queste azioni sono state seguite anche dal Gruppo binazionale (belga-olandese) Fortis che, nel 1998, ha acquistato la Generale Bank.

Sia la ABN Amro sia la ING hanno avuto una forte espansione nel settore dell'*investment banking* rilevando *brokers e merchant banks* negli Stati Uniti (Furman Selz) nel Regno Unito (Hoare Govelt, Barings) e in altri mercati europei.

Le ragioni della concentrazione e dell'internazionalizzazione. Il conseguimento di economie di scala viene spesso indicato come una delle ragioni della concentrazione e dell'internazionalizzazione, soprattutto per le banche piccole; ma il rendimento dei costi non è mai la sola ragione e nemmeno l'obiettivo principale di fusioni e acquisizioni su larga scala.

Relativamente al caso Olanda e alla ristrutturazione intervenuta nel settore bancario negli anni Novanta, hanno giocato un ruolo fondamentale sia l'efficienza dei risultati della diversificazione e della internazionalizzazione sia le economie di scala.

I vantaggi dell'incremento della diversificazione sono dimostrati dalle casse di risparmio che si sono trasformate in banche universali e grazie alle strategie di vendita *"one-stop-shop"* hanno ampliato le loro quote di mercato in diversi segmenti finanziari. La fusione della NMB-Postbank (attualmente ING), dove la Postbank ha portato in dote un ampia fascia di clienti *retail* mentre la NMB si è definitivamente concentrata sulle piccole e medie imprese, ha consentito:

- l'ingresso nel sistema di ampi flussi di pagamento che hanno incrementato il rendimento dei costi;

- la riduzione della concentrazione dell'esposizione verso settori individuali dell'economia;

- il trasferimento dell'eccesso di raccolta *retail* del Postbank (la forma statale delle casse di risparmio) verso impieghi più profittevoli nel settore imprese.

Il taglio dei costi è stato chiaramente uno degli obiettivi principali per la ABN e la Amro Bank che dopo la costituzione del nuovo gruppo ha provveduto all'eliminazione delle duplicazioni in termini di attività e di localizzazione geografica (rete di sportelli). L'unione e il rafforzamento dell'operatività interna hanno consentito il consolidamento di una solida base nazionale per puntare poi verso l'espansione internazionale.

Le ambizioni rispetto all'internazionalizzazione sono state indirizzate verso due segmenti di mercato: una relativa all'*investment banking* e quindi alla fascia dei grandi clienti aziendali (large corporate clients); e l'altra relativa ai *retail* market esteri. Entrambi i segmenti richiedono un adeguato capitale di base per l'espansione mentre servire i clienti all'estero richiede una rete bancaria internazionale.

ING e ABN Amro si sono posizionate tra i maggiori operatori nei mercati internazionali, principalmente grazie alle acquisizioni che probabilmente non sarebbero state possibili se non si fossero prima riunite in solidi gruppi nazionali.

La quota delle entrate derivata dall'attività di fornire i servizi bancari all'estero è nettamente incrementata negli anni Novanta e, attualmente, è circa il 50% per le banche principali mentre per l'intero settore bancario olandese è circa un terzo della quota di entrate totali. I vantaggi dell'internazionalizzazione sono sia a livello di prezzo sia a livello di volume: relativamente agli interessi i margini di interesse sulle attività estere sono in genere più elevati dei margini nazionali (come si vede nella Figura 8); relativamente ai volumi dei mercati, i mercati emergenti possono offrire un valido potenziale per l'espansione. Sicuramente dal 1° gennaio 2001 la circolazione effettiva dell'euro aggiungerà una nuova dimensione alla competizione in corso nei mercati europei e costituirà un ulteriore obiettivo della diversificazione che già guida la riunione delle banche all'interno dei Paesi dell'Unione Europea.

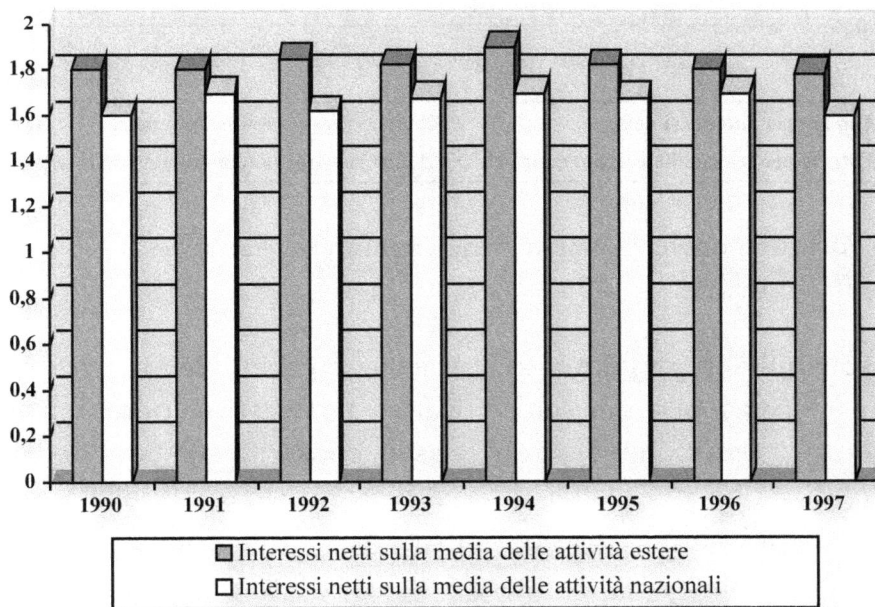

Figura 8 - Margine di interesse sulle attività estere. (Interest Return on assets).[38]

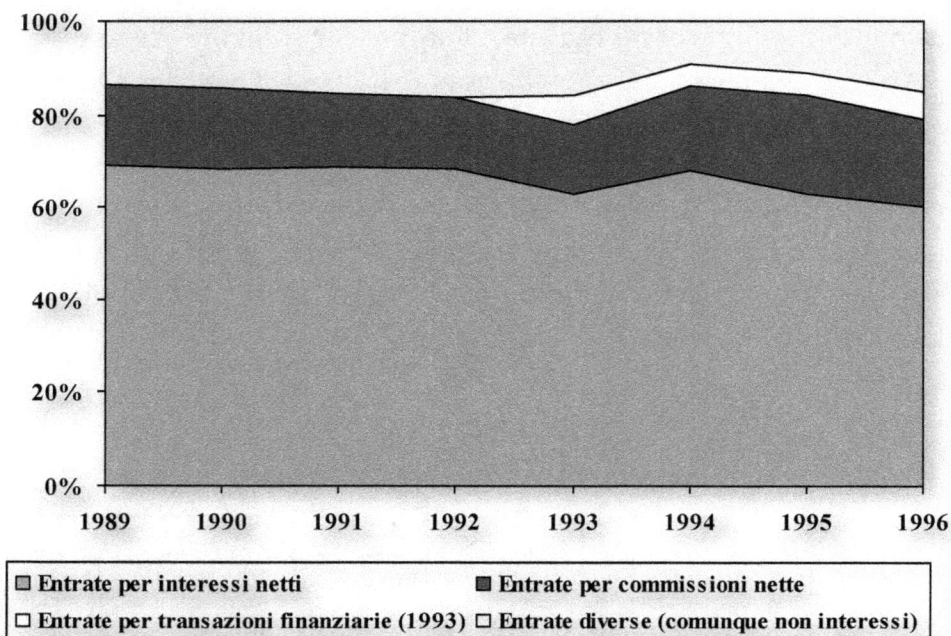

Figura 9 - Voci componenti le entrate in percentuale sulle entrate totali.[39]

Profitti, solvibilità e rendimento. La forte crescita dei prestiti è stata la principale responsabile dei buoni risultati finanziari e, peraltro, proprio la grossa quota di profitti generati dai prestiti, consente alle banche olandesi di avere profitti molto più stabili di quelli Regno Unito e della Svizzera. Nel 1996, i guadagni da commissioni di rete e altre categorie di non-interessi hanno rappresentato rispettivamente il 20% e il 15% delle entrate totali (come si vede nella Figura 9).

La Figura 10 mostra il confronto fra gli indici ROE (*return of equity*)[40] di una serie di Paesi: le maggiori banche nel Regno Unito e negli Stati Uniti rimangono ancora al di fuori della *performance* delle banche olandesi anche se negli ultimi tempi ci sono stati degli avvicinamenti. Per le banche olandesi, le aree di problemi potenziali sono le attività di investment banking che fra l'altro hanno uno staff altamente qualificato grazie al quale sono in competizione con le banche di investimento anglosassoni.

Return on equity (ROE) delle maggiori banche			
	1993	**1995**	**1997**
Olanda	10,0	10,8	12,0
Germania	8,8	8,5	7,6
Regno Unito	14,8	20,2	18,0
Francia	2,4	4,0	10,0
Svizzera	11,6	5,8	9,5
Stati Uniti	15,4	15,3	15,6
Giappone	2,2	-2,1	-13,2

Figura 10 - Il ROE in percentuale delle maggiori banche nei Paesi riportati.[41]

La solvibilità del sistema bancario olandese è rimasta stabile, in media con gli indici BIS e comunque negli anni Novanta fra il 10% e l'11%.

Il consolidamento e la ristrutturazione del settore bancario olandese hanno determinato la netta riduzione delle banche con una scarsa *performance* misurata da un ROE al di sotto del reale tasso di interesse di rischio (*risk-free interest rate*).

E' importante sottolineare che, dopo un iniziale incremento dei costi, le fusioni hanno avuto un effetto positivo, principalmente attraverso le riduzioni del personale, ma negli ultimi anni hanno dovuto fronteggiare l'incremento dei costi dovuto in parte alle attività di investimento bancario e, in parte all'*Information Technology* (anno 2000 e adeguamento euro).

Return on equity

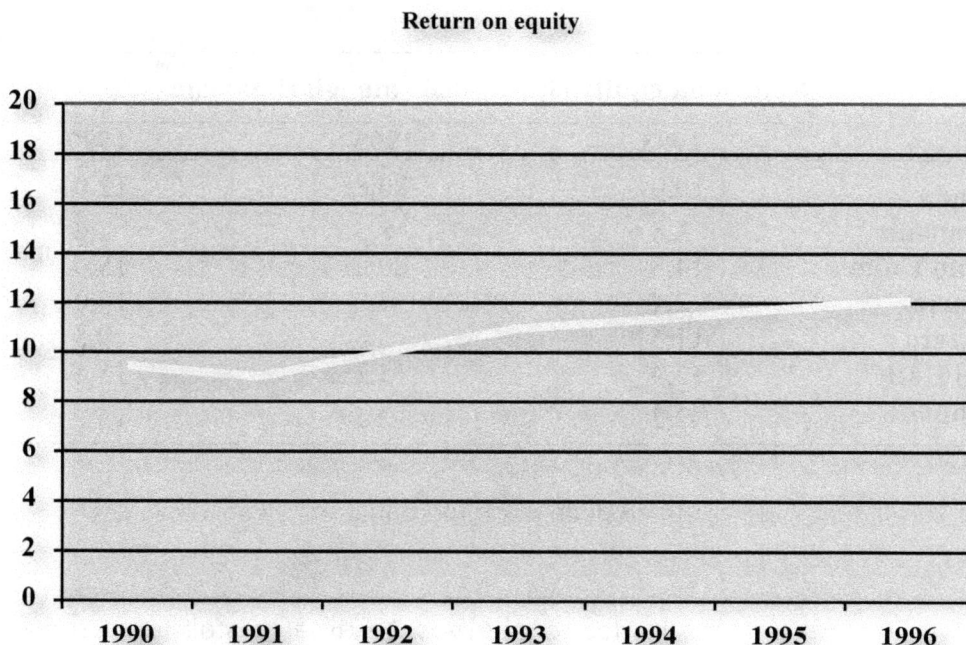

Figura 11 - Indice ROE del settore bancario olandese.[42]

3.3.2 L'evoluzione dei margini sul tasso di interesse.

Il quadro bancario degli anni Novanta evidenzia che la quota delle commissioni e delle altre entrate relative alle attività sui mercati dei capitali sono aumentate ma, al tempo stesso, i guadagni sugli interessi sono rimasti la componente maggiore di tutte le entrate bancarie (60% nel 1996 in confronto al 70% del 1989). Inoltre, a causa dell' incremento della competitività nei mercati del risparmio e dei prestiti, i margini sul tasso di interesse sono gradualmente diminuiti. In questa situazione e, malgrado il mancato decollo delle politiche di efficientamento dei guadagni, le banche hanno visto incrementare i loro profitti. In particolare, le banche olandesi sono state molto abili a espandersi con successo nell'area mutui, dove, grazie ad un clima economico favorevole e alla graduale diminuzione dei tassi di interesse a lungo termine, i volumi si sono notevolmente incrementati; inoltre, grazie ad una significativa destrezza operativa e, nonostante le pressioni crescenti dei costi di raccolta e della competizione degli intermediari non bancari, le banche sono riuscite a mantenere elevati i margini sui mutui.

Risultati. Ci sono forze quantitative che contribuiscono insieme ai prezzi oppure ai tassi di interesse sul portafoglio ad orientare i rendimenti degli interessi netti e quindi alla definizione dei risultati finanziari di tutto il settore bancario. Le tabelle seguenti mostrano i recenti sviluppi nella struttura del bilancio.

Relativamente alle passività si può affermare che:

- la raccolta a lungo termine e quella dei depositi interbancari nazionali sono state sostituite dall'ampliamento della raccolta proveniente dalle istituzioni straniere;

- l'entità dei risparmi a breve termine e dei depositi a termine cambia in al mutare del tasso di interesse in linea con le affermazioni teoriche; anche se non si può affermare che i clienti razionalizzino i depositi a basso tasso di interesse come peraltro dimostrato dalla continua crescita della quota dei conti correnti;

- assumendo che la raccolta estera è principalmente a breve termine, il totale dei componenti della raccolta a breve termine è aumentata del 7% tra il 1989 e 1997.

Struttura delle passività delle banche olandesi

	Raccolta interna				Raccolta estera
	Prestiti Interbancari	Risparmi a breve e depositi a termine	Depositi a vista e conti correnti	Risparmi a lungo termine e obbligazioni emesse	
1989	7	25	10	23	28
1993	5	28	11	19	31
1997	4	22	13	18	38

Figura 12 - Struttura delle passività bancarie in percentuale sul totale delle passività al netto di capitale sociale e riserve societarie.[43]

Struttura delle attività delle banche olandesi

	Interbancari	Settore pubblico	Settore Aziende	Mutui
1989	7	18	61	14
1993	5	15	64	15
1997	4	13	62	21

Figura 13 - Struttura delle attività bancarie in percentuale sul totale delle attività.[44]

Relativamente alle attività si può affermare che:

- in quanto parte delle attività del bilancio, la quota dei prestiti del settore pubblico (compresi i prestiti garantiti dal governo) è diminuita notevolmente dopo gli anni Novanta;

- l'espansione delle banche si è concentrata sul mercato dei mutui che peraltro, come i prestiti pubblici, si basano principalmente su tassi di interesse a lungo termine.

In base alla stabilità e al consolidamento dell'area prestiti *corporate*, l'aumento della quota della raccolta a breve termine non si è combinata con il medesimo cambiamento nelle attività del bilancio.

Negli ultimi anni la crescita dell'area mutui si è consistentemente rafforzata (12-19%) rispetto alla crescita del totale delle attività (approssimativamente il 10%). La domanda degli immobili è stata sostenuta dai bassi tassi di interesse a lungo termine, dalle riforme governative con la previsione di specifici fondi, dall'aumento delle entrate. D'altra parte stati ritenuti anche responsabili dell'aumento dei volumi dei crediti per mutui anche l'aumento dei prezzi degli immobili, delle tasse governative e degli standard dei prestiti.

Il bilancio si orienta verso l'incremento dei profitti e del ROE (*return on equity*) così viene privilegiata la raccolta a breve termine - generalmente meno costosa di quella a lungo termine - e il *business* dei mutui, assai più redditizio del settore dei prestiti pubblici.

Oltre ai cambiamenti nella composizione del bilancio, anche le tendenze quantitative dei prezzi hanno avuto un ruolo nella regolamentazione dei margini tra i tassi dei prestiti e di raccolta. Si può affermare che:

- in seguito al consolidamento della composizione delle attività e delle passività i tassi di interesse medi dei prestiti bancari si sono adattati più lentamente ai bassi tassi di mercato - nel corso degli anni Novanta - rispetto alla media dei costi della raccolta;

- nel lungo periodo, i tassi dei risparmi sono quasi raddoppiati per il periodo fra il 1992 e il 1997. I flussi in entrata nel mercato del risparmio hanno incrementato la concorrenza: gli intermediari non bancari – ad esempio i fondi comuni di investimento – hanno acquisito quote di mercato significative e hanno incrementato le loro attività; così, mentre sul mercato dei mutui le banche sono sempre più dominanti, sul mercato del risparmio questa affermazione viene smentita.

Il margine complessivo sul tasso di interesse è il risultato dei cambiamenti delle quote dei vari portafogli nella composizione del bilancio e del movimento dei prezzi, ossia dei tassi di interesse sul portafoglio stesso. Durante gli anni Novanta il margine del tasso di interesse complessivo è stato piuttosto stabile per le maggiori banche olandesi e la tendenza complessiva al cambiamento ha determinato effetti diversi nei diversi segmenti di mercato, pur in presenza di forti indicazioni al ribasso.

3.3.3   Il sistema bancario e le piccole e medie imprese.

Nonostante la scarsità di informazioni sull'andamento economico e finanziario delle piccole e medie imprese (PMI) olandesi, le stesse sono importantissime per l'economia olandese. All'interno del settore privato, il 99% delle aziende sono di piccola e media dimensione. Nel 1997 le PMI hanno fatturato il 29% del totale del valore aggiunto, il 30% del totale delle entrate per salari e stipendi, il 16% delle esportazioni e il 37% dei posti di lavoro (EIM 1998). Negli anni passati la creazione di posti di lavoro all'interno delle piccole e medie imprese ha rappresentato più del 40% della crescita economica per i posti di lavoro.

Le imprese non finanziarie in Olanda utilizzano principalmente gli utili trattenuti (utili non pagati come dividendi) per pagare gli investimenti. Questo vale sia per le piccole sia per le grandi imprese ma non tutte le imprese possono finanziarie i loro investimenti in questo modo. Ci sono quattro modi per ottenere fondi esterni: 1. il mercato obbligazionario, 2. il mercato finanziario, 3. i prestiti dalle banche e dalle altre istituzioni finanziarie, 4. le società di *venture capital* e gli investitori informali.

E' bene evidenziare che l'accesso ai mercati dei capitali pubblici è limitato a quelle aziende che sono capaci di confermare la loro solidità creditizia attraverso un rating debitorio riconosciuto da un agenzia indipendente per il rating e con la pubblicazione di rapporti annuali che rispettano standard di contabilità; questo implica che solo le grandi imprese possono accedere ai mercati di capitali per la raccolta di fondi.

Fin quando le piccole e medie imprese non potranno certificare facilmente la loro solidità creditizia, le stesse non potranno usare i mercati obbligazionari e finanziari come risorsa per la raccolta e rimarranno dipendenti dalle banche per i finanziamenti esterni. Grazie allo sviluppo delle relazioni a lungo termine con i propri clienti le banche hanno accesso a specifiche informazioni aziendali interne che gli consentono di determinare la solidità creditizia dei loro clienti e monitorare la loro attività anche se permane comunque un'area di incertezza – dovuta alle informazioni asimmetriche – che influisce sull'incremento dei tassi sui prestiti. Inoltre, oltre al calcolo degli indici creditizi, le banche nel 70% dei casi richiedono una garanzia accessoria per l'intero prestito o solo per una parte dello stesso.

Le banche non aumenteranno troppo il tasso dei prestiti per evitare il deterioramento del portafoglio creditizio, in quanto è noto che il rischio peggiore non ha problemi a promettere di pagare più alti tassi di interesse mentre una parte del rischio migliore ritira le richieste di prestiti in presenza di tassi troppo elevati; piuttosto le banche rifiuteranno credito ad alcune richieste di prestiti selezionando i debitori.

Il credito bancario a breve termine è di due tipologie:

- il credito in conto corrente attraverso la forma dell'apertura di credito in conto corrente è il più importante ed è circa i 2/3 di tutte le uscite per credito;

- gli anticipi a scadenza che coprono circa il 30% delle uscite per credito e sono garantiti per un determinato periodo.

In genere le piccole imprese hanno pochi prestiti a breve termine ma questi sono essenziali per le loro operazioni di *business*, infatti i dati indicano che per le aziende con un solo dipendente i crediti bancari equivalgono al 12,5% della media delle vendite mentre per le imprese maggiori il credito bancario rappresenta soltanto il 7,3%. I dati confermano anche che le piccole imprese non ottengono mai tutto il credito che richiedono: gli indici dei crediti delle piccole imprese sono quattro volte inferiori a quelli delle grandi aziende (8% contro 31%).

Le imprese olandesi in genere hanno un rapporto speciale con una banca che gli fornisce la gran parte dei servizi finanziari (la cosiddetta "huisbank" ossia banca di casa). Le piccole imprese pur mantenendo un'ampia riserva di disponibilità liquide quale assicurazione contro la riduzione creditizia sono comunque riluttanti a interrompere il rapporto con la propria banca. La ricerca del Dutch Council per le PMI ha rilevato che la Rabobank è la banca scelta da più del 50% delle piccole imprese; mentre il 50% delle grandi imprese sceglie la ABN Amro. Insieme alla ING Bank, le tre maggiori banche olandesi detengono una quota di mercato di più dell'80%, nonostante ciò la competizione non è conclusa; non dimentichiamo che in questo settore le banche pur guadagnando bassi margini e affrontano anche bassi costi (in confronto alle banche degli altri paesi industrializzati) e, che l'elevato grado di concentrazione del settore bancario olandese non sembra averne indebolito il rendimento.

3.3.4   Attività bancaria e meccanismo di trasmissione monetaria.

La teoria riconosce un ruolo di primo piano alle banche nell'attuazione della politica monetaria la conferma si ha nel caso dell'attuazione di scelte di politica monetaria restrittiva: la risposta delle banche consiste nella riduzione della loro offerta di prestiti. Poiché è costoso adeguare il portafoglio dei prestiti, le banche possono anche tentare di erigere barriere contro il rischio della contrazione della politica monetaria con il mantenimento di titoli quale capitale di riserva per riparare alle eventuali uscite di riserve. Nel periodo tra il 1983 e il 1997, la politica monetaria olandese è stata principalmente mirata al mantenimento del tasso di cambio fisso tra fiorino e marco con l'utilizzo, come strumento principale, del tasso di interesse. Il tasso di cambio oggettivo, ha chiaramente limitato i movimenti indipendenti dei tassi di interesse del mercato monetario olandese all'interno della fascia di oscillazione dal + o − 2,25% circa attorno alla parità fissato con la Germania.

Anche le attività estere costituiscono una riserva flottante contro le restrizioni monetarie.

Per quanto riguarda i costi della unione monetaria, occorre evidenziare che l'Olanda prendendo parte all'EMU abbandonerà la discrezionalità nella politica monetaria che aveva mantenuto nei passati 15 anni con il fiorino era agganciato al marco tedesco grazie ad una banda di oscillazione della parità.

L'evoluzione nel settore Retail Banking

La creazione dei conglomerati finanziari negli anni Novanta e il successivo incremento dell'indice di concentrazione del settore bancario hanno gettato le basi per il cambiamento delle strategie distributive nel mondo finanziario e per il conseguente sviluppo di un forte settore *Retail Banking*, che in un circolo virtuoso alimenta, a sua volta, gli sviluppi dei conglomerati finanziari stessi: ABN AMRO, ING Group e Rabobank

La creazione dei conglomerati finanziari ha determinato la eliminazione delle tradizionali linee di demarcazione fra i diversi settori economici e la trasformazione dell'attività nella fornitura di servizi bancari e assicurativi ad ampi gruppi di clienti. L'attività delle banche di offerta completa di servizi finanziari a privati viene indicata con il termine *retail banking*. I tre conglomerati finanziari più grandi – per bilanci totali –, che sono attivi nel mercato del *retail banking* sono: ABN AMRO Bank, ING Group e Rabobank e, chiaramente, offrono servizi *retail* di massa ossia ad ampi gruppi di clienti.

L'indice di concentrazione del settore bancario olandese è elevato. ABN AMRO, ING e Rabobank insieme detengono una quota di mercato pari a circa il 75% (mentre le cinque maggiori istituzioni - in base al bilancio totale - detengono una quota di mercato pari a circa l' 85%) del totale nei settori dei pagamenti, del credito al consumo, del risparmio e degli fondi di investimento; il loro ruolo è meno dominante nell'area mutui con una quota di mercato pari a circa il 60%, in quanto per tradizione questo mercato più segmentato è stato servito non solo dalle maggiori banche, ma anche dai fondi pensione, dalle società immobiliari e da diverse assicurazioni; la concentrazione è minore anche sul mercato dei prodotti assicurativi dove altre società si affiancano ai conglomerati, come le banche-assicurazioni Fortis, AEGON e Achmea, che detengono quote di mercato sostanziali.

Oltre all'analisi della nascita del settore *retail* – avvenuta negli anni Sessanta - e dello sviluppo dei conglomerati finanziari, è importante l'evoluzione delle strategie distributive delle banche olandesi, in quanto molti cambiamenti sono avvenuti nel metodo della distribuzione piuttosto che a livello di prodotti. Le ragioni di questa situazione molteplici e comprendono:

- la crescita tecnologica della società, l'incremento della competizione fra le istituzioni finanziarie e la deregolamentazione del settore pubblico hanno indubbiamente facilitato la creazione dei conglomerati finanziari;

- la maggiore consapevolezza delle istituzioni finanziarie della natura astratta dei loro prodotti, o meglio, dei loro servizi, che possono essere prontamente imitati dalla concorrenza.

Si chiarisce, quindi, l'importanza vitale, per vincere la concorrenza e mantenere i clienti *retail*, delle modalità con cui i clienti vengono approcciati e serviti. La tendenza in atto è il passaggio un servizio maggiormente orientato al cliente piuttosto che un approccio esclusivamente orientato al prodotto. Un'altra tendenza in atto è lo sviluppo del *direct banking* attraverso l'incremento sia delle applicazioni sia del livello di accettazione tra i clienti e tra i fornitori dei servizi finanziari.

3.4.1   La nascita del settore Retail Banking.

<u>**Il cambiamento delle quote di mercato.**</u> Fino alla metà degli anni Cinquanta le banche erano scarsamente competitive in quanto ognuna era focalizzata su uno specifico gruppo di clienti e/o di servizi e invadeva poco l'ambito altrui. La società "Postcheque- en Girodienst" (Postgiro, il precursore del Postbank) era la sola istituzione che effettuasse trasferimenti con giro fondi per i privati; le - attualmente definite - *merchant banks* si occupavano dei clienti imprese e le casse di risparmio e le banche cooperative erano poco interessate alla raccolta e ai prestiti a privati.

Negli anni Sessanta si posero le basi per lo sviluppo del *retail banking* con l'aumento della necessità di finanziamenti bancari da parte delle società commerciali e industriali e, da parte delle famiglie, per l'acquisto di un'abitazione di proprietà. L'attenzione delle banche per la raccolta fondi aumentò notevolmente e, le stesse cercarono di persuadere il pubblico a partecipare al sistema, attraverso l'offerta di conti di risparmio, di crediti al consumo, di mutui ai privati. In particolare fu elaborato un sistema di pagamento stipendi assai appetibile per i privati e per gli stessi datori di lavoro; in questo modo le merchant banks liberarono le società dal mantenimento di conti presso il "Postgiro" per il pagamento di salari e stipendi su larga scala e videro aumentare i loro flussi finanziari in entrata. Infine nel 1967, le banche costituirono, in concorrenza con il Postagiro, il sistema di pagamento *"Bankgirocentrale"* (BGC).

L'infrastruttura comune che nacque, sebbene con due circuiti separati (il circuito Postagiro e il circuito BCG), era unica in tutta l'Europa. Il debitore forniva l'ordine di pagamento o di trasferimento alla propria banca che successivamente accreditava il conto del beneficiario presso la sua banca. Nei Paesi anglo-sassoni e in Francia era invece diffuso il **metodo di pagamento indiretto,** per cui, il debitore consegnava un assegno al creditore che doveva poi essere monetizzato, dal creditore stesso o dalla sua banca, presso la banca del debitore. Sicuramente la scelta del sistema di trasferimento ha ritardato il decollo dell'uso delle carte di credito.

Solo nel 1997, con la riunificazione del circuito Postgiro e del circuito BGC nel Nationaal Betalingscircuit (National Payment Circuit) (NBC) fu eliminato il laborioso procedimento interbancario per i trasferimenti da un circuito all'altro. In tutti questi anni, la percezione dei clienti era sempre stata per l'esistenza di un unico circuito, grazie alla reciproca collaborazione ed efficienza nelle operazioni di: ordini permanenti, debiti diretti, assegni, altri trasferimenti di credito, pagamenti a mezzo terminali EFTPOS[45] o con prelevamenti di fondi dell'ATM[46].

La prima ondata di fusioni. Negli anni Sessanta, la competizione per l'acquisizione di clienti, di raccolta, di prestiti e per la successiva estensione dei servizi ai clienti *retail*, determinò la prima ondata di fusioni del settore bancario, nacquero così la ABN Bank e la Amro Bank – ambedue nel 1964 - che si dichiararono operatori universali ossia operanti sia nel mercato commerciale sia nel mercato privato e nel 1972 la Rabobank.

3.4.2   Lo sviluppo del settore Retail e la nascita dei conglomerati finanziari.

La fase di espansione. Il periodo 1966 –1980, dal punto di vista del ciclo di vita del *retail*, è la fase di espansione del *private banking* e si caratterizza per una eccellente crescita di:

- depositi a risparmio,
- crediti al consumo,
- prestiti per mutui.

La crescita negli anni Sessanta e Settanta è chiaramente maggiore che negli anni Ottanta e anche una prima ricerca rileva che i numeri dei conti correnti privati sono notevolmente cresciuti fra il 1967 e il 1980: nel 1967 c'erano soltanto 1.800.000 conti che significava che una famiglia su due, in Olanda, aveva un conto privato; nel 1980 i conti erano 10 milioni (circa due conti per famiglia); infine, a metà degli anni Novanta il numero di conti era pari a circa 18 milioni.

Negli anni Novanta le quote di mercato dei conti privati, sono le seguenti: 40% Postbank, 30% Rabobank, 20% banche universali e 10% casse di risparmio[47].

Gli anni Novanta si sono caratterizzati anche per la notevole crescita del **mercato del risparmio** in seguito al netto incremento del reddito di un'ampia parte della popolazione. E' interessante notare che, mentre negli anni Sessanta il 40% del totale del risparmio era detenuto dalle banche; a metà degli anni Ottanta la quota era scesa al 20% e il restante 80% detenuto dalle assicurazioni vita e dai fondi pensione; e negli anni Novanta la quota di assicurazioni vita e fondi pensione è ulteriormente incrementata fino all'85% del totale dei risparmi. Quote molto inferiori spettano agli altri operatori, i fondi di investimento, le obbligazioni e le azioni.

Per il mercato dei crediti al consumo, gli anni Sessanta e Settanta sono stati anni di crescita. Dopo la seconda crisi petrolifera alla fine degli anni Settanta, la crescita prima diminuì e, infine, divenne negativa nella prima metà degli anni Ottanta. Le cause furono la recessione economica e gli alti tassi di interesse combinati con le restrizioni creditizie imposte dal governo. Nonostante questo segmento sia tornato a crescere dalla metà degli anni Ottanta, le famiglie olandesi hanno ancora basse richieste di prestiti: solo una famiglia su tre ha avuto un prestito al consumo nel 1996. Relativamente all'offerta del mercato, i crediti al consumo sono, da sempre, dominati dalle società finanziarie: alla fine degli anni Sessanta, le società finanziarie detenevano 75% di questi prestiti; negli anni Ottanta le banche hanno acquisito una quota di mercato pari a circa il 40%.

Il mercato dei **prestiti per mutui** hanno avuto un buon andamento nel corso degli anni Settanta, grazie alla costruzione di nuovi alloggi, alle favorevoli politiche governative, alla prosperità economica e alla crescita della popolazione. Nel periodo 1960 – 1980 la quota di mercato delle banche è passata dal 40% al 60% circa, mentre le assicurazioni hanno visto scendere la propria quota di mercato dal 20% a meno del 10%. Le banche si sono avvantaggiate grazie alla introduzione dei prestiti con bassi costi iniziali che hanno consentito anche alle fasce di redditi più modeste di diventare proprietari di abitazione.

La seconda fase di fusione: ulteriori concentrazioni. Alla fine degli anni Ottanta, nel settore *Retail Banking* è avvenuto un forte incremento della competizione dei prezzi in conseguenza della diminuita crescita e della maggiore importanza delle operazioni su scala di massa; quindi l'ambito *Retail* delle piccole banche si è ulteriormente ristretto e, complici la prospettiva di un' Europa unita e le tendenze alla globalizzazione, le istituzioni finanziarie olandesi hanno iniziato a cercare nuovi partners con cui rinforzare la loro posizione sul mercato. Un fattore che ha contribuito, è stata la recessione degli anni Ottanta che ha portato al deterioramento della qualità dei portafogli di credito e all'accettazione delle perdite su crediti. Questo contesto generale insieme ad altre ragioni più specifiche ha portato ad una seconda fase nelle concentrazioni dell'industria bancaria.

Fra le ragioni per le maggiori fusioni ricordiamo:

- il desiderio di avere un diffuso e riconosciuto ruolo guida a partire da una forte base nazionale. Il motivo globalizzazione ha favorito la fusione, nel 1990, della ABN Bank e Amro Bank in ABN AMRO Bank; mentre nel 1989 la Nederlandse Middenstandsbank (NMB Bank) e la Postbank avevano formato la NMB Bank Postbank Group (con la quale era avvenuta la privatizzazione della Postbank);

- le grandi opportunità di diversificazione del rischio con la diversificazione dei prodotti e delle fonti del reddito;

- la possibilità di offrire ai clienti un ampia gamma di servizi bancari e assicurativi. I servizi finanziari "a 360 gradi" permettono di costruire una relazione continua e duratura con i clienti (gestione delle relazioni), nell'ottica dell'auspicato orientamento al cliente;

- l'ottimizzazione dell'uso dei propri canali distributivi e la circolazione di ampi database per un'efficace politica di marketing;

- la riduzione dei costi e quindi, la diminuzione delle filiali, la costituzione di una base più ampia per i crescenti costi dell'*Information Technology* e il taglio generale di uffici (amministrazione, uffici in staff e direzione).

L'ultimo motivo è stato meno valido per la creazione del NMB Postbank Group. Le due istituzioni che si sono fuse avevano poche sovrapposizioni, in quanto, la NMB aveva una rete di filiali e la sua clientela, oltre ai privati, erano le imprese di piccola e media dimensione; la grande forza di Postbank erano le transazioni di pagamento unitamente allo sviluppo del *direct banking* con l'utilizzo dei servizi postali e telefonici come canali di distribuzione per raggiungere la gran parte del pubblico. Grazie alla fusione, NMB Postbank Group divenne in grado di offrire un ampio pacchetto di servizi e di assicurarsi i vantaggi canali di distribuzione complementari dei due partner di fusione, e quindi, conseguire maggiori sinergie e economie di scala.

La formazione dei conglomerati finanziari è stata favorita anche dalle scelte governative e in particolare, dal riconoscimento, già nel 1990, della cessazione della separazione delle attività tra le società di assicurazione e le banche; la deregolamentazione rappresentava un'anticipazione della competizione che si sarebbe manifestata, dal 1993, in seguito all'avvento del mercato comune europeo. In questo modo, le banche-assicurazioni e i conglomerati finanziari divennero una componente della realtà, confermata, nel 1991, dalla fusione tra due mega gruppi, la Nationale Nederlanden e la NMB Postbank Group in ING Group.

In questo contesto generale la *"Allfinanz"* e il concetto *"one-stop-shopping"* che permettevano ai clienti di fare le loro operazioni bancarie, di investimento e di assicurazione sotto un unico tetto, divenne il motto degli anni Novanta.

In termini di bilancio totale, i maggiori conglomerati finanziari olandesi sono: ABN AMRO Bank, ING Group, Rabobank, Fortis e AEGON.

I conglomerati finanziari olandesi

1996 Dati	ABN AMRO Bank	ING Group	Rabobank	Fortis	AEGON
Bilancio totale (milioni di fiorini)	595.300	483.900	331.317	306.879	183.126
Entrate addizionali (milioni di fiorini)	693	24.322	3.649	17.678	16.703
Profitto netto (milioni di fiorini)	3.303	3.321	1.632	1.586*	1.568
Indice BIS	10,89	10,88	11,3	11,6	n.a.
Numero dei dipendenti	66.172	58.106	40.275	34.403	19.346

* escluso la società Mees Pierson.

ABN AMRO Bank

ABN AMRO Bank è una grande banca con una piccola società assicurativa controllata. Le attività bancarie sono di livello molto internazionale e focalizzate sulle attività di banca di investimenti e di banca commerciale. Le attività assicurative sono state definite come attività "core" solo nei primi anni Novanta. Queste attività si concentrano notevolmente sul mercato olandese e sono in crescita.

La ABN AMRO Bank usa la rete delle filiali come canale di distribuzione con il supporto delle strategie di direct marketing.

ING Group

Nel Gruppo ING, a livello di dimensione, le attività bancarie e assicurative si trovano in un ragionevole rapporto di equilibrio. Tutte le divisioni sono organizzativamente integrate ma c'è differenza nell'approccio al mercato per la forma della strategia multicanale. Quindi, diversamente da ABN AMRO e da Rabobank, sono state mantenute diverse divisioni affari, ognuna delle quali ha la propria etichetta (marca) e il proprio specifico metodo di marketing combinato con l'associazione di un canale distributivo. Le più grandi divisioni affari in Olanda sono Nationale Nederlanden, Postbank e

ING Bank. Alla fine del 1997 ING ha creato un secondo mercato nazionale in Belgio con l'acquisizione della banca BBL.

Rabobank

L'organizzazione Rabo ha chiaramente optato per la strategia "one-stop-shopping" con l'integrazione della società di assicurazioni Interpolis e della società di gestione patrimoniale Robeco Group. Al momento le attività bancarie sono dominanti. La distribuzione avviene per mezzo della rete delle Rabobank locali e indipendenti e con il supporto della distribuzione con agenti e con il direct marketing.

Fortis

Il conglomerato finanziario belga-olandese Fortis, ha una integrazione organizzativa minore rispetto a ING Group, ma è un pari esempio di un'azienda con un'equilibrata presenza di attività bancarie e assicurative. Le varie parti del conglomerato hanno una indipendenza relativamente ampia. Fortis, come ING, adotta il concetto di distribuzione della strategia multicanale. Le maggiori divisioni affari sono VSB Bank, Mees Pierson, AG 1824, ASLK Insurance, AMEV e dall'inizio dell'estate 1998, Belgium Generale Bank.

AEGON

AEGON, con un contributo ai profitti da parte delle attività bancarie di circa il 10% è chiaramente nel 1996 la maggiore società di assicurazione con un settore bancario piuttosto ridotto (Spaarbeleg, FGH Bank e Labouchere). Il profilo di AEGON è quello di una società di assicurazioni internazionale ed è una delle maggiori compagnie di assicurazioni d'Olanda insieme a ING Group e a Fortis. Per la distribuzione dei prodotti AEGON usa soprattutto agenti.

Nei primi anni Novanta, in seguito alla creazione dei conglomerati finanziari che comprendono sia assicurazioni sia servizi bancari è diventato più opportuno usare il termine Servizi Finanziari *Retail* anziché *Retail Banking*.

Attualmente il mercato olandese *retail* – assai concentrato – è servito soprattutto da un limitato numero di grandi istituzioni finanziarie.

Gli operatori maggiori per i servizi bancari sono: ABN AMRO Bank, ING Group e Rabobank. Per i servizi assicurativi, accanto a Rabobank e ING, troviamo i conglomerati finanziari Fortis, AEGON e Achmea. Le quote di mercato di questi operatori nel campo bancario e assicurativo, tra gli anni 1990 e 1997, sono rimaste abbastanza stabili.

3.4.3   Il cambiamento delle strategie distributive: multi-canale, multi-cliente e multi-servizi.

Il mercato olandese del *retail banking* degli anni Novanta si caratterizza per tre trasformazioni fondamentali:

- le fusioni fra banche e assicurazioni grazie alla maggiore flessibilità della politica governativa che, come già precisato, hanno determinato una forte concentrazione del settore finanziario nonché la creazione dei conglomerati finanziari;

- un evidente spostamento verso il direct marketing per la distribuzione dei servizi finanziari *retail*: il ricorso ai servizi di *Telephone banking* e di *Home banking* è in espansione, ma i primi passi sono stati provare a inserire l'attività bancaria in Internet. In questo settore riveste un ruolo fondamentale lo sviluppo tecnologico;

- l'ulteriore internazionalizzazione del settore finanziario olandese, infatti, con l'attuazione dell'EMU, l'Europa diventa un mercato molto appetibile per tutti i maggiori operatori e proprio in questo settore, emerge il vantaggio dovuto all'elevato grado di concentrazione del sistema olandese -comparato con gli altri Paesi Europei- e agli sforzi già intrapresi su altri mercati esteri.

Le istituzioni finanziare utilizzano tantissimi canali distributivi (*multi-canali*) per cercare di estendere i loro gruppi di riferimento (*multi-clienti*). Esse sono anche capaci di offrire ai clienti una gamma completa di servizi finanziari (*multi-servizi*).

Nelle banche olandesi l'attività di vendita è relativa non solo dei servizi bancari e di quelli di investimento ma anche di quelli assicurativi, attraverso una gamma diversificata di canali di distribuzione. I fornitori di questi servizi si avvalgono in misura sempre maggiore dei vantaggi dell'*Information Technology*.

L'idea è offrire ai clienti un'attività "*one-stop-shopping*", come migliore risposta alle loro necessità. D'altra parte, i conglomerati finanziari cercano di avere un canale di distribuzione orientato per ogni singolo gruppo di clienti da quelli che preferiscono una relazione discrezionale e anonima con il loro fornitore finanziario e che sono in grado di decidere da soli (i clienti fai-da-te) a quelli che, invece, hanno bisogno del contatto personale e della consulenza da una persona fisica.

Alla base del cambiamento dell'organizzazioni c'è il principio di assumere il cliente come punto di partenza di tutta l'attività di servizi offerti. Si fa strada, quindi, l'importanza della pianificazione finanziaria e la necessità di consulenti a fronte di una clientela sempre più informata ed esigente.

L'innovazione di prodotto ha parimenti assunto un ruolo di primo piano: sono stati approntati nuovi servizi estremamente flessibili come i prestiti di risparmio (*Spaarhypotheken*) e i prestiti di investimento (*Beleggingshypotheken*). Nel settore dei risparmi e investimenti, le banche hanno introdotto i fondi di investimento e i fondi "*locked in*" dove i profitti vengono reimmessi nel fondo stesso; questi ultimi sono fondi di investimento che consentono che i vantaggi accumulati nel periodo di investimento possano essere permanentemente assicurati grazie a diverse opzioni. Un inconveniente per il settore finanziario è l'estrema facilità per la concorrenza di copiare un prodotto o servizio, date le minime caratteristiche di differenziazione.

Anche il sistema dei pagamenti è sottoposto a veloci cambiamenti e anche in questo caso esiste la difficoltà oggettiva per le singole istituzioni a costituire un mercato specifico, inoltre a livello sociale è maggiormente profittevole lavorare con sistemi di pagamento uniformi e ne è testimonianza la recente (1997) riunificazione dei circuiti Postgiro e BGC - che per tanti anni hanno contribuito con la loro competizione a innovazione e sviluppo dei rispettivi circuiti - all'interno dell'NBC Nationaal Betalingscircuit (National Payment Circuit) (NBC).

La recente introduzione della smart card[48] è un altro esempio di competizione selvaggia: le banche hanno introdotto un borsellino elettronico (*chipknip*) e Postbank è arrivata un proprio prodotto (*chipper*).

Le tendenze internazionali. La progressiva innovazione nel campo dell'IT è stata determinante per l'introduzione di nuovi metodi di distribuzione, in Olanda come in altri Paesi, basati sul *direct banking* via posta, via telefono e via PC.

Una ricerca effettuata dalla KPMG[49] sulle istituzioni finanziarie di vari Paesi conferma che ovunque ci si aspetta una ulteriore contrazione delle reti di filiali. In particolare i servizi nelle filiali si orienteranno sempre meno sulle transazioni finanziarie privilegiando la gestione della relazione con il cliente. Relativamente agli ATM, le banche prevedono, un maggior numero di installazioni di singoli ATM oltre ad una implementazione delle funzioni e, anche, una crescita nell'uso dei terminali EFTPOS e delle smart card che potrebbero sostituire gli stessi distributori di banconote ATM. Si conferma in espansione il mercato legato alla distribuzione telefonica e il 95% degli intervistati prevede, attraverso questo canale, l'aumento delle vendite di prodotti più complessi, poiché i clienti iniziano a conoscere sempre meglio i prodotti finanziari. Inoltre se l'incremento degli acquisti di PC da parte dei privati agirà sicuramente come leva per l'espansione dell' *Home banking* anche la televisione interattiva potrebbe aumentare la sua importanza come canale di vendita e di informazione.

I cambiamenti nei canali di distribuzione. Rispetto all'Olanda, gli operatori dei Paesi oggetto della ricerca KMPG condividono perfettamente il concetto di direct marketing come canale distributivo del futuro espresso inizialmente dalla Postbank. Negli anni Settanta la Postbank si rese conto che era impossibile vendere prodotti *retail* più complessi attraverso gli uffici postali. Gli uffici postali (circa 2.300 punti vendita nel 1996) erano un canale distributivo ideale per le transazioni monetarie ma i loro dipendenti non avevano la formazione

adeguata per vendere, ad esempio, i prestiti personali. I servizi postali e telefonici furono considerati come una buona alternativa e furono capaci di svilupparsi in canali distributivi perfettamente flessibili, incluso il *PC banking* (oppure *home banking)* con più di 300.000 clienti privati o *business*. In seguito, la Postbank, come parte del gruppo ING, aderì anche alle strategie multicanale, in particolare con la costituzione di gruppi di consulenti nei 75 maggiori uffici postali.

La contrazione delle reti di filiali. Come si può vedere dalla figura, negli anni Novanta, in Olanda, si è assistito ad una graduale riduzione delle filiali. Nel 1996 il numero delle filiali nazionali era 4.407 contro le 5.371 del 1990 che è una diminuzione di circa il 18% (con l'esclusione dei 2.300 uffici della Postbank). Il declino degli anni Novanta, è dovuto principalmente alla ABN AMRO che, in seguito alla fusione, nel giro di sette anni ha diminuito la rete delle filiali di circa 400 unità (28%); ma anche alla Rabobank che è scesa di circa 350 (13%) in conseguenza alla fusione delle banche indipendenti locali. Il declino della ING Bank e delle altre istituzioni finanziarie è stato considerevolmente inferiore all' 8% circa poiché esse avevano reti di filiali più ridotte.

L'elevato livello di concentrazione del settore bancario in Olanda significa che attualmente il paese ha poche filiali pro-capite, - circa 30 ogni 100.000 abitanti - in confronto anche ad agli altri Paesi europei, ad esempio la Germania e la Francia, rispettivamente, con 55 e 77 filiali ogni 100.000 abitanti[50].

Nonostante la crescita del direct marketing e il declino del numero di filiali, in Olanda c'è ancora necessità della consulenza diretta per determinati prodotti. In futuro la filiale potrebbe continuare a svolgere un ruolo di rilievo nel mantenimento delle relazioni a lungo termine con la clientela e in considerazione della necessaria programmazione finanziaria delle attività. Attualmente, nelle tre maggiori banche che stanno procedendo alla ristrutturazione delle loro reti di filiali si coglie un elemento comune, ossia, la segmentazione in grandi filiali con servizi completi e in filiali più piccole con gruppi di circa cinque consulenti fortemente supportati dalla tecnologia.

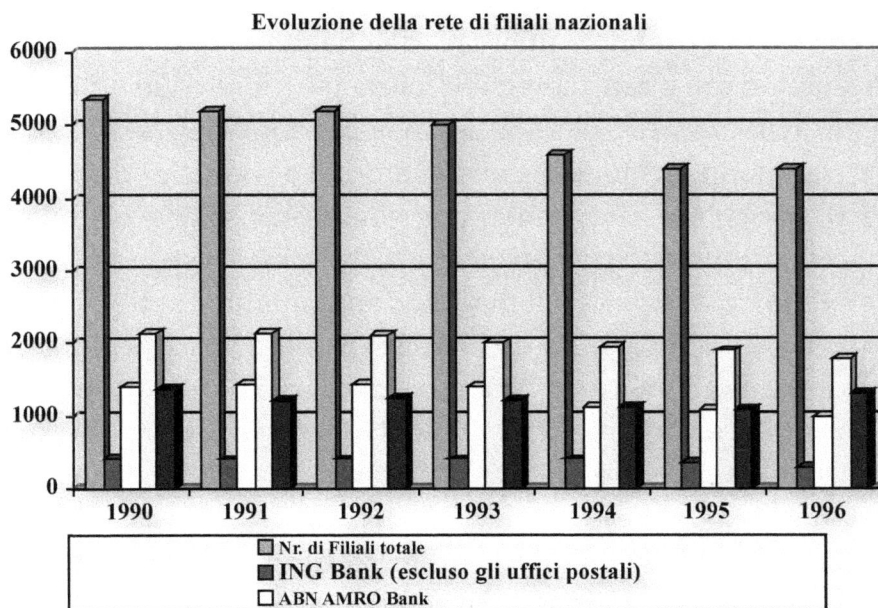

Figura 14 – Sviluppo del numero delle filiali della rete nazionale negli anni dal 1990 al 1996.[51]

La posizione degli agenti. I dei broker / agenti del settore finanziario sono stati tradizionalmente il canale distributivo del settore assicurativo, spesso indipendenti; solo il 10% dei broker sono agenti dipendenti. Nel segmento assicurativo vita e non vita circa il 50% di tutte le assicurazioni è procacciato dagli agenti, di cui si avvale anche il maggior conglomerato finanziario olandese. In genere i broker indipendenti non trattano esclusivamente assicurazioni. Fin dai primi anni Novanta, un numero di istituzioni finanziarie ha costituito reti in franchising di negozi per mutui e prestiti che operano come i brokers procacciando i mutui e le relative assicurazioni e affiancandosi in questo alla distribuzione di mutui da parte di broker di beni immobiliari. L'attività dei mutui attraverso gli agenti è cresciuta notevolmente negli ultimi cinque anni, attualmente circa il 40% di tutti i mutui transitano attraverso questo canale.

La probabile capacità futura degli agenti di trasformarsi in pianificatori finanziari sarà responsabile di un ulteriore declino della rete di filiali.

Il mercato dei sistemi di pagamento "fai-da-te". Nel segmento del *retail banking,* inizialmente sono i mercati dei pagamenti e del risparmio ad essere diventati degli effettivi mercati "fai-da-te" (*do-it-yourself*). La tendenza è quella di incrementare ulteriormente i prodotti del *retail banking* per riuscire a raggiungere tutti i consumatori. Le banche olandesi stanno cercando di assicurare che il maggior numero possibile di transazioni di pagamento siano svolte automaticamente cosicché il sistema possa lavorare nel modo meno costoso e con il maggior rendimento possibile. La notevole crescita degli ATM, dai 3354 del 1991 ai 5793 del 1996 – che significa che un ATM è presente nel 90% delle filiali - ha determinato una duplicazione del numero delle transazioni tra il 1991 e il 1996; è significativo che solo il 15% dei clienti delle banche prelevi il denaro dagli sportelli bancari. Parimenti è cresciuto il numero dei terminali EFTPOS e, in maniera esponenziale quello delle transazioni; attualmente circa un terzo del movimento di denaro dei negozi al dettaglio è effettuato attraverso i terminali EFTPOS. La forte crescita del numero delle transazioni ATM e EFTPOS ha determinato una netta diminuzione nell'utilizzo degli assegni.

	1991	1992	1993	1994	1995	1996
Conti Privati (milioni)	13,5	14	15,4	16,9	17,9	18,1
Carte di debito (milioni)	15,3	16,1	16	16	16,7	18
Carte di credito (milioni)	1,5	1,8	2,8	3,5	4,1	4,2
Terminali ATM	3.354	3.977	4.460	4.998	5.230	5.793
Transazioni ATM (milioni)	207	262	314	367	425	430
Terminali EFTPOS	3.422	12.904	24.549	47.588	73.376	96.044
Transazioni EFTPOS (milioni)	24	33	61	144	255	371
Assegni (milioni)	247	222	181	145	110	83
Trasferimenti basati su documenti cartacei (milioni)	98	105	101	79	76	n.d.
Trasferimenti elettronici (milioni)	963	1.003	1.382	1.481	1.584	n.d.
Addebiti diretti (milioni)	392	431	480	531	598	n.d.

Figura 15 - Sistemi di pagamento: scomposizione delle modalità di pagamento sul mercato olandese.[52]

Nelle transazioni di pagamento con giroconto si assiste ad uno spostamento dall'utilizzo di trasferimenti di credito basati sulla carta (documentari) a trasferimenti di credito completamente automatizzati senza l'utilizzo di carta, con gli ordini di pagamento che sono forniti attraverso gli strumenti dell'*electronic banking*: nastri, dischetti o invio di dati. Le banche sono anche riuscite ad aumentare il numero dei addebiti diretti.

Un nuovo fenomeno del mercato olandese è la smart card che è stata introdotta nel 1997 come primo Paese di tutta l'Europa. La smart card è un borsellino elettronico per i pagamenti di piccolo importo. Si tratta di una carta di debito con un microchip, può essere ricaricata presso specifiche postazioni e, per i pagamenti, si avvale dei terminali EFTPOS – ma per la quale sono stati adattati anche cabine telefoniche, parcometri, ecc.- senza l'instaurazione del collegamento con la banca in quanto è una carta prepagata. Il valore aggiunto della carta è proprio la sua multifunzionalità.

La crescita dei mercati del telephone e PC banking. Il telefono sta acquisendo una forte posizione come canale di distribuzione a fianco dei tradizionali metodi di distribuzione e canali di comunicazione come le filiali delle banche e la postalizzazione diretta. Tutti i maggiori conglomerati finanziari olandesi stanno espandendo la loro gamma di servizi telefonici in quanto lo strumento del telefono aumenta i profitti, assicura maggiori informazioni alla e sulla clientela e offre concrete opportunità di cross selling. I principali servizi telefonici messi a disposizione dei clienti da parte di molte istituzioni sono informazioni sui loro estratti conto, informazioni sui prodotti e trasferimenti ai propri conti di risparmio e / o investimenti (fondi bilaterali), raccolta di prestiti al consumo e ottenimento di assicurazioni e sconti sulle attività degli agenti di cambio.

I call centres lavorano con un sistema di risposta vocale, con contatti personali o con una combinazione degli stessi, in relazione al servizio offerto. ING Group e Postbank hanno più di 20 anni di esperienza con questo canale distributivo mentre ABN AMRO e Rabobank hanno costituito il call centre solo negli anni Novanta. I *call centres* tendono ora ad operare secondo modelli americani: sono aperti sette giorni su sette e 24 ore al giorno. Un rapporto di Coopers e Lybrand sul *retail banking* in Europa stima che nell'anno 2000, il 20% dei clienti privati in Olanda userà il telefono per i servizi bancari[53].

Una differenza fondamentale tra la Postbank da un lato, e la ABN AMRO e la Rabobank dall'altro è che la Postbank è veramente una banca diretta e opera indipendentemente dalla rete di filiali della ING Bank, mentre i servizi telefonici delle altre due completano la rete delle filiali e, per questo, possono in parte sovrapporsi e "pescare" i clienti nei loro propri mercati. ABN AMRO Bank e Rabobank stanno espressamente cercando di integrare e coordinare i servizi di consulenza personali e i servizi elettronici. La crescita dei servizi telefonici, tuttora in atto, fa prevedere ad ambedue le istituzioni che possano determinarsi le condizioni per un ulteriore taglio del numero delle filiali.

Il canale di distribuzione del *PC banking* – chiamato anche *home banking* – è un canale di distribuzione ancora più recente. L'home banking implica che le comunicazioni dei clienti con la propria banca avvengano tramite il proprio PC. Le transazioni di pagamento sono l'attività principale. Rispetto al *telephone banking* la differenza è che oltre a trasferire denaro dal proprio conto corrente si possono effettuare anche trasferimenti a soggetti terzi. Grazie alle implementazioni dei livelli di sicurezza dell'operatività in Internet, si prevede che l'*home banking* possa notevolmente incrementare la sua attività come canale di distribuzione: nel 1996 solo il 2 – 3% dei clienti ha avuto il collegamento on-line con la propria banca, ma questo dato è cresciuto dell' 80% rispetto all'anno precedente, il 1995.

La carta smart recentemente introdotta si prevede che possa svolgere un ruolo importante sia nell' home banking, sia nel *telephone banking*. Nel caso del *telephone banking* il chip della carta può servire come mezzo di identificazione, per abilitare i trasferimenti da fare a soggetti terzi, mentre per i pagamenti in Internet può essere caricata con il c.d. denaro virtuale. Questi importanti sviluppi, in futuro, dovrebbero permettere a tutti gli utenti di disporre le transazioni finanziarie via telefono o PC ovunque essi si trovino.

3.4.4   Le strategie dei conglomerati finanziari per il settore Retail Banking in Europa.

All'inizio degli anni Novanta, fra le ragioni che hanno contribuito alle fusioni bancarie è indubbiamente da sottolineare, il rafforzamento della posizione sul mercato nazionale; così a partire da una solida base nazionale le banche olandesi avrebbero potuto muoversi sui mercati esteri assumendo un ruolo giuda e di riferimento. Inoltre, le fusioni hanno agito come barriera all'entrata, rendendo di fatto più difficile l'ingresso delle istituzioni finanziarie straniere nel mercato olandese.

Con l'attuazione dell' EMU, l'Europa è diventata un mercato appetibile da parte di tutti i maggiori conglomerati finanziari olandesi che hanno affinato le loro strategie di penetrazione. Le banche olandesi preferiscono la crescita attraverso le fusioni oppure l'acquisizione del controllo dell'altra azienda o la crescita autonoma sul nuovo territorio. Un vantaggio notevole delle acquisizioni è la disponibilità immediata del data base clienti e, comunque, le banche acquisite fanno già parte della "cultura del paese".

ING Group. Le attività internazionali del gruppo ING sono combinate in tre centri gestionali che formano tutta la rete mondiale: ING *Corporate & Investment Banking* e ING Asset Management focalizzate sui mercati corporate e degli investimenti, mentre ING; Financial Services International (FSI) concentrata sul *retail banking* e le attività assicurative. Come sul mercato nazionale, ING FSI opera all' estero con marchi diversi e non con un unico nome.

Il FSI è presente a livello mondiale in 29 paesi (mentre la ING è presente con le filiali delle banche *corporate* in 55 Paesi) America del Nord, Europa Centrale e del Sud, Australia, Asia e America Latina. I canali di distribuzione del FSI sono filiali, agenti dipendenti, agenti indipendenti e il *direct banking* (costituito per la prima volta in Canada nel 1997 con il nome di ING Direct). Recentemente, il FSI all'estero ha affiancato alla tradizionale offerta di assicurazioni, i servizi di banca commerciale, le gestioni patrimoniali ai privati e alle piccole e medie imprese. La strategia di ING consiste nella costituzione di un'attività di *business* bancario separata e affiancata alle tradizionali attività assicurative con l'obiettivo che, una volta "consolidati", i canali di distribuzione bancaria potranno essere usati anche per la vendita di assicurazioni e gli agenti assicurativi potranno essere utilizzati anche per la vendita dei prodotti bancari. La scelta del canale (*direct banking*, filiali o agenti) dipende da quanto è avanzata l'economia del paese in questione.

Nel dettaglio delle scelte strategiche, l'acquisizione della banca belga BBL, nel 1997, ha consentito la creazione di un secondo mercato interno nell'area EMU.

ABN AMRO Bank. La ABN Bank e la Amro Bank si sono fuse con l'idea di diventare un operatore leader mondiale. E' un ambizione che la banca sta portando a termine sia nel segmento affari (che è predominante), sia nel segmento *retail*. Nel 1996 più del 40% del risultato operativo era realizzato all'estero. L'obiettivo della banca è raggiungere il 50%. La ABN AMRO è notevolmente attiva per il *retail banking* negli Stati Uniti e in Sud America (Brasile), nonché dal 1996 in alcuni Paesi Asiatici. Per qualche anno la Banca ha anche tentato di realizzare, in Europa, un secondo mercato interno per questo segmento[54]. Come ING, ABN AMRO opera anche nell'Europa Centrale e Orientale. All'inizio del 1997 la rete di filiali della ABN AMRO all'estero contava circa 700 uffici in 69 Paesi.

Rabobank. La natura cooperativa di questa banca fa sì che nel caso di espansione internazionale siano privilegiati i paesi - interni ed esterni all'Europa - dove operano gli imprenditori olandesi. La Rabobank International è attiva nel *corporate banking,* nell'*investment banking* e nel private banking in tre mercati geografici: Europa, Nord America e Asia / Australia. La Rabobank alla fine del 1996 contava ha una rete di 87 filiali in 31 paesi. In Europa la banca ha 38 uffici al di là dei confini olandesi.

Inoltre la Rabonbank, a livello europeo, ha concluso alleanze strategiche con partner che, come la Rabobank, sono notevolmente forti nell'area dell'agricoltura e dell'allevamento. Questo consente alla Rabobank di servire i suoi propri clienti per mezzo di una diffusa rete di uffici europei. La Rabobank intende usare queste alleanze che sono inizialmente focalizzate sul mercato *business* per estendere le sue attività di *retail banking*. All'inizio del 1997, la Rabobank ha lanciato un piano per costituire una Direct Bank europea insieme ai suoi partner europei consapevole che l'espansione passa attraverso lo strumento del *direct banking*.

3.4.5   Previsioni future per il sistema finanziario olandese.

Fin dai primi anni Novanta il sistema finanziario olandese è stato interessato da tre sviluppi strettamente interconnessi fra loro e che hanno avuto un forte impatto sui processi di transizione che tuttora coinvolgono le istituzioni finanziarie olandesi.

1. La politica governativa di liberalizzazione e deregolamentazione ha favorito la fusione di banche e compagnie di assicurazione e la creazione dei conglomerati finanziari. Le banche hanno risposto attivamente a questa opportunità in quanto l'obiettivo era – escludendo l'argomentazione del rafforzamento della loro posizione sul mercato e la riduzione dei costi – offrire un servizio finanziario completo a 360 gradi, spalmare i rischio con l'ampliamento della gamma dei prodotti offerti e fare un miglior uso dei canali distributivi esistenti.

2. La costituzione dei conglomerati finanziari come multi-operatori con un'ampia gamma di canali distributivi per servire un'ampia fascia di clienti e offrire una gamma completa di servizi finanziari.

Ma il processo di transizione dei conglomerati finanziari olandesi non è ancora concluso, rimane la difficoltà oggettiva ad usare tutti i canali distributivi a disposizione nella maniera giusta; accade così che ai clienti non viene ancora offerto un vero servizio integrato sotto forma di attività bancaria, di investimento e di servizi assicurativi con un solo indirizzo in tutte le banche. Così, all'interno dell' ING Group, la Postbank principalmente vende prodotti bancari attraverso la strategia del *direct banking* e la Nationale Nederlanden principalmente vende prodotti assicurativi a mezzo di agenti.
Similmente alla Rabobank la natura cooperativa del gruppo consente alle banche locali sono libere di scegliere i loro assicuratori nonostante la fusione con la compagnia di assicurazione Interpolis i prodotti assicurativi della società non sono automaticamente venduti dalle banche.

Le istituzioni finanziarie olandesi sono in una ancora in una fase di transizione e, alla luce della complessità della strategia multi-canale e per il mantenimento dell'obiettivo *one-stop-shopping* è essenziale che imparino a cooperare. Fondamentale in questo caso è l'utilizzazione attiva delle possibilità offerte dall'Information Technology e l'attenzione crescente alle competenze dei collaboratori.

3. L'ulteriore internazionalizzazione del settore finanziario olandese soprattutto nell'area UE è ormai una realtà. Le istituzioni olandesi sono partite per tempo e a piccoli passi, prima con la conversione tecnico-organizzativa in direzione dell'euro, poi con le fusioni e acquisizioni interne, le *joint ventures oltre confine*, le attività del *telephone banking* nei paesi confinanti per concludere con fusioni e acquisizioni oltre confine[55]. Il vantaggio del sistema Olanda rispetto a Germania, Regno Unito, Francia, Belgio e alla stessa Italia, è proprio l'elevato grado di concentrazione del sistema finanziario: in Olanda, le cinque istituzioni maggiori hanno una quota di mercato pari a circa l' 85%, mentre gli altri Paesi hanno rispettivamente il 27%, il 38%, il 41%, il 60% in Belgio[56] e 51% in Italia.

Conclusioni

Il presente capitolo si apre con una panoramica della suddivisione tradizionale del sistema bancario e finanziario che, seppur ormai superata, consente di comprendere, in un sistema in corso di trasformazione, le scelte degli intermediari finanziari nonché il percorso verso la costituzione dei conglomerati finanziari. La riforma del sistema bancario e finanziario si è sviluppata su due fronti: la modifica della normativa e la predisposizione di un'adeguata politica monetaria. Il successo della riforma è dovuto all'approccio graduale alla liberalizzazione e alla modernizzazione che ha è avvenuto assicurando sempre, attraverso controlli prudenziali e regolamentari, il mantenimento di un solido sistema bancario e della stabilità macro-economica.

La liberalizzazione delle transazioni dei capitali internazionali e la deregolamentazione dei mercati finanziari nazionali sono avvenute in Olanda – come in molti altri paesi industrializzati - nel corso degli anni Settanta e Ottanta. La liberalizzazione iniziata con provvedimenti graduali a partire dagli anni Settanta, si concluse nel 1986 e, seppur giustificata da motivazioni di benessere sociale e economico, si rese necessaria a causa delle crescenti difficoltà a controllare le transazioni di capitali internazionali, vista, la crescita economica, l'internazionalizzazione delle banche, lo sviluppo di centri finanziari off-shore. La deregolamentazione dei mercati nazionali, conclusasi nel periodo 1986-88, è stata un processo quasi obbligato: le autorità, in questo modo, hanno evitato che il mantenimento delle restrizioni nazionali compromettesse la competitività delle istituzioni finanziarie olandesi. Le istituzioni nazionali - pur forti di una vocazione tradizionale di intenazionalizzazione - si sono trovate ad affrontare una crescente e graduale competizione culminata con l'apertura del mercato europeo a tutti i servizi finanziari a partire dal 1° gennaio 1993, che non gli ha creato grosse difficoltà grazie all'introduzione di misure prudenziali per il mantenimento della solidità del sistema bancario.

La liberalizzazione e la deregolamentazione hanno avuto un ruolo importante nell'adeguamento della politica monetaria che nel tempo si è trasformata in una pura politica dei tassi di cambio. La politica monetaria ha sempre avuto un duplice obiettivo: lo sviluppo economico e la stabilizzazione monetaria del valore interno (stabilità dei prezzi) e esterno (stabilità del tasso di cambio). Nel corso del tempo, le autorità monetarie, hanno privilegiato da un lato, la stabilità dei prezzi, con il mantenimento del tasso di inflazione al di sotto del 2% e, dall'altro, la costituzione di un tasso di cambio stabile con la fissazione, per lungo tempo, di una parità di cambio con il marco tedesco, piuttosto che tentare di stimolare l'economia.

L'influenza della liberalizzazione e delle deregolamentazione si sono avute anche sugli strumenti utilizzati dalla Banca Centrale per dirigere la politica economica. La tendenza è stata un graduale passaggio dagli strumenti diretti (norme amministrative che controllano l'espansione creditizia) agli strumenti indiretti (norme che controllano la base monetaria, come ad esempio i depositi delle banche presso la Banca Centrale); così le misure di controllo qualitative e quantitative del credito, tipiche degli anni Cinquanta e Sessanta, sono state sostituite, dalla costituzione di riserve di liquidità negli anni Settanta e, negli anni Ottanta e Novanta, dalle manovre sulla riserva monetaria per cassa. Occorre comunque precisare che, la dismissione degli strumenti diretti è stata agevolata anche dalla transizione verso una politica dei tassi di cambio perfettamente flessibili (il tasso di cambio si controlla più efficacemente con le politiche del mercato della moneta piuttosto che con politiche orientate alla crescita del credito bancario), dal pieno riconoscimento dell'Unione Europea e dall'introduzione dell'euro come moneta scritturale, a partire dal 1999.

La riforma ha influenzato il sistema finanziario favorendo, a partire dalla fine degli anni Ottanta, le operazioni di fusione e acquisizione, anche tra banche e assicurazioni, che hanno portato alla nascita di grandi conglomerati finanziari: ABN AMRO, ING Group, Rabobank, Fortis, AEGON.

L'attività dei conglomerati si svolge sotto il controllo decentrato della Camera delle Assicurazioni oppure della Banca d'Olanda, in base all'attività della holding prevalente. La formazione dei gruppi è la risposta del sistema bancario all'aumentata concorrenza e alla necessità limitare la perdita dei margini nelle aree tradizionali di intermediazione bancaria anche se, successivamente, i gruppi hanno allargato il loro raggio di azione, a banche e assicurazioni di altri Paesi (Belgio, Brasile, Stati Uniti, Europa dell'Est, America Latina, ecc.). Fra le conseguenze delle operazioni di fusione e acquisizione si ricorda l'eliminazione delle duplicazioni in termini di reti di sportelli e attività, l'internazionalizzazione (soprattutto da parte di ING e ABN-Amro) che costituisce una quota rilevante delle entrate.

Un breve *excursus* storico evidenzia che la competizione è un fenomeno conosciuto nel sistema bancario olandese. Infatti, dopo un primo periodo, durato fino alla metà degli anni Cinquanta, di focalizzazione su specifici gruppi di clienti o servizi già negli anni Sessanta, per acquisire clienti, raccolta e prestiti ebbe luogo la prima ondata di fusioni bancarie. Negli anni Ottanta la seconda ondata determinò la nascita dei conglomerati finanziari e il cambiamento delle strategie distributive con lo sviluppo del *Retail Banking*.

Fra le ragioni per le maggiori fusioni si ricordano: la possibilità di assumere un ruolo guida sul mercato finanziario dell'Unione Europea a partire da una solida base nazionale; la possibilità di spalmare il rischio grazie alla diversificazione di prodotti e fonti di reddito; l'incremento dell'offerta di servizi bancari e assicurativi, l'ottimizzazione della gestione dei canali distributivi; la riduzione dei costi e più in generale, la ripartizione dei costi crescenti per l'*Information Technology*.

Il contesto generale, che caratterizza gli anni Novanta, vede il sistema bancario impegnato nell'applicazione delle strategie "Allfinanz" e "*one-stop-shopping*" per consentire ai loro clienti di fare le operazioni bancarie, di investimento e di assicurazione sotto un unico "tetto".

Le tendenze in atto nel mercato del *retail banking* sono: l'ulteriore concentrazione degli intermediari, la crescita dell'internazionalizzazione e lo sviluppo di strategie multi-clienti, per cercare di estendere i gruppi di riferimento; multi-servizi, per offrire ai clienti un'ampia gamma di servizi finanziari; multi-canale, per utilizzare tutti i canali distributivi disponibili.

In particolare, nella relazione con la clientela il principio di riferimento viene ad essere "assumere il cliente come punto di partenza per tutti i servizi offerti"; pertanto accanto all'innovazione di prodotto data, dallo sviluppo dei servizi di investimento e di quelli assicurativi e dalla commercializzazione di nuovi prodotti quali, i prestiti di risparmio e di investimento, si inserisce la necessità di avere un canale di distribuzione orientato per ogni singolo gruppo di clienti sia quelli che preferiscono una relazione discrezionale e anonima (clienti fai-da-te) sia quelli che hanno bisogno della consulenza da una persona fisica.

L'attuazione dei conglomerati finanziari ha portato alla consistente riduzione del numero di filiali, al contempo, lo sviluppo delle strategie di distribuzione multi-canale ha determinato lo sviluppo di negozi in *franchising* per la commercializzazione di mutui e prestiti, ma la rivoluzione è avvenuta nel settore delle applicazioni tecnologiche. Nell'ambito del mercato dei sistemi di pagamento "fai-da-te", le banche cercano di assicurare che il maggior numero possibile di transazioni di pagamento siano svolte automaticamente cosicché il sistema possa lavorare nel modo meno costoso e con il maggior rendimento possibile; e in questo senso deve essere considerata la notevole crescita degli ATM e dei terminali EFTPOS. Nell'ambito del direct banking il *telephone banking* e il servizio di *home banking* sono in costante ascesa:

- il telefono sta assumendo un ruolo chiave come canale di distribuzione a fianco ai tradizionali metodi di distribuzione (reti di filiali e postalizzazione diretta). Le banche costituiscono così attrezzati *Call Center* in grado di dare informazioni sul proprio estratto conto, sui prodotti, sui trasferimenti ai propri conti di risparmio e/o investimenti (fondi bilaterali), raccogliere di prestiti al consumo e assicurazioni;

- il servizio home banking che permette l'effettuazione di operazioni tramite il proprio PC (compresi i trasferimenti a soggetti terzi), è previsto in crescita esponenziale, soprattutto grazie alle implementazioni per la sicurezza in Internet.

Come si evince da quanto riportato il grande vantaggio del sistema finanziario olandese è aver iniziato a percorrere la strada della liberalizzazione a partire dagli anni Settanta e Ottanta, in linea con altri Paesi industrializzati ma precorrendo in qualche caso le Direttive europee. Nel tempo, il sistema bancario ha affrontato con gradualità i problemi connessi alla maggiore competitività e gli intermediari hanno avuto un ruolo attivo, proponendo, già negli anni Sessanta, strategie di fusione e acquisizione che sono proseguite negli anni Ottanta. Pertanto, la costituzione dell'Unione Europea ha trovato le banche olandesi pronte ad affrontare la concorrenza globale e in questo senso, ha avuto un ruolo positivo la tradizionale vocazione all'internazionalizzazione su mercati assai diversi e lontani (Brasile, Europa dell'Est, Stati Uniti).

CAPITOLO QUARTO

Sistemi bancari a confronto: i differenziali di sviluppo

In questo capitolo, come riportato nell'Introduzione, si intende confrontare i dati emersi sulla realtà del sistema bancario italiano con quelli del sistema bancario olandese, evidenziando le congruità e le differenze. In particolare, la diversa evoluzione normativa di due Paesi – ambedue facenti parte dell'Unione Europea - è la base per comprendere l'esito delle operazioni di fusione e acquisizione che vedono in Italia, a fronte di una diminuzione del numero complessivo delle banche un notevole aumento del numero di sportelli bancari contrariamente alle tendenze emerse nel sistema bancario olandese.

Nel 1979, tra i nove paesi che allora facevano parte della Comunità Economica Europea (CEE) e che decisero di dare vita al Sistema Monetario Europeo (SME)[57] c'erano anche Italia e Olanda. Questi due Paesi, pur partendo da una condivisione di interessi e obiettivi economici che li portavano ad essere presenti nell'originario nucleo di Paesi CEE, nel corso del tempo, hanno percorso strade in parte diverse che hanno manifestato i loro effetti dirompenti al momento della effettiva costituzione dell'Unione Europea (1° gennaio 1999). L'Olanda, costituisce attualmente un modello di sistema bancario molto avanzato: fusioni e acquisizioni, politiche di sviluppo del personale, riconversione delle attività, attuazione di strategie relazionali e di consulenza con la clientela e sviluppo di un'efficace e redditizia politica di investimenti, sono tendenze in atto da tempo e ormai consolidate. L'Italia, invece, con un sistema bancario per lunghissimo tempo "protetto"si trova oggi, con l'attuazione dell'Unione Europea, a dover recuperare un ritardo di sviluppo accumulato negli anni.Un breve *excursus* consente di evidenziare differenze e similitudini.

Italia e Olanda: l'evoluzione storica e le conseguenze sulla situazione attuale

I sistemi bancari dei due Paesi, fino alla metà degli anni Settanta, sono stati caratterizzati da una comune prosperità, con forti guadagni dovuti all'elevata attività di intermediazione creditizia e alla forte forbice tra tassi attivi e tassi passivi. I problemi per il sistema bancario sono sopravvenuti nel periodo 1974-1984 a causa della combinazione di elevata inflazione combinata a elevati tassi di interesse e recessione economica (stagflazione).

Per superare la crisi:

- in Italia, vengono adottati interventi che mirano alla diversificazione delle funzioni di disintermediazione finanziaria e alla trasformazione del mercato mobiliare ancora troppo rigido e strutturato;
- in Olanda, invece, l'intervento e l'acquisizione da parte di altre banche in una banca di medie dimensioni in bancarotta, determina l'inizio delle prime operazioni di fusione e acquisizione.

In Italia, la vera rivoluzione inizia nel periodo 1985-1989 con il recepimento della Prima Direttiva CEE che sancisce la natura imprenditoriale dell'attività bancaria e inizia a limitare i poteri della Banca d'Italia in tema di autorizzazioni all'apertura degli sportelli; gli sportelli,infatti, sono uno strumento di competitività in un sistema caratterizzato dall'imprenditorialità del settore bancario.

Successivamente si introduce il modello della banca universale e, nel 1990 vengono liberalizzati:

- l'apertura degli sportelli bancari,
- la movimentazione dei capitali con l'estero,

- la riserva obbligatoria,

e viene iniziato il processo di trasformazione delle banche, da enti pubblici in società per azioni.

Infine, nel 1992 la cessazione della separazione tra il mercato del credito e quello assicurativo e nel 1993 il riconoscimento di altri intermediari finanziari (SIM, Fondi di investimento, Fondi pensione, ecc.) sanciscono definitivamente la competitività e segnano l'inizio di fusioni e acquisizioni tra banche, tra assicurazioni, ma anche tra banche e assicurazioni.

L'evoluzione del sistema bancario e finanziario olandese è iniziata invece con qualche anno di anticipo ed è proseguita speditamente con fusioni e acquisizioni bancarie.

L'Olanda, in linea con altri paesi industrializzati, fino dagli anni Settanta e Ottanta ha iniziato una graduale politica di liberalizzazione delle transazioni dei capitali internazionali (completata nel 1986) e di deregolamentazione dei mercati finanziari nazionali (completata nel 1988), in virtù concetto, per cui la liberalizzazione dei mercati determina un incremento del benessere economico e, questo, ha imposto alle autorità ad adeguare le politiche di regolamentazione per prevenire un'eventuale mancata competitività delle istituzioni nazionali. Un'altra ragione alla base di questa scelta fu la consapevolezza della crescente difficoltà a controllare le transazioni di capitali internazionali a causa dell'ampiezza dell'economia, dell'internazionalizzazione dell'industria bancaria e, dello sviluppo di centri finanziari *on-shore e off-shore*. Pertanto, l'emanazione delle linee guida da parte del Consiglio d'Europa che stabilivano, entro il mese di luglio 1990, la completa liberalizzazione delle transazioni di capitali all'interno dei Paesi membri dell'Unione Europea, trovarono l'Olanda già in gran parte allineata.

I provvedimenti, in linea con le Direttive europee, di cessazione della separazione tra l'attività bancaria e assicurativa (1990) e di riconoscimento delle possibilità di espansione sul mercato olandese per le istituzioni finanziarie straniere (1993) se da un lato hanno decretato la nascita di grandi conglomerati finanziari olandesi dall'altro hanno sancito la competitività del mercato, ma anche questi provvedimenti non hanno trovato le istituzioni impreparate. L'Olanda ha una forte tradizione di accettazione delle istituzioni straniere sui suoi mercati, così i cambiamenti nei mercati sono stati piuttosto graduali e i partecipanti ai mercati sono stati in grado di prepararsi alla competizione internazionale intensificata. Per quanto riguarda la formazione dei conglomerati finanziari, le fusioni sono state favorite da un'efficace politica governativa e, comunque banche e assicurazioni hanno risposto con rilevanti fusioni e acquisizioni costituendo conglomerati in grado di offrire un servizio finanziario completo, di spalmare il rischio su un ampia gamma di prodotti offerti e di ottimizzare l'uso dei canali distributivi.

L'attuazione, nel 1999, dell'Unione Europea e del mercato europeo - di cui l'Italia fa parte a pieno titolo -, ha visto le banche europee (e quindi anche quelle olandesi) affacciarsi sul mercato italiano con strategie competitive che mirano al raggiungimento di grosse economie di scala attraverso l'offerta di una maggiore quantità di prodotti e servizi e che si basano sulla necessità di gestire masse di volumi sempre maggiori.

D'altra parte, il sistema bancario italiano da poco impegnato a gestire a livello interno i processi di aumento della concorrenza, di restrizione dei margini, di riorganizzazione aziendale, concentrazione, ecc. si è trovato a dover gestire gli stessi problemi in un contesto più ampio: il mercato globalizzato europeo. E' chiaro che alle banche italiane è richiesto uno sforzo notevole per recuperare un ritardo che ha origini storiche e che richiede un intervento di ristrutturazione strategica a 360 gradi con processi di fusione e acquisizione che mirino ad una maggiore efficacia allocativa delle risorse con interventi:

- sui conti economici con la diminuzione dei costi fissi di struttura,

- sulla corretta individuazione degli obiettivi aziendali, con la concentrazione delle risorse sui settori maggiormente redditizi: risparmio gestito, prodotti assicurativi e consulenza alle imprese

- sulla specializzazione delle reti commerciali a supporto dei segmenti retail, corporate e private

- sulla ridotta offerta di prodotti e servizi,

- sulla struttura territoriale e sulla distribuzione,

- sulla scarsa capacità professionale nei settori specializzati,

- sulle ridotte economie di scala

Le operazioni di fusione e acquisizione: effetti diversi

Le risposte delle italiane banche, per colmare i gap sopraevidenziati sono state:

- la distribuzione per le banche a carattere regionale; e,
- le fusioni e le acquisizioni per le banche maggiori.

Relativamente alle operazioni di fusione il sistema bancario olandese presenta alcune caratteristiche specifiche rispetto alle fusioni attuate per ora in Italia. In un ambiente governativo e legislativo favorevole, fra i motivi che hanno guidato le fusioni, tra banche e assicurazioni, il desiderio delle banche olandesi di acquisire un ruolo guida, diffuso e riconosciuto, partendo dalla costituzione di solide basi nazionali; le opportunità di diversificazione del rischio grazie alla diversificazione dei prodotti e delle fonti di reddito; l'ampliamento dei servizi bancari e assicurativi da offrire alla clientela in un clima di "gestione delle relazioni"; l'ottimizzazione dei canali distributivi; la riduzione dei costi connessa alla diminuzione delle filiali e degli uffici "doppioni" (amministrazione, staff, direzione) e ad una più favorevole ripartizione dei crescenti costi dell'*Information Technology*.

Le fusioni e la conseguente creazione dei conglomerati finanziari hanno determinato l'incremento dell'indice di concentrazione: i tre conglomerati finanziari più grandi per bilanci totali ABN AMRO Bank, ING Group e Rabobank insieme detengono una quota di mercato pari a circa il 75%. Le cinque istituzioni maggiori hanno una quota di mercato pari a circa l' 85%, rispetto a Germania 27%, Regno Unito 38%, Francia 41%, Belgio 60%[58] e Italia 51% (per completezza di informazione, si segnala che in base ai dati ABI - Settore Ricerche e Analisi, "Principali indicatori del Sistema bancario italiano", settembre 2001 i dati risultano i seguenti: Olanda 85%, Germania 23%, Regno Unito 41%, Francia 51%).

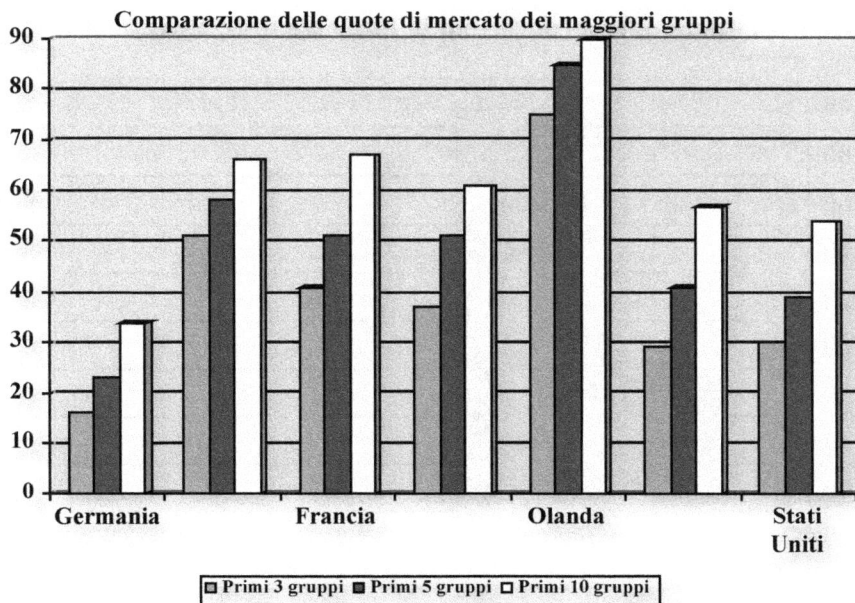

Comparazione delle quote di mercato dei maggiori gruppi

Legenda: ▣ Primi 3 gruppi ▪ Primi 5 gruppi ▫ Primi 10 gruppi

Figura 16 - Anno 1999. Comparazione delle quote di mercato dei maggiori gruppi. Dati in percentuale.[59]

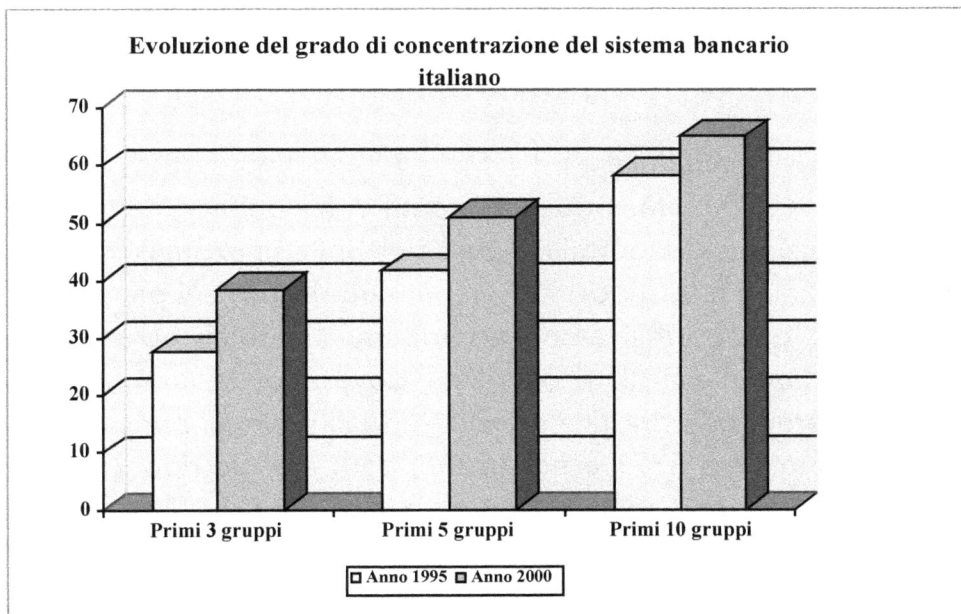

Evoluzione del grado di concentrazione del sistema bancario italiano

Legenda: ▣ Anno 1995 ▫ Anno 2000

Figura 17 - Confronto fra gli anni 1995 e 2000 sull'evoluzione del grado di concentrazione del sistema bancario italiano. Dati in percentuale.[60]

Fusioni & Incorporazioni in Italia tra il 1995 e il 2000

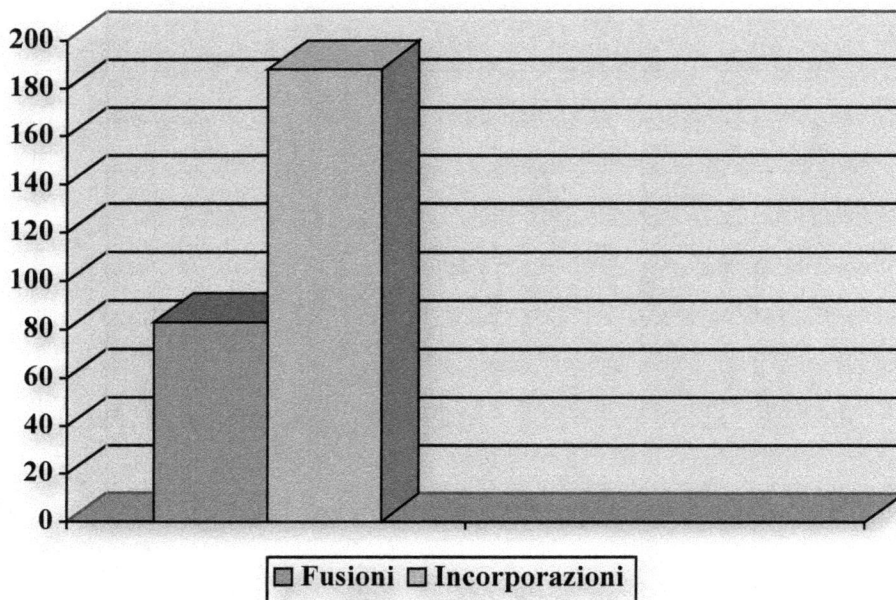

Figura 18 – Fusioni e Acquisizioni intervenute in Italia tra il 1995 e il 2000 – totale di sistema.[61]

In seguito alle fusioni, in Italia tra il 1995 e il 2000 il numero delle banche è diminuito di oltre 200 unità, a questa ondata di fusioni non ha fatto seguito una pari diminuzione di sportelli: i dati del Bollettino Statistico di Banca d'Italia evidenziano a fine anno 1999 un numero di sportelli pari a 27.132 , a fine anno 2000 gli sportelli erano addirittura aumentati ed erano pari a 28.175. Contrariamente al dato olandese, dove uno dei primi effetti delle fusioni è stato proprio la drastica riduzione degli sportelli bancari: nel 1990 gli sportelli erano circa 5371 e nel 1996 il dato era già ridotto a 4407. La diminuzione degli sportelli è stata causata soprattutto dai grandi conglomerati finanziari ABN-AMRO e Rabobank. Attualmente, in Olanda il dato pro-capite è di circa 30 sportelli ogni 100.000 abitanti ed è notevolmente inferiore ad altri Paesi europei come ad esempio la Germania con 55 e la Francia con 77 sportelli ogni 100.000 abitanti[62].

La tendenza delle ristrutturazioni delle reti di filiali tiene conto della necessità di consulenza diretta per determinati prodotti (nonostante lo sviluppo del direct marketing e la diminuzione del numero di sportelli) e prevede la segmentazione in grandi filiali con servizi completi e in filiali più piccole con gruppi di circa cinque consulenti, fortemente supportati dalla tecnologia.

Attualmente, il numero totale delle aziende bancarie olandesi è formato da quasi 100 banche universali, 18 istituzioni di intermediazione mobiliare, 26 casse di risparmio, 4 banche per mutui e 1 istituto centrale e, quasi 480 banche cooperative che operano con il marchio dell'istituto centrale Rabobank. In Italia il numero totale di banche è 851, così suddivise: 240 banche spa (in genere casse di risparmio), 59 filiali di banche estere, 45 banche popolari, 6 istituti di credito centrale e, 501 banche di credito cooperativo.

Un vantaggio legato all'elevato livello di concentrazione delle banche olandesi è la forte solidità acquisita nel mercato nazionale e questo le colloca in una posizione favorevole per prossime fusioni e acquisizioni sul mercato europeo; d'altra parte, queste banche già da tempo hanno conquistato quote di mercato in USA, Sud America, Europa Centrale e del Sud, e in alcuni Paesi Asiatici puntando sul settore dell'investment banking (large corporate clients) e sul settore del retail market. E' opportuno precisare che la quota di entrate derivante dall'attività di fornire i servizi bancari all'estero è nettamente incrementata negli anni Novanta e, attualmente, è circa il 50% per le banche principali mentre per l'intero settore bancario olandese è circa un terzo della quota di entrate totali. I vantaggi dell'internazionalizzazione sono sia a livello di prezzo sia a livello di volume, infatti, i margini di interesse sulle attività estere sono in genere più elevati dei margini nazionali e relativamente ai volumi, i mercati emergenti possono offrire un valido potenziale per l'espansione.

I processi di fusione, aumento della concorrenza e restrizione dei margini hanno impatto sulle aree di business finanza, corporate e retail; in Olanda le novità più interessanti provengono dal settore retail. Le fusioni consentono di ottimizzare l'utilizzo dei diversi canali distributivi e nel settore *retail* questa tendenza si manifesta con lo sviluppo del *direct banking*: è dimostrato come il ricorso ai servizi di *Telephone banking* e di *Home banking* sia in forte espansione. In questo settore, dove fondamentale è la crescita tecnologica della società per incrementare le applicazioni e il livello di accettazione tra i clienti e tra i fornitori di servizi, le previsioni sono piuttosto rosee:

- nell'ambito *Telephone Banking*, una ricerca Coopers e Lybrand aveva stimato per l'anno 2000 che ben il 20% dei clienti privati delle banche olandesi avrebbe usato il telefono per i servizi bancari;

- nell'ambito *dell'Home Banking*, i dati dimostrano che nel 1996 solo il 2 – 3% dei clienti ha avuto il collegamento on-line con la propria banca, e questo dato era già aumentato dell' 80% rispetto all'anno precedente, il 1995.

Anche in Italia come dimostrano i dati del Bollettino Statistico della Banca d'Italia i clienti che ricorrono al *direct banking* sono in crescita esponenziale:

	NUMERO CLIENTI	
	Dicembre 1999	Dicembre 2000
Home Banking	215.304	887.952
Phone Banking	1.668.295	2.231.403
Corporate Banking	312.498	548.508

Nell'ambito dei canali distributivi anche i dati dei due Paesi relativi alle apparecchiature elettroniche ATM e POS sono allineati:

- in Olanda gli ATM sono passati dai 3354 del 1991 ai 5793 del 1996 – questo significa che un ATM è presente nel 90% delle filiali – e, sempre nel periodo 1991-1996 il numero delle transazioni è duplicato; è significativo il dato che solo il 15% dei clienti delle banche preleva il denaro dagli sportelli bancari. Parimenti è cresciuto il numero dei terminali EFTPOS e, in maniera esponenziale quello delle transazioni; attualmente circa un terzo del movimento di denaro dei negozi al dettaglio è effettuato attraverso i terminali EFTPOS; i terminali EFTPOS sono passati dai 3422 del 1991 ai 96.044 del 1996 e, di converso, la forte crescita del numero delle transazioni ATM e EFTPOS ha determinato una netta diminuzione nell'utilizzo degli assegni.

La tendenza è confermata anche per l'Italia, come dimostrano i dati del Bollettino Statistico di Banca d'Italia.

	NUMERO APPARECCHI	
	Dicembre 1999	Dicembre 2000
ATM	30.204	31.699
POS	435.080	570.428

Relativamente all'area delle performance economiche ci sono alcuni aspetti da sottolineare.

Durante gli anni Novanta, in Olanda i margini sul tasso di interesse sono strati stabili attorno all' 1,5% (della raccolta interna).

I dati del 1996 confermano che, i guadagni da commissioni di rete si sono attestati nell'ordine del 20% e che le altre categorie di non-interessi hanno rappresentato rispettivamente il 15% delle entrate totali. Il quadro bancario completo degli anni Novanta evidenzia che nonostante la quota delle commissioni e delle altre entrate relative alle attività sui mercati dei capitali siano aumentate, i guadagni sugli interessi sono rimasti la componente maggiore di tutte le entrate bancarie (60% nel 1996 in confronto al 70% del

1989). Inoltre, a causa dell' incremento della competitività nei mercati del risparmio e dei prestiti, i margini sul tasso di interesse sono gradualmente diminuiti. In questa situazione le banche hanno comunque incrementato i loro profitti. In particolare, le banche olandesi sono state molto abili a espandersi con successo nell'area mutui, dove, grazie ad un clima economico favorevole e alla graduale diminuzione dei tassi di interesse a lungo termine, i volumi si sono notevolmente incrementati; in quest'area, nonostante le pressioni crescenti dei costi di raccolta e della competizione degli intermediari non bancari, le banche sono riuscite a mantenere elevati i margini sui mutui.

Negli anni recenti, visto il moltiplicarsi dei servizi offerti alla clientela è presumibile – ma non si portano dati a suffragare questa ipotesi - che il dato dei guadagni da commissioni e dalle altre categorie di non interessi sia ulteriormente aumentato in contrapposizione ad una diminuzione del margine di interesse dovuta essenzialmente alla concorrenza degli altri intermediari, anche se per i grossi conglomerati olandesi occorre tener conto dei margini di interesse sulle attività estere che costituiscono un ulteriore guadagno.

Per quanto riguarda il sistema bancario italiano si evidenziano le seguenti tendenze:

- i tassi di interesse e il margine di interesse sono in costante flessione (nell'ordine del 20%).Il margine di interesse che in Italia nel 1992 rappresentava l' 82% del margine totale, nel 1997 è sceso al 67% del margine totale;

- delle commissioni sulle negoziazioni delle operazioni in cambi hanno subito una riduzione di circa il 50%;

- gli utili da trading, soprattutto sul pronti e sull'*interest risk* position sono anch'essi in diminuzione;

- il margine di profitto da intermediazione ha subito una forte contrazione in seguito alla diminuzione dei tassi attivi (tassi sugli impieghi) e dei tassi passivi (tassi sulla raccolta), all'aumento della competitività che si è scaricato sul livello dei prezzi e, alla politica di liberalizzazione degli sportelli che ha prodotto da parte delle banche entranti la riduzione dei tassi attivi e l'aumento dei tassi passivi per acquisire una clientela.

I grafici che sono riportati di seguito evidenziano l'andamento degli ultimi anni della situazione italiana, la fonte è il documento dell'Associazione Bancaria Italiana (ABI-settore ricerche e analisi) "Principali indicatori del sistema bancario italiano".

Margine di Interesse

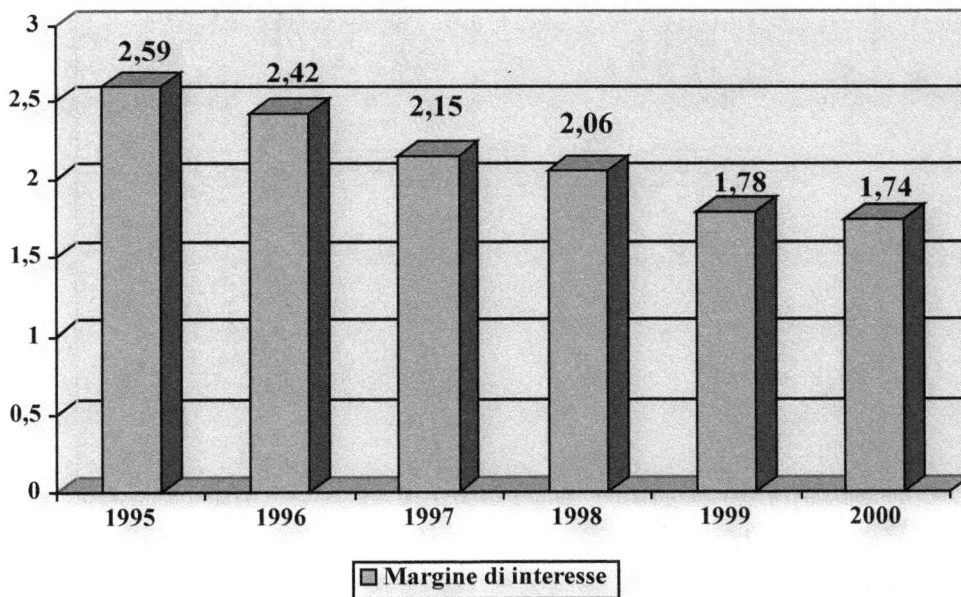

Figura 19 – Profilo di redditività. Campione ABI composto da 100 banche. Valori in percentuale dell'attivo.[63]

Struttura del margine di intermediazione

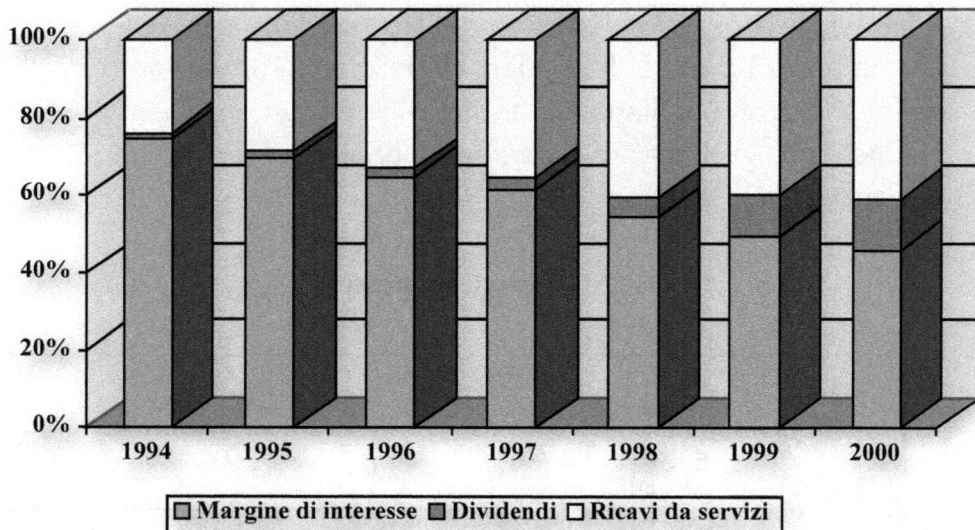

Figura 20 – Struttura del margine di intermediazione.[64]

Infine, la comparazione viene effettuata per l'indice ROE dei due Paesi.

La tabella sottostante – peraltro già riportata in altra parte di questa ricerca – mostra il confronto tra gli indici ROE (*Return of Equity*) di una serie di Paesi, da cui si evince che l'Olanda pur avendo il trend del ROE crescente ancora non si avvicina alle *performance* di paesi quali la Gran Bretagna e gli Stati Uniti. I problemi potenziali permangono nelle attività di *investment banking* nonostante gli staff altamente qualificati assicurano la competizione con le banche di investimento anglosassoni; e comunque il dato del 1997 è depurato dei dati delle banche con scarsa *performance* ormai ristrutturate all'interno di gruppi più ampi.

Si noti che il dato olandese è, in genere, riferito agli anni 1996 o 1997 mentre i dati del sistema bancario italiano risalgono al 1999 o addirittura al 2000.

(ROE) delle maggiori banche			
	1993	**1995**	**1997**
Olanda	10,0	10,8	12,0
Germania	8,8	8,5	7,6
Regno Unito	14,8	20,2	18,0
Francia	2,4	4,0	10,0
Svizzera	11,6	5,8	9,5
Stati Uniti	15,4	15,3	15,6
Giappone	2,2	-2,1	-13,2

Figura 21 - Il ROE in percentuale delle maggiori banche nei Paesi riportati.[65]

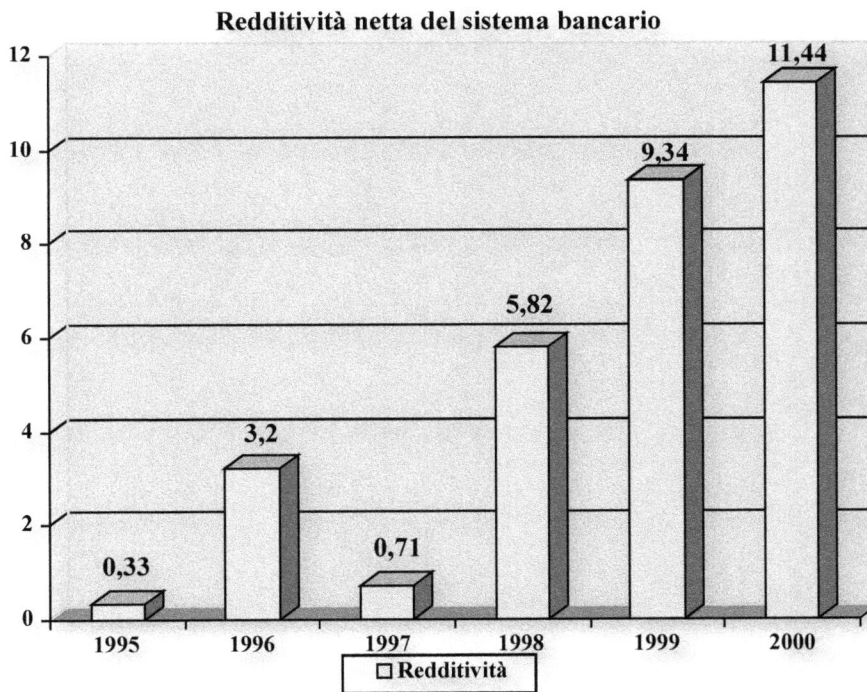

Redditività netta del sistema bancario

Figura 22 - Redditività netta del sistema bancario. Campione ABI composto da 100 banche. Valori in percentuale del patrimonio netto.[66]

I processi di aggregazione tra banche – in Italia ancora poco numerosi - dovrebbero consentire le economie di scala, l'esternalizzazione delle attività non *core-business*, le politiche del personale orientate alla flessibilità. A questo proposito è utile precisare che, dopo un iniziale incremento dei costi, le fusioni hanno avuto un effetto positivo, principalmente attraverso le riduzioni del personale, ma negli ultimi anni hanno dovuto fronteggiare un nuovo incremento dei costi dovuto in parte alle attività di investimento bancario e, in parte alle attività legate all'*Information Technology* (anno 2000 e adeguamento euro).

I dati sulle fusioni confermano quanto già evidenziato nella parte relativa all'evoluzione storica ossia che nel sistema bancario italiano i processi di fusione sono ancora poco numerosi e che in taluni caratteri (ad esempio, la crescita, tuttora in atto, del numero di sportelli) si differenziano da quello che è il modello olandese.

Conclusioni

Il limite del sistema bancario italiano rispetto a quello olandese è stato la sua natura di "sistema protetto". Questa iniziale rigidità, che nasceva da ragioni oggettive di garantire la stabilità, l'efficienza esterna e l'efficacia funzionale delle banche e, a cascata, dell'intero sistema finanziario ha vincolato, nel tempo lo sviluppo della attività bancaria. Infatti, l'Italia solo in seguito alle Direttive europee degli anni Ottanta e Novanta ha riconosciuto la natura imprenditoriale dell'attività bancaria e ha proceduto alla trasformazione delle banche, da enti pubblici in società per azioni.

Il sistema bancario olandese si è, invece, sviluppato nel segno della liberalizzazione delle transazioni dei capitali e della deregolamentazione dei mercati nazionali e con il conseguente incremento della competitività, fino dagli anni Settanta e Ottanta; precorrendo, in parte, anche le Direttive europee, ma sempre in linea con i maggiori Paesi industrializzati.

E' chiaro, da queste brevi considerazioni, che l'Italia ha accumulato un certo ritardo che è diventato evidente con l'attuazione dell'Unione Europea (1° gennaio 1999): le banche olandesi, infatti, adottavano da tempo strategie competitive per il raggiungimento di grosse economie di scala attraverso l'offerta di maggiori quantità di prodotti e servizi per gestire masse di volumi sempre maggiori.

L'impreparazione del sistema bancario italiano si può recuperare solo attraverso un intervento di ristrutturazione totale con l'effettuazione, in tempi stretti, di *mergers & acquisitions* per migliorare la distribuzione delle risorse, spalmare il rischio, ridurre i costi, aumentare l'offerta di prodotti e servizi, ecc.

Si evince dai grafici e dai dati riportati che, i sistemi bancari dei due Paesi si differenziano per l'effetto delle fusioni e acquisizioni sul numero degli sportelli bancari:

- in Italia, a fronte di una diminuzione delle banche, gli sportelli bancari sono notevolmente aumentati;

- in Olanda, alla diminuzione delle banche ha fatto seguito la ristrutturazione delle reti di sportelli e la loro diminuzione, soprattutto per effetto della politica dei conglomerati Rabobank e ABN AMRO. Il dato pro-capite è in Olanda di 30 sportelli bancari ogni 100.000 abitanti

Alcune tendenze comuni, dovute a *mergers & acquisitions*, si manifestano nell'ambito del *direct banking*, dove è in forte espansione il ricorso ai servizi di *Telephone banking* e di *Home banking* e nell'ambito dei pagamenti "fai-da-te", dove il numero degli ATM e POS è parimenti in crescita. In quest'ultimo caso occorre osservare che il sistema bancario olandese si sta preoccupando di implementare le funzioni degli ATM e sta cercando di assicurare che il maggior numero possibile di transazioni di pagamento siano svolte automaticamente, per far operare il sistema a costi veramente limitati.

Nell'area delle *performance* economiche i due sistemi bancari si muovono secondo una direttrice comune: a fronte della generale diminuzione dei margini sul tasso di interesse, sono in aumento le commissioni su servizi (in particolare, in Olanda, quelle dell'area mutui) e le altre entrate.

Pur partendo da una situazione di svantaggio il sistema bancario italiano sta tentando di allinearsi al mercato globalizzato e competitivo e, i dati in nostro possesso, frutto di un documento ABI del settembre 2001 fanno ben sperare nonostante il basso numero di fusioni e la distorsione relativa al costante incremento degli sportelli bancari sul territorio nazionale.

CAPITOLO QUINTO

Il management delle competenze: caratteri, modelli e operatività

Come riportato nell'Introduzione, in questo capitolo si illustrano le modalità di gestione delle competenze aziendali che sono il risultato di un processo di apprendimento continuo e devono essere scoperte, indirizzate, stimolate, ecc. Un breve excursus della evoluzione storica della gestione delle competenze è preliminare alla definizione dei caratteri delle competenze, delle conoscenze e delle competenze chiave (*core competencies*). Successivamente si analizzano in dettaglio le fasi del Management delle Competenze: la mappatura, per individuazione delle competenze aziendali necessarie; la valutazione, per la determinazione della presenza o meno delle varie tipologie di competenze individuate in fase di mappatura; lo sviluppo, per la programmazione dell'evoluzione delle competenze; e infine, il monitoraggio, per la valutazione degli effetti dei processi di sviluppo; per ogni fase vengono riportate le principali metodologie, gli strumenti e le motivazioni per la guida ad una scelta operativa consapevole.

La comparazione tra due casi di aziende bancarie appartenenti rispettivamente, a Italia e Olanda, consente di applicare le deduzioni teoriche alle rilevazioni pratiche e valutare l'esattezza di quanto prospettato; comunque, prima di procedere all'analisi dei casi aziendali selezionati è opportuna una panoramica sui caratteri dell'attività di gestione delle competenze e sulle modalità attuative.

Il cambiamento che caratterizza gli anni Novanta sia a livello sociale, con la modifica degli stili di vita e dei modelli di consumo, sia a livello economico attraverso il sorgere di una competizione molto forte tra aziende si inserisce nel contesto di un mondo "globalizzato" dove le interconnessioni, la dinamicità e la complessità aumentano e, la domanda viene differenziandosi e parcellizzandosi. L'evoluzione costante e prevedibile che ha caratterizzato i decenni passati è solo un ricordo, oggi il cambiamento è improvviso e repentino e solo alcune organizzazioni sopravvivono: quelle che hanno investito e valorizzato il loro Capitale Umano creando un pool di persone e competenze in grado di creare e portare valore aggiunto in tutti i ruoli aziendali e di saper cogliere le nuove opportunità. In un simile contesto ambientale la carta vincente diviene la "cultura aziendale", intesa come l'insieme delle attività che l'organizzazione sa fare in modo collettivo, eccellente ed esclusivo e, quindi, interiorizzate grazie al successo ottenuto, ma anche distinte dalla concorrenza e riconoscibili dal mercato.

I fattori della cultura di successo sono:

1. la capacità di anticipare e influenzare il mercato rispondendo ad esigenze sempre più differenziate;

2. la capacità di adattamento dell'impresa nei confronti dei mutamenti del contesto e di influenza sul contesto stesso.

Diventa essenziale che l'azienda riconosca la centralità delle Risorse Umane e delle competenze, che sono il fattore principale per l'acquisizione e il mantenimento del vantaggio competitivo e che utilizzi politiche e strumenti adeguati per costruire un'organizzazione in grado di anticipare e reagire ai cambiamenti con:

*   una struttura a rete, caratterizzata dall'assunzione oggettiva di responsabilità ad ogni livello;

*   una divisione del lavoro per professioni ossia basata su abilità e competenze individuali;

*   un arricchimento dei ruoli grazie alla considerazione del patrimonio personale e professionale delle persone.

Le competenze, che sono l'esito di un processo di apprendimento continuo, devono essere opportunamente scoperte, stimolate, indirizzate, rinnovate in quanto risorse aziendali che permettono di percepire i minimi cambiamenti che, colti in tempo, consentono all'azienda di rimanere sul mercato.

L'evoluzione storica

L'azienda, e come tale anche la banca, si trova ad agire in un contesto delimitato da un lato, da condizioni ambientali pericolose, incerte e a volte ostili come ad esempio i mercati che non crescono ma si differenziano e si parcellizzano o la comparsa di nuovi *competitors*, dall'altro, dalle risorse sempre più limitate e costose da usare con parsimonia.

Questo determina la necessità di sviluppare, codificare, diffondere i propri saper fare distintivi. Storicamente, il *saper fare* è la componente essenziale e determinante della cultura e del sistema di valori che ha permesso l'esistenza dell'organizzazione sociale e ne ha caratterizzato l'identità.

Fino agli anni Sessanta in un contesto economico caratterizzato da relativa stabilità, i dipendenti erano considerati una risorsa economica con precisi doveri e diritti e la competenza era considerata come la capacità di padroneggiare tecniche specifiche. La crisi dello sviluppo dei mercati e dei consumi ha determinato un'evoluzione del pensiero per cui il dipendente inizia ad essere considerato una risorsa e, come tale, capace di autonomia, di crescita e di sviluppo.

Gli anni Settanta sono stati densi di cambiamenti, con l'acquisizione della consapevolezza della necessità di elaborare una strategia per raggiungere gli obiettivi aziendali accompagnata e dell'esigenza per l'organizzazione (o meglio la struttura) di essere allineata alla strategia adottata, le posizioni allineate alla struttura e le persone allineate alla posizione. E' in questo periodo che viene elaborata la teoria delle "Tre P":

- posizioni,
- prestazione,

- potenziale,

e che vengono introdotti gli strumenti per la valutazione e la classificazione delle posizioni in base alla responsabilità, la valutazione delle prestazioni e dei meriti, la valutazione del potenziale, i piani di sviluppo della carriera.

La formazione inizia ad assumere un ruolo fondamentale, anche se, il lavoratore è comunque considerato un "costo dell'impresa".

Gli anni Ottanta si caratterizzano per due tendenze: inizialmente la forte recessione legittima comportamenti di riduzione degli organici attraverso i licenziamenti o messa in mobilità, successivamente il dipendente assume lo status di risorsa da valorizzare anche in vista dell'implementazione delle strategie che avrebbero permesso di rimanere sul mercato.

Questi cambiamenti e queste tendenze generali, nel mondo bancario italiano risultano attenuati dalla particolare situazione di protezione governativa che ha caratterizzato fino dagli albori le banche italiane. L'evoluzione verso la cultura di impresa caratterizzata dal risultato, dal rischio, dal merito, dalla responsabilità e il cambiamento dalla cultura del prodotto alla cultura del mercato nonché l'orientamento verso la segmentazione della domanda sono tendenze che, in Italia si sono manifestate solo a partire dagli anni Novanta. Negli anni Novanta peraltro la competizione globale si è trasformata in minaccia competitiva[67] e il punto focale si è spostato verso l'orientamento al risultato.

Competenze e delle Conoscenze: i caratteri fondamentali

L'attività di gestione delle competenze e delle conoscenze si basa sull'individuazione di conoscenze, abilità e capacità e conoscenze. Nel linguaggio di uso comune i termini sono usati indifferentemente e in maniera intercambiabile, al tempo stesso, la letteratura lavorativa fa spesso riferimento alle "nuove abilità" presenti nelle prestazioni lavorative o necessarie per i profili personali futuri.

In realtà, le **nuove abilità o competenze trasversali** costituiscono una novità solo perché da un lato, e in seguito ai mutamenti strutturali e culturali –ad esempio la pressione della domanda o il mutato rapporto tra cliente e addetto ai servizi - gli studiosi le considerano una componente importante di una buona prestazione lavorativa per lavori di natura e posizione socio-professionale diversa; dall'altro queste abilità sociali acquisite un tempo attraverso l'esperienza, la prova o l'errore sono oggi oggetto di formazione professionale esplicita e programmata. Per esempio, nella professione di medico, da sempre sono state necessarie "le abilità sociali" per instaurare un buon rapporto con il paziente, la novità è che ma oggi, "le abilità sociali" sono diventate oggetto di formazione specifica e adeguata.

Ogni prestazione di lavoro si basa su un soggetto che percepisce, controlla e elabora le informazioni e che agisce in base alle informazioni stesse.

Ogni prestazione dipende dalle richieste dell'ambiente circostante, dalle capacità del soggetto e dalle scelte strategiche che il soggetto adotta per mettere in relazione le richieste con le capacità.

I termini specifici relativi al management delle competenze sono: *skill, know-how, attitude*.

Terminologia			SIGNIFICATO
Gran Bretagna	**Francia**	**Italia**	
SKILL	*SAVOIR FAIRE*	**CAPACITA'**	Con il termine *skill*, che solo in parte si avvicina al significato di capacità –termine più generale – si intende il **SAPER FARE**, la capacità, la destrezza, la perizia.
KNOW-HOW	*SAVOIR*	**CONOSCENZA**	Con il termine conoscenza o *know-how*, intende il **SAPERE**, ossia la conoscenza del contenuto, conoscere *il che cosa*.
ATTITUDE	*SAVOIR ETRE*	**ABILITÀ**	Con il termine abilità o *skill-cope with task*[68] si intende il **SAPER ESSERE**, il come, è un *knowing how to be* ossia il saper scegliere il metodo, il saper integrare e coordinare le diverse capacità. Le abilità dipendono dall'ambiente circostante, si caratterizzano per flessibilità e modificabilità, e sono strategie generali da cui derivare quelle di uso quotidiano predisposte per le situazioni specifiche.

Ben si comprende che parlare di soggetto *skilled* significa parlare di una persona che è abile nella prestazione di un compito ben determinato ossia di una persona esperta che svolge in maniera ottimale una sequenza di azioni specifiche e quindi di una persona che alle specifiche richieste del compito risponde con un livello di capacità adeguato per il compito stesso.

E' possibile sia classificare i compiti in base alla natura e al livello delle capacità richieste al soggetto sia classificare le capacità; occorre però precisare che, a pari livelli di capacità persone diverse possono rispondere con livelli output diversi. Quindi una prestazione *skilled* è una prestazione che viene ad essere definita dalle strategie di esecuzione adottate e sono proprio le diverse strategie che possono venire trasferite su compiti diversi anche di livello più elevato.

Il modello a regime che ormai si delinea all'orizzonte è una società fondata sulla conoscenza e, quindi, basata su un'accumulazione di conoscenze fondamentali, di conoscenze tecniche e attitudini sociali alcune delle quali risultano **determinanti per lo sviluppo di professionalità anche molto diverse** e, per questo vengono definite "competenze chiave" o *"core competencies"*. Si evidenzia a questo punto la mancata univocità della terminologia, le competenze chiave sono definite nel Regno Unito *Common Skill*, in Italia Saper essere o Competenze trasversali (knowing how to be), in Francia *Compétences trasversales* (*crossing or trasferable competencie*s).

Le caratteristiche delle competenze chiave sono:

- **la trasferibilità**, per cui sono trasferibili le *skill* che l'individuo utilizza in situazioni lavorative diverse e che quindi, non riguardano l'ambito tecnico-specialistico del compito specifico assegnatogli; chiaramente tutte le *skill* sociali sono trasferibili ma è la consapevolezza dell'individuo che ne determina il loro effettivo ed efficace utilizzo;

- la definizione di **competenze di base**, ossia di competenze con un limitato livello di specificità ma con una forte connotazione coesiva: queste *skill* sono un potenziale per la gestione dei compiti futuri;

- lo stretto *rapporto con la personalità dell'individuo*: queste *skill* sono strettamente legate alla storia personale dell'individuo.

In genere per l'apprendimento delle competenze trasversali si promuove l'adozione di metodologie specifiche (*problem solving, coaching, simulazioni, analisi dei casi, role playing, ecc*) pur inserite all'interno di un percorso formativo globale dell'individuo.

All'interno di una banca, le conoscenze si ritrovano ovunque e a tutti i livelli; la distinzione più importante è quella tra conoscenze esplicite e implicite. Le prime sono espresse e memorizzate su qualche tipo di supporto, non sono sempre facilmente accedibili, e comprendono: le procedure, i piani, i manuali operativi, le banche dati, le norme emesse, le, registrazioni audio e video, le comunicazioni, i documenti commerciali, finanziari e contabili, ecc. Le conoscenze implicite sono le abilità non scritte che si trasmettono verbalmente e si trovano nella testa dei collaboratori; in alcuni casi queste conoscenze possono rivelarsi fondamentali per poter utilizzare le conoscenze esplicite e sapere, ad esempio, dove cercare una determinata informazione.

Il livello di conoscenza può essere: locale e comprendere le conoscenze necessarie ad un individuo o ad un gruppo per svolgere un determinato compito; legato ad un prodotto e comprendere le conoscenze legate a tutta la vita del prodotto ossia una specie di memoria storica del prodotto; legato all'impresa e comprendere le conoscenze usate dalla direzione per l'organizzazione e le scelte strategiche dell'azienda stessa. E'importante sottolineare che le conoscenze hanno un ciclo di vita e quindi, nascono, decadono e assumono nel tempo un'importanza più o meno grande; da questo si evince che la gestione delle conoscenze è un processo dinamico.

La gestione delle Competenze: le fasi di mappatura, valutazione e sviluppo

Il processo di mappatura delle competenze assume valore fondamentale al fine di determinare, sviluppare e consolidare il differenziale di competenze che consente all'azienda di rimanere sul mercato.

Le competenze possono essere analizzate a tre livelli diversi:

1. a livello di individui e prestazioni individuali, la competenza posseduta e l'intensità di applicazione condizionano il tipo di prestazione fornito da ogni individuo;

2. a livello di obiettivi e prestazioni organizzative, il tipo e l'intensità delle competenze diffuse nell'organizzazione condizionano i risultati organizzativi;

3. a livello di competitività di impresa, l'esistenza o meno di una particolare competenza e il suo livello di applicazione possono incidere sulla competitività.

Nei settori ad alta competitività il vantaggio competitivo è fortemente influenzato sia dalle competenze individuali sia da quelle organizzative. Una ricerca McKinsey su società operanti in settori competitivi, ha dimostrato che le imprese performanti ossia in grado di esprimere una *performance* economica stabilmente superiore alla media del settore hanno capacità incredibili di utilizzare le risorse disponibili in funzione di una vera e propria "etica della *performance*"[69]. L'etica della *performance* si manifesta con una chiara visione di *business*, una leadership esigente, un'organizzazione focalizzata su obiettivi precisi, competenze distintive in aree critiche e un'elevata e costante attenzione alle politiche di gestione delle risorse umane.

Sono quattro le macro fasi che consentono il *"Management* delle Competenze"[70] ossia un processo continuo di definizione, misurazione, gestione strategica, sviluppo e riconoscimento delle competenze aziendali per mantenere nel tempo il vantaggio competitivo in linea con l'evoluzione del *business* e *dell'enviroment*:

1. fase di mappatura delle competenze, è relativa alla identificazione delle competenze necessarie all'azienda per garantirsi un vantaggio competitivo e raggiungere gli obiettivi strategici e organizzativi. Si possono individuare le competenze rilevanti a livello organizzativo e collettivo, di singola famiglia professionale, di ruolo individuale;

2. fase di valutazione, consente di determinare tra le competenze individuate nella mappatura quali sono attualmente presenti in azienda e quali sono assenti nonché il livello di intensità di presenza;

3. fase di sviluppo, permette la programmazione le attività per aumentare il livello di possesso di determinate competenze;

4. fase di monitoraggio, è il momento di verifica di un aumento oppure di uno sviluppo delle competenze considerate nonché di verifica del legame ipotizzato tra specifiche *performance* e specifiche competenze.

5.3.1   La fase di mappatura.

La fase di mappatura è un'attività di tipo:

- **contingente**, in quanto viene condotta con metodi e modelli diversi in base alla situazione che intendiamo esaminare o ai risultati che intendiamo ottenere; a questo proposito è opportuno sottolineare che, in ogni metodo sono presenti vantaggi e svantaggi intrinseci, da valutare prima di iniziare la ricerca; e,

- **operativo**, in quanto il successo dell'attività di mappatura è dato dalla possibilità di rendere disponibili i risultati per le attività successive di valutazione e sviluppo delle competenze piuttosto che dal raggiungimento di livelli di perfezione nell'attività di analisi.

Esistono due diverse teorie in relazione alle competenze:

- **la teoria psicologica-comportamentale**, che nasce nell'area delle Risorse Umane e si ispira ai lavori di McClelland e di Boyatzis che concepivano *"la competenza come una caratteristica interiore che risulta da una performance efficace o superiore sul lavoro e può essere una motivazione, un tratto, un aspetto dell'immagine di sé o del proprio ruolo sociale, una skill o un corpo di conoscenze che l'individuo usa"* e che si concentravano essenzialmente sulle competenze degli individui con prestazioni eccellenti;

- **la teoria razionale-strategica** che introduce il concetto di *Core Competence*[71] cioè di competenza chiave che pone l'accento sull'intera organizzazione a cui si riferisce determinandone il vantaggio competitivo piuttosto che sulla singola persona. Questa teoria che nasce nell'area della Gestione Strategica pone attenzione alle competenze collettive.

Nel Nord Europa e negli Stati Uniti si privilegia, in genere, le teorie che pongono in primo piano le competenze individuali e che si identificano nel behaviorismo[72]; queste per descrivere le competenze usano i termini di comportamenti[73], capacità[74], attitudini[75] che sono uguali per tutti i *business* e per tutte le organizzazioni.

Nel mondo latino e in quello tedesco, in genere, si privilegia le teorie che pongono in primo piano le competenze distintive collettive; queste partono dalle condizioni di *business*, dalle scelte strategiche e da situazioni organizzative specifiche già definite e ed esprimono le competenze con i termini di *know-how* tecnici e specialistici variabili in funzione del *business* e dell'organizzazione.

E' interessante notare che, anche quando viene privilegiato l'approccio razionale-strategico le competenze collettive o Core Competence riferibili alla singola organizzazione si rapportano sempre con le singole persone valutando il loro ruolo, la loro professione, la presenza o l'assenza di competenze individuali: proprio il legame tra le competenze derivanti dall'analisi strategica e le competenze individuali consente il successo delle strategie e l'utilizzo dello sviluppo delle competenze individuali per scopi organizzativi.

Emerge con chiarezza che la mappatura non può dipendere da un comportamento piuttosto che dal know-how ma è il risultato della continua interazione dei diversi aspetti.

5.3.2   Analisi dei vari modelli di mappatura.

Le metodologie di mappatura sono quattro:

1. mappatura delle competenze da *business* e strategia;
2. mappatura delle competenze da processi organizzativi;
3. mappatura delle competenze da ruoli e famiglie professionali;
4. mappatura delle competenze da *performance* eccellenti e da persone.

Mappatura delle competenze da business e strategia. La metodologia, che ne è alla base, segue i principi della logica deduttiva[76] e in particolare fa riferimento all'enunciato dell'implicazione materiale (se.....allora----); siccome i parametri sono, da un lato il *business* nell'ambito del quale opera l'azienda e dall'altro la strategia, la domanda che sottintende questo approccio è: "*se* il *business* evolve in una determinata direzione, **allora** cosa dobbiamo sapere, saper fare e saper essere per mantenere il vantaggio competitivo acquisito?" Emerge con forza la necessità della bontà della premessa che deve considerare la *vision* e la *mission* aziendali, l'orientamento al cliente, l'ambiente, ecc. Spesso fra la premessa e la conclusione, che è data dalla determinazione delle competenze delle persone, si inserisce una fase intermedia di determinazione delle competenze fondamentali per il successo dell'organizzazione.

Alla base di questo ragionamento c'è un legame di causalità tra i seguenti fattori:

AMBIENTE $\Rightarrow$ **STRATEGIA** $\Rightarrow$ **STRUTTURA** $\Rightarrow$ **SISTEMI**

Il *focus* è il fattore ambiente, da sempre considerato un dato esogeno ed **esterno all'azienda**, che è stabile e si sviluppa in maniera riconoscibile, quindi, un cambiamento ambientale porta implicito un successivo cambiamento di strategia.

Negli ultimi anni il legame di causalità ha perso la sua incisività: l'ambiente è diventato sempre più complesso e difficilmente conoscibile, le competenze si diffondono e la pressione competitiva aumenta; l'atteggiamento meramente reattivo è ormai superato e l'azienda banca deve essere capace di costruire un proprio ambito competitivo, modificando l'ambiente alle proprie necessità grazie a scelte aziendali ponderate. Le conoscenze e le capacità acquisite dal management nonché una piena assunzione di responsabilità diventano fondamentali per l'acquisizione e il mantenimento della leadership del mercato.

Per quanto riguarda la struttura prevale una visione interfunzionale dell'azienda dove i diversi fattori ambiente e strategia si trovano sullo stesso piano.

Il pensiero originario che consiglia di mantenere un atteggiamento meramente reattivo di fronte alle modifiche ambientali, ribadisce la priorità logico-temporale della definizione strategica rispetto a quella organizzativa e il ruolo propositivo nei confronti degli interlocutori sociali come i diversi tipi di stakeholders[77]; nonché all'interno della struttura il ruolo assunto dalle competenze. In particolare, l'azienda mira ad ottenere un vantaggio competitivo basandosi sui "fattori critici di successo" alla base dei quali vi sono proprio le competenze distintive, che caratterizzano in ogni area l'azienda che tende verso l'eccellenza, consentendo all'azienda il mantenimento del vantaggio competitivo e, contemporaneamente, sono lo spartiacque tra l'azienda che ricerca esclusivamente il profitto e concentra le scarse competenze in una sola area e quella che crede nell'eccellenza e nell'innovazione e investe per lo sviluppo continuo delle competenze.

L'attività di mappatura di compone di varie fasi:

a) la suddivisione del *business* in una successione di fasi a partire dai fornitori fino ai clienti finali. L'analisi è supportata dalla raccolta di dati relativi alle dimensioni del *business* e alle quote di mercato e da interviste con operatori del settore, manager dell'azienda o di aziende concorrenti. L'individuazione delle singole fasi consente di valutarne il peso all'interno della gestione del *business* e di determinarne le criticità, nonché di individuare i "fattori critici di successo"[78];

b) la valutazione delle modalità di gestione da parte dell'azienda di ogni singola fase facendo attenzione sia alle criticità di ciascuna fase e alla congruità degli eventuali collegamenti tra le diverse fasi sia alla comparazione del *modus operandi* con i principali *competitors*. Una volta individuate e analizzate le fasi del *business* si costruisce un modello per fasi, per l'interpretazione e la gestione complessiva del *business* ossia si formula la strategia aziendale. Questo modello costituisce il termine di riferimento per le attività di organizzazione e di definizione delle competenze, in particolare la strategia permette l'individuazione delle competenze necessarie per la sua realizzazione;

c) la definizione degli obiettivi di *business*;

d) l'analisi delle variabili organizzative dell'impresa consente l'individuazione dei gap rispetto agli input di mercato ed agli obiettivi strategici determinati dalle scelte aziendali e che rappresentano la situazione desiderata;

e) la definizione delle modifiche organizzative dipendenti dai gap individuati e l'approntamento del relativo piano di implementazione.

Le competenze collettive oggetto della ricerca: *know-how* tecnico specialistici, capacità organizzative, *skill* aziendali[79], ecc. sono quelle che consentono di delineare una strategia corretta ma non ne assicurano la fattibilità; solo nella fase dell'implementazione si parla di competenze individuali e della necessità di integrazione tra competenze collettive e individuali.

La revisione del paradigma di causalità tra i fattori ambiente, strategia, struttura, sistemi ha determinato una nuova teoria, elaborata da Hamel e Prahalad[80] che pone il concetto di *"Core Competence"*. I due autori distinguono il breve periodo, nel quale la competitività deriva dal **rapporto qualità / prezzo** ma dove, nonostante rapporti eccellenti tra standard qualitativi e costi dei prodotti, viene riducendosi il vantaggio competitivo dal lungo periodo, nel quale, grazie alle competenze organizzative, le imprese sono capaci di generare a costi inferiori e più velocemente dei concorrenti assicurandosi la competitività. Il vantaggio competitivo nasce dalla capacità del management di consolidare e coordinare le tecnologie e le capacità produttive e di trasformarle in competenze condivise che permettono ai singoli *business* di cogliere le opportunità del mercato. L'azienda è vista contemporaneamente come un portafoglio di prodotti, di *business* e di competenze. Prahalad e Hamel fanno riferimento ad un albero dove il tronco e i rami più grandi rappresentano i prodotti chiave (*core products*); i rami più piccoli sono le *business units*; le foglie, i fiori e i frutti sono i prodotti finali (*end products*); le radici che forniscono nutrimento, sostentamento e stabilità sono le *competenze organizzative*. Le competenze sono le conoscenze sviluppate e condivise all'interno dell'organizzazione; la *mission* è coordinare e innovare le conoscenze tecnologiche per la realizzazione di prodotti evoluti rispetto alle attese dei clienti.

Gli autori affermano che solo in base alle *Core Competence* esistenti si definisce la strategia e la sua implementazione e, quindi che la mappatura è il momento fondante nella generazione della strategia, scompare, di conseguenza, la mediazione della struttura nel rapporto tra strategia e competenze.

I caratteri delle competenze sono:

- maggiore stabilità e evoluzione più lenta rispetto a prodotti e *business* (aree d'affari);

- miglioramento dovuto all'uso e alla condivisione in un processo di apprendimento collettivo. In particolare le competenze sono un mix di capacità, potenzialità e qualità del personale;

- la possibilità, nel lungo periodo, di realizzare prodotti innovativi o migliorare quelli già esistenti;

- essere il collante che lega i *business*[81] esistenti: uniscono le diverse *business* units con le funzioni e i prodotti consentendo una gestione integrata dell'azienda. Risulta quindi superata la visione delle competenze per specifiche aree di affari e all'interno di queste l'inquadramento a livello funzionale (ricerca e sviluppo, marketing, finanza, personale, ecc.).

Il vantaggio di questo approccio è la forte coerenza tra orientamento strategico e gestione dell'organizzazione e delle persone a fronte del livello piuttosto generale di mappatura e quindi non adeguato per sviluppare le competenze necessarie nei singoli ruoli e nelle singole persone.

Mappatura delle competenze da processi organizzativi. Il *Total Quality Management* e successivamente il *Business Process Reengineering* hanno determinato la riorganizzazione delle aziende in base al principio di processo: l'organizzazione è composta da una serie di flussi dove ogni singola attività è legata al flusso precedente e a quello successivo e l'attività è tale quando produce valore aggiunto sul processo. L'analisi dei processi che creano valore consente l'individuazione delle competenze.

Nel TQM l'obiettivo primario è la massima soddisfazione del cliente esterno grazie all'affermarsi, nell'organizzazione, del principio di corresponsabilizzazione e di comportamenti di "servizio interno".

La visione organizzativa tradizionale e burocratica basata su mansioni, ruoli e funzioni è sostituita dalla considerazione di tutte le attività come facenti parte di un unico e intero processo operativo.

Il BPR afferma che la riprogettazione radicale dei processi primari o di *business* delle aziende consente miglioramenti assoluti nei parametri critici delle prestazioni. L'alto tasso di competitività spinge le aziende nella ricerca di *performance* d'eccellenza nella consapevolezza che la capacità competitiva nasce dal saper creare valore per il cliente e per gli altri *stakeholder* e dall'ottimizzazione negli impieghi delle risorse.

I principi alla base della riprogettazione sono: il mantenimento delle attività solo se producono valore aggiunto per il cliente; la ricerca dell'efficienza di processo e non solo dell'efficienza funzionale; il monitoraggio continuo in riferimento alle esigenze dei clienti, alle prestazioni dei *best performers*[82] e ai *core process*; la corresponsabilizzazione sul risultato grazie alla costituzione di team di lavoro.

Cambia il contesto della prestazione di lavoro: non è più sufficiente ricoprire un ruolo ben determinato, anzi, ogni ruolo è una parte del processo e contribuisce al risultato finale dei processi a cui partecipa attraverso competenze nuove, identificate da: nuovi atteggiamenti, conoscenze specialistiche, organizzative e gestionali, di tecniche operative, capacità personali e orientamenti mentali, *know-how*.

La mappatura delle competenze a partire dai processi organizzativi pone l'accento su due aspetti:

1. il bisogno di diffondere ad ogni livello le nuove competenze necessarie per lavorare efficacemente per processi e quindi per produrre valore aggiunto;

2. la necessità di identificare, per ogni processo, le specifiche competenze richieste ai ruoli che sono coinvolti in quel processo.

I processi per mappare le competenze possono essere di livello strategico, gestionale, operativo, ecc. Le fasi della mappatura sono:

a) l'identificazione del processo consiste nella delimitazione palese dei confini del processo; è sottinteso che, le mappature sono tante e differenziate in base al numero dei processi esaminati;

b) la descrizione del processo è completa quando sono rappresentati i confini, gli input, gli output, le fasi di lavoro che compongono il processo, le principali attività di ogni fase, i ruoli coinvolti, il contributo di ogni singolo ruolo ad ogni fase aziendale;

c) l'identificazione delle competenze necessarie nelle singole fasi del processo in esame. La domanda che sottintende a questa fase è la seguente: per poter ottenere le *performance* ed i comportamenti previsti in ogni fase del processo quali conoscenze teoriche, *know-how*, capacità ed orientamenti mentali servono? La risposta è un elenco di competenze collettivo ossia attribuibile a tutti quelli che sono coinvolti nel processo e che emerge focalizzando l'attenzione sul rapporto fase di *processo-competenze*. E' fondamentale tenere distinte le competenze esistenti e individuate in base al rapporto funzione-ruolo attraverso interviste e riunioni con i detentori del massimo di bravura, da quelle necessarie; la comparazione tra competenze esistenti e necessarie consente la previsione di azioni di sviluppo e sostituzione del capitale umano;

d) l'individuazione delle criticità del processo e delle competenze critiche rilevanti per la generazione del valore aggiunto, consente di dare un ordine di priorità alle competenze esaminate nelle fasi precedenti;

e) la suddivisione delle competenze in "comuni" e "individuali". L'identificazione delle competenze necessarie e l'assegnazione di un ordine di priorità assicura al team di governo di un processo la conoscenza del portafoglio di competenze a cui deve tendere. Un'ulteriore analisi è la classificazione fra competenze comuni e necessarie a tutti quelli che entrano nel team di governo del processo e competenze individuali ossia richieste ad ogni membro del team.

Il principale vantaggio è dato dall'ampia gamma di competenze esaminabili comprendendo nel termine competenze anche i comportamenti che si fondano su conoscenze teoriche e *know-how* tecnico-specialistici. Lo svantaggio è la difficoltà a mappare le competenze di natura manageriale ossia i comportamenti dettati dal possesso di capacità e atteggiamenti trasversali alle diverse professioni.

Mappatura delle competenze da ruoli e Famiglie Professionali[83]. Alla base di questo approccio vi è un enunciato di logica deduttiva del tenore: "se il ruolo ha determinate caratteristiche, allora queste sono le competenze necessarie per ricoprire il ruolo stesso". Questo approccio è un'evoluzione della teoria dei *Job Requirements*[84] ma a differenza di questa il *focus* è il ruolo e la famiglia professionale. Nel corso degli anni il *focus* si è spostato dalla posizione organizzativa al ruolo e al *contesto dinamico di contorno* al ruolo stesso, con la conseguente cessazione del concetto di competenza come un fattore legato al lavoro di tipo individuale. Il contesto dinamico di contorno comprende le aspettative degli interlocutori chiave, i clienti esterni e interni, il soddisfacimento della clientela che rappresenta il valore aggiunto da ruolo. Questo approccio pone attenzione anche al concetto di competenza collettiva intesa come capacità collettiva di generare comportamenti eccellenti, nuova conoscenza e di diffonderla tra i suoi membri. **L'analisi del ruolo permette di individuare le competenze da ripartire a livello individuale e quelle da ripartire a valenza collettiva.**

Il sistema "Reflector"[85] consente di identificare le competenze richieste da un ruolo e di misurare il livello di possesso di tali competenze da parte del titolare con un questionario a 360 gradi che coinvolge anche altri 7-8 interlocutori chiave del ruolo.

La fase successiva è l'individuazione delle competenze che permettono di far fronte con maggior sicurezza ai rischi e alle difficoltà delle fasi.

Vengono così prodotti il modello di analisi e una lista di possibili competenze di riferimento; la fase finale consiste nell'esame delle singole competenze della lista per valutarne la rilevanza rispetto ad una scala di valori arbitrari da 0 (zero) a 4 (quattro).

Lista di possibili competenze	
Competenze relazionali	**Competenze gestionali**
Ascolto	Vision
Sensibilità interpersonale	Pianificazione
Assertività	Organizzazione
Influenza	Leadership
Lavoro di gruppo	Delega
Comunicazione	Coaching
Flessibilità	Monitoraggio

Il modello O-C-R (Output – Collegamenti - Risorse) che è stato sviluppato a metà degli anni Ottanta si basa sulla aggregazione di competenze in tre categorie fondamentali e sulla possibilità di caratterizzare un ruolo. I principi di base sono: l'analisi accurata di sfide e criticità dell'attività lavorativa per la successiva determinazione delle competenze; la consapevolezza che il valore aggiunto del ruolo è dato dalla trasformazione degli input in specifici output; la configurazione degli input come pool di risorse economiche e umane necessarie al processo produttivo.

Il titolare di un ruolo deve presidiare tre tematiche:

1. il processo produttivo degli output;

2. le relazioni con i clienti e con i fornitori interni o esterni;

3. la risorse sotto la propria responsabilità.

Le tre tematiche consentono di analizzare il ruolo e determinare le criticità di ogni asse e, contemporaneamente, le competenze possono essere aggregate in tre macro-categorie quella tecnico-realizzativa dove prevale l'aspetto cognitivo, quella relazionale dove prevale la dimensione atteggiamenti, e quella gestionale dove c'è una compresenza tra aspetto cognitivo e dimensione atteggiamenti e capacità.

Le criticità di ogni asse possono essere misurate per definire così il profilo del ruolo.   In particolare per l'asse tecnico-realizzativo la criticità è rappresentata dalla diversità degli output; per l'asse relazionale, la criticità è la prevalenza di rapporti con interlocutori esterni di livello elevato; per l'asse gestionale la criticità è il volume delle risorse, la loro qualità e il rischio connesso alla loro gestione.

Un percorso strutturato consente la determinazione del profilo di ruolo e l'incidenza percentuale dei tre assi; solo a questo punto viene individuato l'elenco delle competenze da selezionare in quanto precedentemente identificate a partire dal *business*, dai processi, o dai comportamenti dei best *performers*.

Grazie all'approccio O-C-R è possibile realizzare un'efficace mappatura delle famiglie professionali, intese come sottoinsiemi di ruoli definiti da profili e competenze affini. La mappa delle famiglie professionali assicura la gestione strategica delle risorse umane: identifica le professionalità presenti, le risorse umane allocate in ciascuna famiglia professionale, la mobilità fra le varie famiglie, ecc. consentendo di decidere gli investimenti in base alle diverse ipotesi di organico, di sviluppo delle competenze, di revisioni operative; di ogni strategia si può analizzare ricadute, fattibilità, costi, prospettive future.

La mappa che si intende costruire è composta da due elementi indispensabili:

1. l'elenco delle famiglie professionali che si sviluppa attraverso, l'identificazione dei ruoli caratterizzati da output simili e quindi da competenze tecno-realizzative omogenee anche se di intensità diversa; la verifica di eventuali forti divergenze nelle relazioni presidiate dai ruoli esaminati; l'analisi dei ruoli di confine della famiglia per i quali occorre decidere se è prioritaria la componente tecno-realizzativa o la componente gestionale.

2. la previsione del reticolo dei percorsi di mobilità tra le varie famiglie e l'eventuale accesso al mercato per il reperimento del capitale umano.

Per ogni famiglia dovrebbero venire individuati i canali di reperimento delle risorse e il valore di preferenza dei diversi canali nonché l'organico esistente e quello auspicato. Il valore aggiunto di questa complessa elaborazione è dato dalla possibilità di pianificare e monitorare il patrimonio di "asset" professionali di cui l'azienda dispone.

L'enunciato di logica deduttiva alla base di questo approccio ha il seguente tenore: "se il ruolo ha determinate caratteristiche, allora queste sono competenze necessarie". I limiti sono la limitata prospettiva futura, in particolare in previsione di un notevole miglioramento dell'azienda mentre il vantaggio evidente è l'elevata specificità dell'output: ogni ruolo e famiglia professionale hanno le proprie competenze specifiche.

Le core competence della "The Walt Disney Co. Italia" riclassificate nelle tre macro-categorie del modello.[86]

COMPETENZE TECNO-REALIZZATIVE

- High professional standard
- Functional technical skills
- Learning capacity
- Client service orientatio
- Adaptability /composure
- Energy / stamina
- Indipendence
- Disney knowledge
- Problem solving e decision making
- Creativity

COMPETENZE RELAZIONALI

- Influence
- Self-awareness
- Informal communication
- Formal communication
- Written communication
- Conflict resolution
- Negotiation
- Team player
- Cultural sensivity

COMPETENZE GESTIONALI

- Vision
- Task management
- People management
- Entrepreneurship
- Strategic *business* management

RUOLO: **Responsabile di divisione.**

COMPONENTI DEL RUOLO	PESO %	COMPETENZE
TECNO-REALIZZATIVA	20	• Problem solving • Decision making • Creativity
RELAZIONALE	30	• Informal communication • Team player • Negotiation *skills*
GESTIONALE	50	• Entrepreneurship • Strategic *business* management • Task management • People management • Influence

RUOLO: **Responsabile Finance & Administration**.

COMPONENTI DEL RUOLO	PESO %	COMPETENZE
TECNO-REALIZZATIVA	40	• Adaptability • Energy / stamina • Client service orientation • Problem solving • Decision making
RELAZIONALE	30	• Informal communication • Written communication • Conflict resolution
GESTIONALE	30	• Task management • People management • Influence

Figura 23 - Profili e competenze di due ruoli manageriali della "The Walt Disney Co. Italia".[87]

Mappatura delle competenze da persone eccellenti. Il metodo che consiste nel ricercare le competenze che caratterizzano i *"top performer"* di un determinato ruolo o famiglia professionale segue i principi della logica induttiva: non c'è una premessa da cui si deducono le competenze al contrario si parte dalla situazione reale delle *performance* delle persone per derivarne le competenze di successo. Da un campione di eccellenti *performer* e di medi *performer* si rilevano le competenze che sono presenti nel primo e assenti o carenti nel secondo campione. La successiva fase di validazione statistica consente individuare due gruppi di competenze, quelle **distintive** presenti solo negli eccellenti e quelle **di soglia** presenti sia negli eccellenti sia nei medi *performer* e di approntare adeguati percorsi di sviluppo per colmare i gap di competenze della popolazione dei medi.

Questa prospettiva seleziona sia le competenze di successo presenti sia le caratteristiche individuali riferibili alle prestazioni di successo. Gli obiettivi sono guidare la ricerca di candidati in linea con le competenze mappate, dirigere i percorsi di sviluppo verso le competenze di successo, nel caso di *mergers & acquisitions* comparare le competenze della popolazione dei medi e degli eccellenti in analoghi ruoli delle diverse aziende.

La successione delle fasi è di seguito riportata:

a) si definisce la popolazione di top e medi *performer* sulla quale effettuare la mappatura considerando le competenze presenti nei medi e per differenza da questi negli eccellenti. Per l'individuazione delle persone ritenute efficaci nel ruolo in esame si incrociano i dati ricavati da tre indicatori: i risultati conseguiti in base a misure di prestazione individuate in precedenza; le *nominations*[88] dei pari; le *nominations* dei responsabili diretti. In particolare, il gruppo dei *top* considerato il detentore delle competenze di successo è costituito da chi detiene i tre indicatori mentre, chi detiene due dei tre indicatori è considerato facente parte della popolazione dei medi;

b) in base alle esigenze di rappresentatività (ad es. distribuzione territoriale) si sceglie il campione da sottoporre a intervista BEI (*Behavioral Events Interview*).
In questa fase è importante la maggiore rappresentatività dei medi in modo da rispecchiare la distribuzione dell'intera popolazione di riferimento;

c) effettuazione delle interviste attraverso il metodo BEI che consiste nel chiedere all'intervistato di descrivere tre situazioni professionali nelle quali si è sentito efficace e tre nelle quali si è sentito inefficace. Si ottengono così informazioni precise di sei eventi particolari per l'intervistato con la descrizione non solo del comportamento ma anche dei pensieri e delle emozioni legate agli eventi descritti. L'intervista BEI consente di focalizzare le competenze presenti in situazioni di lavoro assai critiche per l'individuo, la sequenza dei pensieri e delle emozioni correlati alla *performance* ma non osservabili dall'esterno. Inoltre è dimostrata la "validità del contenuto" ossia che il contenuto dell'intervista è rappresentativo di una classe più estesa di comportamenti di quell'individuo;

d) codifica delle interviste e analisi dei dati, consiste nella formulazione di una guida standardizzata per l'analisi e la valutazione delle interviste. In genere viene usato anche un dizionario delle competenze dove per ogni competenza è riportata la definizione e alcuni indicatori comportamentali che rivelano la presenza di quella competenza;

e) elaborazione statistica dei dati raccolti per una loro validazione sull'intero campione e per l'individuazione delle competenze che distinguono i medi dagli eccellenti. I metodi più frequenti sono il calcolo della *presenza / assenza*[89] e della *frequenza*[90] di una particolare competenza all'interno di ogni gruppo;

f) formulazione di un elenco di "competenze di soglia"[91] tipiche dei medi e di quelle "distintive di successo"[92] che caratterizzano gli eccellenti valide per i ruoli e le famiglie professionali mappate. L'indicazione dei parametri di frequenza, presenza / assenza, intensità delle competenze di soglia e di successo permette di orientare i processi di training mirate e pianificate.

A fronte dei vantaggi quali la verifica che alcune competenze attribuite intuitivamente a determinati ruoli niente, nella realtà, hanno da spartire con quei ruoli e quelle situazioni; ci sono diversi svantaggi quali il prerequisito del successo passato dell'azienda per ricercare le prestazioni degli eccellenti, la mancata possibilità di rilevazione delle competenze tecnico-specialistiche, i tempi lunghi necessari per svolgere un lavoro di qualità.

5.3.3 Caratteri per la scelta del metodo di indagine.

La fase di raccolta delle informazioni è sempre susseguente all'individuazione del metodo di mappatura e può essere condotta con diversi tipi di strumenti, in particolare, lo strumento può essere scelto in funzione del raggiungimento di un obiettivo dichiarato per cui si cercano le competenze nel quadro delle tematiche definite da *mission* e *vision* aziendali oppure mantenendo una posizione neutrale in quanto è prevedibile un futuro stabile. Un comportamento vantaggioso può essere la scelta integrare metodi diversi per neutralizzare i difetti di un metodo con i pregi di un altro.

I fattori da considerare per effettuare una scelta efficace ed efficiente sono:

- l'orientamento al lavoratore, quando si privilegia l'individuazione dei fattori psicologici necessari per eseguire un determinato compito (ruolo o mansione), oppure l'orientamento all'esatta definizione dei compiti;

- il livello di preparazione dell'analista, in quanto alcune tecniche richiedono conoscenze approfondite di statistica e capacità di utilizzare un personal computer;

- la quantificazione delle informazioni reperite in graduatorie, scale graduate, ecc. anche se per le informazioni relative ai valori e, nel caso di un gruppo di esperti chiamato ad interpretare e valutare in gruppo le informazioni raccolte, può essere estremamente valida l'interpretazione intuitiva;

- la struttura precostituita offerta da tecniche quali il PAQ e il WPS ha il vantaggio di essere creata e testata statisticamente anche se può essere troppo generica per uno scopo specifico, d'altra parte una struttura creata in proprio ha la necessita di essere testata per affidabilità e validità;

- la prossimità al lavoro individua la misura in cui le informazioni sono raccolte indirettamente dalle descrizioni dei titolari delle mansioni oppure direttamente con la partecipazione e l'osservazione in prima persona;

- l'applicabilità delle tecniche è variabile, alcune tecniche sono applicabili solo a mansioni specifiche altre ad un'ampia gamma di mansioni;

- la sensibilità della tecnica applicata misura la capacità della tecnica di cogliere aspetti della mansione o della *performance* più nascosti ma spesso decisivi;

- la validità dei risultati è problematica nelle tecniche che si basano sulla raccolta delle informazioni come i diari e i questionari ecc. in quanto la forma dell'informazione è una descrizione oggettiva dei compiti e deve essere tradotta in dichiarazioni sulle caratteristiche personali, sulle *skill* e sui valori richiesti dalla mansione;

- il costo dipende dal numero di analisti impiegati, dal tempo e dai costi dell'elaborazione.

- la variabile tempo è direttamente proporzionale al costo. Ci sono tecniche per le quali occorre anche più di un anno di lavoro come ad esempio l'intervista sugli episodi comportamentali e tecniche per le quali bastano pochi mesi di lavoro;

- l'uso del PC è obbligatorio nel caso di approcci quali il PAC ma per altri tipi di approcci, ad esempio l'incidente critico o la griglia di repertorio è sufficiente un minimo supporto informatico;

- la comparazione tra sistemi preconfezionati e "tecniche fai da te" evidenzia che i primi sono troppo generici per uno scopo specifico e spesso non riescono ad evidenziare gli aspetti critici a fronte di vantaggi quali il minor tempo richiesto e soprattutto il costo decisamente più contenuto. In genere si consiglia di utilizzare una combinazione di approcci creata dall'utente.

I parametri dimensione dell'azienda, numero delle persone coinvolte, tempo a disposizione e budget nonché gli obiettivi dell'azienda condizionano la scelta della tecnica per la raccolta delle informazioni e gli strumenti per interpretarle. Quando si inizia l'analisi delle competenze è bene valutare come un lavoro viene svolto e come dovrebbe e potrebbe essere svolto anche in funzione degli obiettivi e della vision, della strategia e delle tendenze del mercato.

Analizzare i compiti e i comportamenti necessari per raggiungere un obiettivo determinato è relativamente facile, il compito diventa più complesso quando la mansione cambia in seguito a modificazione dell'organizzazione, del mercato, dell'enviroment. In questo caso i titolari del ruolo forniscono solo una parte delle informazioni, la parte restante viene fornita da coloro che già hanno un'idea dello sviluppo di quel ruolo in futuro.

5.3.4   La valutazione delle competenze e la raccolta di informazioni.

Per formulare e valutare le competenze esistono vari metodi di raccolta di informazioni:

a) **l'osservazione diretta**, informale o strutturata è indispensabile ed è parimenti importante che sia condotta da personale addestrato consapevole del proprio ruolo e degli obiettivi del progetto.
Le criticità sono: da un lato il costo elevato, che a volte fa preferire l'intervista al titolare della mansione durante il lavoro per chiarire i motivi delle sue azioni o il questionario; dall'altro la possibile distorsione dei comportamenti di soggetti che sanno di essere osservati e la difficoltà per l'osservatore di rilevare le motivazioni, il ruolo sociale, l'immagine di sé ossia quello che sta dietro al comportamento manifesto.
L'osservazione risulta assai efficace con l'uso di uno schema comportamentale per registrare i compiti eseguiti da una persona inoltre la disponibilità di tempi lunghi favorisce la comparazione tra i comportamenti degli esecutori mediocri e quelli dei migliori e l'osservazione diretta può essere utile per stabilire la corrispondenza tra la realtà del tempo dedicato ad un'attività e quello percepito dalla persona osservata.

b) **I diari** sono i documenti scritti dai titolari delle mansioni come ad esempio i registri personali, le agende, ecc. L'approccio, di tipo non strutturato,si concentra sulla mansione e sul modo di svolgerla piuttosto che sul comportamento, è comunque applicabile ad ampio range di mansioni purché i titolari siano in grado di fornire una breve descrizione dei loro compiti.

I vantaggi sono la flessibilità e la facilità d'uso, la prossimità al lavoro, il gran numero di informazioni utili e la disponibilità per analisi di tipo quantitativo.

c) **Le liste di controllo ed i repertori** sono elenchi di attività e/o di comportamenti creati da un dirigente o da un gruppo di dirigenti in base ad una struttura prestabilita. I repertori e gli elenchi possono essere orientati al ruolo organizzativo o a colui che ricopre tale ruolo, sono comunque suscettibili di analisi quantitativa. Sono applicabili ad un ampio *range* di mansioni e questo motivo li rende spesso sono troppo generici. Esistono tre sistemi di analisi delle mansioni mediante repertorio: il PAQ, il JCI, il WPS.

1. Il PAQ (*Positioning Analysus Questionnaire*)[93] è il questionario per l'analisi della posizione e consiste in una intervista relativa a 194 voci distribuite fra il titolare del ruolo e altre persone, in base alla quale l'intervistatore addestrato valuta un ruolo. Il PAQ si avvale di un *data base* contenente i risultati di migliaia di studi con cui vengono confrontate le informazioni raccolte. Il vantaggio è rappresentato dalla possibilità di raccogliere informazioni sui requisiti psicologici e sulle caratteristiche personali necessarie per ricoprire un determinato ruolo, il limite è che il PAQ non fornisce dati per identificare e definire le competenze specifiche per un determinato ruolo.

2. Il JCI (*Job Components Inventory*)[94] è un repertorio delle componenti della mansione, che può essere usato per un ampio range di ruoli organizzativi e che si presta all'analisi statistica. E'

un sistema orientato al lavoratore e solo marginalmente è orientato alla descrizione delle mansioni.

3.   Il WPS (*Work Profiling System*)[95] definito tecnica del profilo del lavoro è un sistema di analisi delle mansioni costituito da tre diversi questionari, rispettivamente per i profili: dirigenti/ *professionals*, servizi/amministrazione, manuali / tecnici. E' un sistema orientato al lavoratore dove la fase di compilazione del questionario da parte del titolare della mansione precede l'intervista con l'analista e può essere usato per profili di mansioni, compiti, e caratteristiche personali.

d) **Le interviste** sono la forma più usata per la raccolta di informazioni e possono riguardare sia comportamenti e compiti specifici sia caratteristiche personali dell'intervistato. Le interviste sono più o meno flessibili e, pur non essendo un approccio prossimo al lavoro effettivo come l'osservazione diretta e i diari, possono cogliere informazioni su aspetti insoliti del lavoro e comunque critici per la *performance*. Una variante dell'intervista personale è l'intervista di gruppo che prevede che siano predefinite sia le informazioni cercate sia il modo di strutturare la discussione di gruppo.

e) **La tecnica dell'incidente critico**[96] consente di identificare le particolarità e i fattori psicologici che determinano una prestazione di lavoro efficace ma non permette di individuare con precisione le attività e i compiti da svolgere. Il metodo è prossimo al lavoro, in quanto sia i titolari della mansione, sia i loro supervisori, nonché le altre persone interessate devono raccontare, con dovizia di particolari, degli episodi – incidenti critici - che si sono dimostrati critici la realizzazione o la mancata realizzazione di un obiettivo prefissato; l'intervistato deve descrivere l'antefatto dell'episodio e l'effettivo comportamento nonché chiarire perché fu o non fu efficace. La raccolta di centinaia di episodi permette l'analisi completa della mansione.

L'intervista sull'episodio comportamentale è una variante della tecnica dell'incidente critico. Questa tecnica è usata in genere per le competenze manageriali e analizza in grande dettaglio gli episodi comportamentali.

Dagli elenchi di competenze completati con queste tecniche occorre ricavare i comportamenti e le competenze critiche richieste per l'efficacia della *performance*.

f) **La Repertory Grid** o griglia di repertorio individua i comportamenti e gli *skill* che distinguono la *performance* efficace; ma limita l'individuazione dei compiti da eseguire e degli obiettivi da realizzare. La base di questa tecnica è l'intervista. La griglia di repertorio è flessibile e facile da usare ma spesso è usata in concomitanza con altri strumenti. La griglia permette di comprendere come gli individui comprendono e confrontano gli aspetti del loro lavoro. La formula tradizionale prevede che sia il supervisore dell'intervistato a condurre l'intervista presentando allo stesso le schede personali di elementi eccellenti e mediocri a lui subordinati e chiedendogli di individuare i caratteri comuni e le differenze.

g) **L'Assessment Center** è uno dei metodi di valutazione più diffusi e consente di *"individuare il complesso di caratteristiche attitudinali e comportamentali che rappresentano il sostrato dell'individuo rispetto alla copertura ottimale di un ruolo organizzativo"*[97]. La valutazione avviene in una situazione *"di laboratorio"* dove le circostanze sono costruite per facilitare l'espressione individuale e l'osservazione dei comportamenti e delle attitudini o capacità richiesti per determinati ruoli organizzativi. L'osservazione di laboratorio consente di mettere in relazione le variabili dipendenti con le variabili indipendenti (in questo caso gli stimoli proposti) e di dedurne i nessi causali. La base dell'AC sono le teorie del comportamentismo che indicano l'ambiente come l'origine di tutte le differenze individuali e riferiscono la stabilità del comportamento alla somiglianza delle situazioni che lo suscitano; la conseguenza è che la possibilità di prevedere e controllare il comportamento è legata alle situazioni ambientali. L'AC si pone quindi come strumento predittivo, utilizzato soprattutto per l'analisi e la valutazione del potenziale e per la selezione che si fondano sulla necessità di capire se una persona può occupare con successo ruoli diversi dall'attuale. Le caratteristiche sono: l'artificialità per il contesto e l'osservazione per il processo utilizzato. La consapevolezza per le parti che l'AC sia una situazione artificiale con l'obiettivo di valutazione e sviluppo di carriera, fa emergere alcune criticità, in particolare pone i presupposti per il processo di influenzamento[98] - oggetto di studio approfondito - tra osservato e osservatore: l'osservato può adottare comportamenti coerenti alle attese dell'osservatore (*faking*); l'osservatore può essere soggetto a processi di distorsione ad esempio in seguito ad un'impressione generalmente favorevole può tendere a fare sopravvalutare i lati positivi di una persona, e viceversa (*effetto alone*).

Per stabilire **cosa registrare** il ricercatore può fare ricorso a metodi strutturati, in genere le scale di valutazione ed i sistemi di categorie, che sono tabelle da completare con indici di frequenza e offrono il vantaggio di omogeneizzare i dati.
Il ricercatore raccoglie i dati in funzione dell'obiettivo definito a priori; la fase successiva è il processo di interpretazione (o valutazione), dove il ricercatore cerca di attribuire ai comportamenti rilevati un significato in termini di caratteristiche personali. L'interpretazione consente da un lato, di configurare le caratteristiche della persona osservata e dall'altro, di effettuare la previsione dell'impatto rispetto alla situazione di riferimento. A partire dall'osservazione dei comportamenti si giunge a definire le attitudini, le capacità, le potenzialità. La determinazione dei fattori di valutazione viene effettuata in funzione di quello che la posizione a tendere comporta. La griglia[99] di seguito riportata

evidenzia la suddivisione in aree composte da più voci ognuna delle quali composta da fattori diversi.

- **<u>Area rapporti con la variabilità</u>**:

    modalità e motivazione all'apprendimento;

    adattabilità al cambiamento.

- **<u>Area intellettuale:</u>**

    soluzione di problemi complessi;

    soluzione di problemi operativi;

    flessibilità di pensiero;

    innovazione.

- **<u>Area manageriale:</u>**

    rapidità e frequenza di decisione;

    decisionalità ad elevato contenuto di rischio;

    capacità organizzativa;

    capacità realizzativa.

- **<u>Area Relazionale:</u>**

    gestione e sviluppo dei collaboratori;

    gestione di situazioni d'influenza;

    capacità di integrazione e gestione del rapporto interfunzionale.

h) **<u>Area rapporti con la variabilità</u>** evidenzia le modalità con cui la persona reagisce agli input provenienti dall'esterno, in particolare si sofferma sulla motivazione all'acquisizione di nuovi strumenti sia pratici sia teorici e sulla capacità di adattamento ai cambiamenti di contesto.

<u>Area intellettuale</u> si concentra sulle capacità che permettono alla persona di individuare i termini dei problemi e di proporre le soluzioni adeguate anche elaborando idee innovative e originali. In questa area si considerano sia i problemi complessi, per la cui soluzione è necessaria l'ottimizzazione di diverse variabili, sia i problemi che richiedono rapidità di decisione nonché l'approccio ai problemi autonomo e privo di condizionamenti.

Area manageriale comprende i processi mentali e le caratteristiche di pensiero nonché i comportamenti che caratterizzano l'agire all'interno dell'azienda. In questa area si esaminano le decisioni caratterizzate da rapidità e elevata frequenza e quelle che implicano per il soggetto un costante rischio professionale nonché la realizzazione concreta e tempestiva dei risultati richiesti.

Area Relazionale si concentra sulle capacità e modalità relazionali relative ai rapporti interpersonali e di gruppo e all'influenza esercitata sugli interlocutori. Questa area evidenzia anche la capacità di gestire, sviluppare e ottenere risultati dai collaboratori nonché la natura e lo stile della leadership. Infine in questa area rientra anche la capacità di gestire situazioni di influenza nei rapporti collaterali ed esterni.

h) **Le tecniche di valutazione** a 360 gradi sono dette *multirater* (MR) e sono effettuate da più valutatori in base alle informazioni provenienti da fonti diverse (il responsabile diretto, i colleghi, i clienti esterni e interni, i collaboratori interessati, spesso un'autovalutazione) e relative al soggetto oggetto di valutazione. Contrariamente all'AC che è una valutazione ripetuta ad intervalli precisi di tempo e focalizzata su caratteristiche generali, le tecniche MR si caratterizzano per: l'utilizzo di informazioni provenienti da più fonti che consente un feedback più profondo e dettagliato e per l'attenzione al comportamento del soggetto da parte di ogni valutatore. La criticità più evidente è determinata dall'influenza di situazioni contingenti o della cultura organizzativa sui comportamenti del soggetto osservato. Le tecniche MR possono offrire un importante feedback relativo al modo di lavorare dei soggetti, in particolare a livello individuali sono un ottimo supporto per il miglioramento delle proprie prestazioni; a livello di gruppo permettono di istituire progetti di selezione e formazione per esigenze mirate; a livello organizzativo sono il supporto alla gestione delle figure strategiche aziendali, in quanto consentono l'individuazione delle aree di criticità collettive.

La possibilità per il soggetto valutato di ottenere un feedback assume importanza sempre maggiore: il processo di empowerment[100] in atto, richiede all'individuo di assumersi la responsabilità dei propri successi e fallimenti, di mantenere ottimi livelli di prestazione e di vivere in una situazione di apprendimento continuo, ben si comprende la necessità di un feedback efficace e concreto per tutti i soggetti.

i) **il test psicologici.** Il management delle risorse umane basato sulle competenze deve definire il comportamento, le abilità e le caratteristiche per il raggiungimento di performance efficaci o superiori sul lavoro e fermo restando la cultura e i valori aziendali oltre che le variabili di business. Non è sufficiente indicare le competenze necessarie, occorre indicare se le persone posseggono queste competenze e in che misura. Secondo Boyatzis il concetto di competenza fa riferimento a qualità personali, infatti è "una motivazione, un tratto, un aspetto dell'immagine di sé o del proprio ruolo sociale, una skill o un corpo di conoscenze che l'individuo usa".

I test psicologici sono strumenti per l'analisi del comportamento futuro fondati su concetti e relazioni teoriche empiricamente dimostrati: in genere non c'è corrispondenza tra contenuto del test e comportamento professionale – come negli altri sistemi di valutazione. I test psicologici sono studiati in modo tale che di fronte a determinati risultati le conclusioni sono già ben definite e precise, in altre parole la validità (se il test valuti effettivamente i parametri per i quali è stato concepito) e l'affidabilità (fino a che punto il test non risente della variazione delle condizioni e delle modalità seguite) dei test sono già state verificate.

I test si suddividono in *test di valutazione della personalità e degli interessi e test attitudinali e di efficienza intellettiva* se valutano, gli uni comportamenti, lo stato emozionale e le preferenze del soggetto, gli altri le capacità intellettive, dell'attitudine; e devono essere condotti da personale qualificato e specializzato nonché secondo procedure e istruzioni uniformi.

L'impiego dei test di abilità intellettive per la valutazione della competenza è giustificato dalla posizione professionale, se per quella determinata posizione non è necessario avere particolare capacità intellettive non ha senso eseguire tali test. La valutazione delle competenze manageriali fa riferimento alla capacità del soggetto, di applicare la logica e il ragionamento a informazioni complesse nonché di seguire i criteri di giudizio critico e risoluzione strategica.

L'impiego dei questionari di personalità consente di determinare l'esistenza di motivazione attraverso l'esplorazione di 5 fattori generali che determinano la personalità e noti con il termine di "Big Five". Questi sono: la tendenza ad essere determinato, attivo e direttivo (energia); la tendenza ad essere simpatico, allegro, accomodante e collaborativi (amicalità); la tendenza ad essere preciso e responsabile, a programmare e a lavorare duramente nonché a mirare al risultato e a procedere con perseveranza (coscienziosità); la tendenza ad essere ansioso, depresso, insicuro, emotivo (stabilità emotiva); la tendenza ad essere creativo, curioso, di larghe vedute (apertura mentale). In genere, per valutare le competenze specifiche del soggetto, si preferisce adottare un questionario della personalità con una serie di sottodimensioni specifiche di ognuno dei cinque fattori *Big Five*.

Il questionario evidenzia la propensione del soggetto a comportarsi in un determinato modo, pertanto la comparazione tra il comportamento descritto dalla competenza indagata ed i tratti e le caratteristiche che emergono dal questionario consente di stabilire la probabilità che il soggetto adotti comportamenti competenti (e desiderati dall'azienda). La discussione con il soggetto sottoposto a valutazione consentirà di confermare il quadro che emerge dal profilo.

La combinazione delle tecniche di valutazione permette di sfruttare completamente i vantaggi offerti da ogni singola tecnica e ottenere una valutazione più precisa e approfondita di punti di forza e aree di criticità del soggetto osservato. In particolare, si possono completare a vicenda la tecnica di valutazione MR e l'Assessment Center e risulta profittevole l'uso dei questionari sulla personalità associati agli esercizi di simulazione nel contesto di un Assessment o Development Center.

5.3.5 Lo sviluppo delle Competenze: tendenze attuali e criticità aziendali.

In genere, le organizzazioni più moderne hanno concluso la fase di mappatura con l'individuazione delle competenze alla base delle *performance* organizzative e, a livello di singoli individui, detengono documenti di valutazione della presenza e dell'intensità delle competenze emerse in fase di mappatura. Adesso inizia una nuova sfida: *"occorre passare alla fase di valorizzazione delle risorse umane, per completare il processo di Performance Improvement"*[101] con l'istruzione di processi di sviluppo che creino effettivo valore per l'azienda. Gli strumenti formativi devono essere rivisti, in funzione:

- di favorire l'apprendimento affinché ci sia un reale sviluppo delle competenze. Infatti, frequentare un corso significa riportare un cambiamento nei propri comportamenti e quindi in base all'uguaglianza competenza / comportamento sviluppare la competenza;

- di costituire dei riferimenti precisi per colmare, in maniera strutturata, il gap di competenze nei singoli;

- della consapevolezza che l'introduzione dei modelli basati sulle competenze ha allargato il campo delle conoscenze, capacità e atteggiamenti da sviluppare.

Gli strumenti di formazione sono da utilizzare in combinazione tra loro, in vista delle competenze da sviluppare e ponendo per obiettivo la costruzione di un vero processo di apprendimento.

Leve e competenze	Coaching	Consuelling individuale	Formazione	Training tecnico	Promozioni e mobilità	Mentoring
Analisi			X			
Autoanalisi	X	X				
Autocontrollo		X				
Comunicazione			X			
Pervasività			X			
Iniziativa					X	X
Perseveranza	X					X

Figura 24 - Esempio di abbinamenti tra competenze e leve di sviluppo.[102]

Strumenti per sviluppare le competenze:

- **cross fertilization**: prevede che il *know-how* e le esperienze sviluppati da una parte di persone dell'organizzazione, siano messi a disposizione di tutti i componenti e di tutte le parti della struttura aziendale. Questo processo contribuisce a aumentare le conoscenze di alcune parti dell'organizzazione, a sviluppare nuove sensibilità e atteggiamenti, a diffondere alcun e capacità necessarie per gestire le criticità. Si definisce fertilizzazione incrociata in quanto tutti quelli che partecipano al processo di diffusione sono sia diffusori di conoscenze sia ricettori in una situazione di reciproco scambio.

- **formazione**: la formazione per lo sviluppo individuale si inserisce generalmente in un vero e proprio programma di sviluppo della persona con iniziative di miglioramento continuo. La formazione diventa un attività sempre più strutturata e caratterizzata da frequenza e regolarità inoltre, l'aumento dei *professional* a scapito degli esecutivi determina il coinvolgimento di un maggior numero di risorse. Lo stato delle competenze viene monitorato prima e dopo la partecipazione alle attività di formazione e le risorse sono soggette a *feedback* personalizzati;

- **coaching**: consiste nel trasmettere agli altri le competenze derivanti da conoscenze, atteggiamenti, capacità e abitudini al lavoro per migliorare la *performance* dell'individuo. Alla base del coaching vi è un rapporto paritario tra superiore e subordinato per la condivisione di impegni e responsabilità orientate comunque allo sviluppo del singolo. Sempre più spesso i dirigenti gestiscono importanti attività quali: il coaching dei collaboratori, il feedback per lo sviluppo personale, l'empowerment, la costituzione di team di lavoro, ecc.

- **development center**: si inserisce nell'attività dell'Assessment Center. L'AC gestisce la valutazione del personale dopo questa fase vengono condivise con i valutati le metodologie di assessment utilizzate per guidarli verso un'autovalutazione. Siamo chiaramente in una situazione di feedback dove l'assessor è il referente per la costruzione dei piani di sviluppo individuali.

- **consuelling individuale**: è un rapporto personalizzato tra un consulente per lo sviluppo di determinate competenze e il soggetto interessato ad ottenere il feedback della sua attività. L'attività del consulente è limitata allo sviluppo di competenze ad elevata connotazione soggettiva piuttosto che allo sviluppo globale del soggetto.

Il processo di mappatura delle competenze obbliga l'azienda a riconsiderare tutto il proprio *business* e la propria organizzazione individuando le strategie che intende attuare per assicurarsi la permanenza competitiva sul mercato. La ricerca delle competenze si compone di quattro fattori tra loro strettamente combinate:

- la teoria per la definizione delle motivazioni e degli obiettivi che sono alla base del progetto di ricerca;
- l'osservazione che consiste nella rilevazione dei dati;
- l'analisi che consiste nella valutazione e elaborazione dei dati;
- il controllo dei dati elaborati per soddisfare gli obiettivi della ricerca.

La necessità che ogni fase sia condotta applicando le corrette procedure si abbina al fatto che, in genere, la metodologia applicata è quella deduttiva per cui partendo dall'analisi Strategia e *Business* si fanno discendere tutte le successive rilevazioni.

Il principio fondamentale è che l'organizzazione assuma la consapevolezza che la competitività risiede essenzialmente nel differenziale di competenze che l'azienda è in grado di esprimere e che sviluppare il Capitale Umano è la condizione *sine qua non* per ottenere *performance* personali e organizzative in costante miglioramento.

Management delle Competenze in Italia e prospettive europee

I cambiamenti del mondo bancario sono dovuti ai mutamenti normativi, conseguenti all'ingresso nell'UME e all'introduzione di una nuova legge bancaria ai mutamenti quelli economici, dovuti alla crescente competizione nei mercati finanziari, all'aumentata incertezza e rischiosità, alla diminuzione dei margini di intermediazione, hanno determinato una fase di profondi cambiamenti per tutte le banche. Le banche, come le altre aziende, possono costruire un vantaggio competitivo grazie ad un'efficace gestione delle competenze da un lato; e alla riconoscimento del ruolo attivo dell'*Information Technology* per le modalità di produzione e di erogazione dei servizi, dall'altro.

A livello europeo emerge la necessità di pervenire a modelli comuni di analisi e riconoscimento delle competenze professionali e alla individuazione di criteri per la certificazione delle competenze stesse. A livello di risorse umane il problema è l'acquisizione delle nuove conoscenze e competenze che consentano un concreto adattamento ai cambiamenti in atto nel mercato del lavoro e, in generale nella società. In tal senso l'Unione Europea ha da tempo istituito programmi e iniziative a carattere comunitario, quali Leonardo, Adapt, Occupazione, ecc. per individuare le competenze strategiche nel mercato del lavoro, definire gli standard formativi, costruire modelli di certificazione.

Alcuni Paesi hanno già da tempo intrapreso con successo la strada di incoraggiare la transizione verso una società fondata sulla conoscenza e, quindi, basata su un'accumulazione di conoscenze fondamentali, di conoscenze tecniche e attitudini sociali alcune delle quali – come riportato in precedenza - risultano determinanti per lo sviluppo di professionalità anche molto diverse e, per questo vengono definite "competenze chiave" o *"core competencies"*.

In questa prospettiva è utile sottolineare l'importanza dell'elemento "relazioni" all'interno dell'attività di sviluppo delle risorse umane e del potenziale competitivo. Il fattore "competenze" è, infatti, strettamente legato al fattore "relazioni" ossia alla qualità dei rapporti interni all'impresa e purtroppo, in Italia, il rapporto franco e diretto tra il capo e il collaboratore non sono diffuse.

Questa situazione di grave insufficienza per lo sviluppo di una efficace cultura di relazione e di valutazione può essere superata solo grazie ad un rinnovato impegno di tutte le Direzioni delle Risorse Umane per:

- la costruzione di una cultura di vera responsabilizzazione dei capi,

- un forte orientamento alla comunicazione,

la riconosciuta legittimazione di un consulente con specifiche capacità di facilitazione dei processi[103].

Conclusioni

L'analisi fin qui condotta evidenzia che la prevedibilità dei cambiamenti ambientali è oramai superata da cambiamenti improvvisi e repentini che si susseguono e che assicurano la permanenza sul mercato solo per le aziende in grado di anticipare e influenzare il mercato e, di adattarsi ai mutamenti ambientali, grazie agli investimenti e alla valorizzazione delle proprie Risorse Umane e delle loro competenze. La consapevolezza del ruolo primario delle competenze e, quindi, la predisposizione di politiche e strumenti per scoprire, stimolare, indirizzare e rinnovare le competenze, affiancata dalla costruzione di una struttura a rete e dalla divisione del lavoro in base ad abilità e competenze individuali, costituisce il fattore principale per l'acquisizione e il mantenimento del vantaggio competitivo.

In Italia, anche se in maniera attenuata rispetto ad altri Paesi a causa del lungo periodo di protezione governativa, è in corso una progressiva evoluzione nella visione delle risorse umane: da risorse economiche con precisi diritti e doveri (visione tipica degli anni Sessanta) alla consapevolezza che le risorse umane – seppur ancora considerate come costi aziendali – necessitano di formazione (visione degli anni Settanta), fino alla convivenza di tendenze che mirano al licenziamento e di tendenze che mirano alla valorizzazione come unica soluzione per mantenere l'azienda sul mercato (visione degli anni Ottanta e Novanta).

La base di un'efficace politica di management delle competenze è l'individuazione di conoscenze, abilità e capacità attraverso l'attività di mappatura; in quanto è noto, che ogni prestazione dipende da tre fattori:

1. richieste dell'ambiente circostante,
2. capacità del singolo,

3. scelte strategiche del singolo per coordinare le richieste con le proprie capacità.

Inoltre, grazie all'attività di mappatura è possibile determinare le strategie per sviluppare e consolidare il differenziale di competenze che consente all'azienda di rimanere sul mercato. In particolare, è dimostrato che esistono imprese che operano in funzione di una vera e propria "etica della *performance*" che si manifesta attraverso una chiara visione di *business*, una leadership esigente, un'organizzazione focalizzata su obiettivi precisi, competenze distintive e che permette di ottenere una *performance* economica stabilmente superiore alla media del settore.

Prima di continuare è essenziale ricordare il significato della terminologia:

- **capacità o savoir faire o skill**, indica il saper fare, la perizia, la destrezza;

- **conoscenza o savoir o know-how,** indica il sapere, la conoscenza del contenuto;

- **abilità o savoir etre o attitude**, indica il saper essere, il saper integrare e coordinare le diverse capacità.

La nostra società che si fonda sulla conoscenza identifica con il termine di *"core competencies"* (in Italia, competenze trasversali o competenze chiave) quelle conoscenze tecniche e attitudini sociali che risultano **determinanti per lo sviluppo di professionalità anche molto diverse**. Le competenze chiave si caratterizzano per: la trasferibilità fra gli individui, la limitata specificità, lo stretto legame con la storia del singolo, e il loro efficace ed effettivo utilizzo dipende esclusivamente dalla consapevolezza dell'individuo.

Le competenze possono essere analizzate a tre livelli diversi:

1. a livello di individui e prestazioni individuali, la competenza posseduta e l'intensità di applicazione condizionano il tipo di prestazione fornito da ogni individuo;

2. a livello di obiettivi e prestazioni organizzative, il tipo e l'intensità delle competenze diffuse nell'organizzazione condizionano i risultati organizzativi;

3. a livello di competitività di impresa, l'esistenza o meno di una particolare competenza e il suo livello di applicazione possono incidere sulla competitività.

Il processo di gestione delle competenze si compone di diverse fasi:

1. **la fase di mappatura** delle competenze, per identificare le competenze necessarie all'azienda per garantirsi un vantaggio competitivo e raggiungere gli obiettivi strategici e organizzativi. Questa fase può essere condotta adottando metodologie diverse in base alla situazione da esaminare o ai risultati da ottenere, l'essenziale è che i risultati siano poi utilizzabili nelle fasi successive di valutazione e sviluppo.

2. **la fase di valutazione**, per determinare quali competenze sono presenti in azienda, quali sono assenti e il livello di intensità di presenza;

3. **la fase di sviluppo**, relativa alla programmazione delle attività per implementare determinate competenze;

4. **fase di monitoraggio**, per verificare se le attività successive alla programmazione hanno determinato lo sviluppo delle competenze a suo tempo individuate.

Le metodologie di mappatura sono quattro e devono essere effettuate da personale professionale, ogni metodo è costituito da diverse fasi successive che servono per identificare le competenze necessarie per l'attività aziendale:

1. **mappatura delle competenze da *business* e strategia.** Questa metodologia ricerca le competenze necessarie per l'attività aziendale a partire dalla previsione della direzione di evoluzione del *business*. Alla base c'è un atteggiamento meramente reattivo alle modifiche dell'ambiente - dato esogeno ed esterno all'azienda– ma ormai superato in quanto la banca deve essere capace di costruire un proprio ambito competitivo, modificando l'ambiente alle proprie necessità;

2. **mappatura delle competenze da processi organizzativi.** In questo caso la mappatura viene effettuata a partire dai processi – che, lo ricordiamo, costituiscono l'unità di base per la scomposizione dell'attività aziendale – per individuare le specifiche competenze richieste ai ruoli che sono coinvolti in quel processo.

3. **mappatura delle competenze da ruoli e famiglie professionali.** Questa metodologia individua per ogni ruolo le competenze necessarie per ricoprire il ruolo stesso tenendo sempre presente il contesto dinamico di contorno, ossia le aspettative dei clienti interni ed esterni, con la conseguente cessazione del concetto di competenza come un fattore legato al lavoro di tipo individuale. Si costituiscono così le famiglie professionali che sono insiemi di ruoli caratterizzati da output simili e, quindi, da competenze omogenee.

4. **mappatura delle competenze da *performance* eccellenti** e da persone. In base a questo metodo si ricercano le competenze dei "top performer" di un determinato ruolo o famiglia professionale; quindi, si parte da una situazione reale per ricercare le competenze di successo presenti negli eccellenti e separandole dalle competenze di soglia presenti sia negli eccellenti sia nei medi.

Una volta terminata la fase di mappatura si passa alla fase di valutazione che può essere condotta in base a diversi metodi. La combinazione delle tecniche di valutazione se da un lato, permette di sfruttare completamente i vantaggi offerti da ogni singola tecnica e ottenere una valutazione più precisa e approfondita di punti di forza e aree di criticità del soggetto osservato dall'altro, spesso incontra limiti economici o temporali. Fra i metodi per la raccolta di informazioni ricordiamo: l'osservazione diretta, i diari scritti dai soggetti titolari delle mansioni, le interviste, l'Assessment Center, i test psicologici, ecc.

Per quasi tutte le organizzazioni, la sfida attuale è rappresentata dalla valorizzazione delle risorse umane attraverso lo sviluppo delle competenze. Gli strumenti sono molteplici (cross fertilization, programma di formazione individuale, coaching, ecc.) e possono essere usati in combinazione tra loro, in relazione alle competenze da sviluppare e ponendo per obiettivo la costruzione di un vero processo di apprendimento. In base a quanto riportato è evidente che la mappatura obbliga l'azienda banca a riconsiderare tutto il proprio *business* e la propria organizzazione individuando le strategie che intende attuare per assicurarsi la permanenza competitiva sul mercato.

D'altra parte alla problematica del *management* delle competenze sono molto sensibili anche le autorità europee che questa problematica è stanno cercando di delineare modelli comuni per l'analisi e la valutazione delle competenze professionali nonché di individuare criteri di certificazione comuni.

CAPITOLO SESTO

Il management delle competenze: due casi a confronto

In questo capitolo, come evidenziato nell'Introduzione, si riportano i risultati della ricerca compiuta in due banche, il gruppo Banca Popolare di Bergamo – CV e la banca olandese Mees Pierson.

Nel capitolo si affrontano le fasi dell'attività in corso nel gruppo italiano, che si sviluppa a partire dalla definizione e dettagliata descrizione di ogni singola conoscenza attinente ai singoli profili organizzativi, per proseguire con la verifica del possesso delle conoscenze e capacità da parte di coloro che devono ricoprire i singoli profili organizzativi individuati, e terminare con la comunicazione dei risultati delle rilevazioni attraverso un colloquio tra responsabile e collaboratore che consente la discussione sui punti forti e sugli aspetti da migliorare. La ricerca relativa al caso italiano riporta il dettaglio del metodo applicativo: il censimento delle conoscenze e capacità, l'individuazione dei profili organizzativi, gli strumenti per la verifica del possesso di conoscenze e capacità, la scheda con i risultati (base per la discussione fra il responsabile e il collaboratore), il piano di miglioramento individuale con la specificazione degli obiettivi e delle azioni da intraprendere.

La ricerca sulla banca Mees Pierson mostra che l'obiettivo della banca olandese è lo sviluppo di determinati talenti per il miglioramento delle prestazioni; l'esplicitazione di questo obiettivo denota che la banca conosce perfettamente le proprie necessità in termini di competenze di profili organizzativi. La ricerca analizza in dettaglio gli strumenti per lo sviluppo delle competenze a partire dalla matrice di sviluppo che individua le necessità, proseguendo quindi con il Piano di Sviluppo Personalizzato e con la guida con i corsi e le attività formative ritenuti indispensabili dall'azienda per lavorare nella banca Mees Pierson e terminando con una guida delle caratteristiche singole competenze e delle modalità più adatte per svilupparle. Il caso della banca olandese si chiude con un esame dell'attività svolta, all'interno dell'azienda dal "Centro per lo sviluppo della Carriera" e con l'analisi dell'attività di formazione effettuata da un istituzione nazionale il NIBE-SVV; infine, viene riportato il *modus operandi* – a livello commerciale – della banca BBL a testimonianza che l'attività commerciale della banca Mees Pierson è comune all'intero sistema bancario olandese.

Negli anni Ottanta e Novanta il settore bancario europeo è stato interessato da profondi cambiamenti: è aumentata la concentrazione degli intermediari finanziari e dei mercati, i diversi settori dell'attività finanziaria hanno rafforzato i loro legami, sono entrati sul mercato competitori non provenienti dall'area finanziaria che sono stati la diretta conseguenza dei mutamenti dell'ambiente di riferimento. I cambiamenti strutturali sono stati accompagnati e preceduti dalla normativa di liberalizzazione, di deregolamentazione e di riconoscimento dell'imprenditorialità dell'attività bancaria nonché dai mutamenti economici dovuti alla diminuzione dei margini di intermediazione e dall'aumento dei costi per le implementazioni tecnologiche.

I processi di ristrutturazione in corso richiedono che l'Alta Direzione e tutto il Management acquisiscano la consapevolezza di due fattori fondamentali:

1. il progressivo passaggio ad un modello di gestione per processi coerente con le diverse combinazioni di *business* (mercato / canali / offerta / organizzazione / ICT, ecc.) e la conseguente lenta (ma inesorabile) eliminazione dell'articolazione funzionale in Servizi e Uffici;

2. il progressivo consolidarsi di tre aree con proprie responsabilità e obiettivi all'interno della Banca: l'area "Fabbrica" per la produzione; l'area "Sviluppo e Gestione del *Business*" per il conseguimento degli

obiettivi di *business*; l'area *"Corporate Governance"* per l'orientamento strategico, l'allocazione del capitale e la gestione dei rischi.

In questo contesto viene rivalutato e rivisto il ruolo delle Risorse Umane e delle competenze, fondamentali per acquisire e mantenere il vantaggio competitivo nonché unico fattore in grado – a parità di condizioni - di consentire il cambiamento.

La comparazione tra il caso italiano di gestione delle competenze della Banca Popolare di Bergamo – CV e il caso olandese della banca Mees Pierson permette di evidenziare la diversità di sviluppo del settore bancario all'interno di due Paesi UME, il diverso consolidamento delle tre aree banca e del management delle competenze ad esse collegate.

Il caso Mees Pierson con il puntuale sviluppo del management delle competenze, inserito in un contesto di consolidamento del modello delle tre aree banca, riconferma come l'Olanda sia uno dei sistemi bancari più avanzati del mondo.   In Olanda, infatti, il modello delle tre aree Banca è già una realtà e la sua completa attuazione e accettazione consente per ogni area lo sviluppo e la richiesta di competenze specifiche e definite a priori.

Al contrario in Italia, i dati in nostro possesso sembrano evidenziare che, in un panorama ancora è in fase di transizione e in cui la gestione delle competenze con strumenti idonei è ancora agli inizi il modello delle tre aree Banca non è ancora ben assimilato dall'Alta Direzione e dal Management, per cui spesso l'attenzione rivolta alle competenze delle risorse umane segue una sola direzione, l'ambito "Sviluppo e Gestione del *Business*" e al suo interno i ruoli legati alla vendita dei prodotti e servizi a imprese, privati, ecc. mentre per la fabbricazione di nuovi prodotti e lo sviluppo di quelli esistenti, spesso, le banche italiane si rivolgono a società esterne che in questo modo ottengono notevoli flussi di capitali degli investitori privati e anche imprese.

Una banca italiana: Banca Popolare di Bergamo - CV

Un caso avanzato di gestione delle competenze attraverso la realizzazione di un progetto di mappatura è sicuramente il caso del gruppo Banca Popolare di Bergamo – CV. In un ambiente caratterizzato da forti inabilità e pressioni concorrenziali, la Banca, per mantenere il vantaggio competitivo ha deciso valorizzare le proprie risorse umane utilizzando lo strumento della mappatura delle competenze per conoscere e valutare le caratteristiche delle *Human Resource (HR).*

L'obiettivo finale è il miglioramento delle persone attraverso un programma mirato di formazione per acquisire maggiore professionalità e per realizzare un processo di sviluppo personale coerente con i processi di sviluppo delle professionalità presenti in azienda. Con la mappatura la Banca viene ad inserirsi in un ambito caratterizzato dal cambiamento e da un nuovo modo di pensare alla formazione che coinvolge tutto il personale e soprattutto il management e che richiede un certo periodo di tempo per la completa assimilazione.

Nel processo di mappatura gli attori principali sono il singolo oggetto della valutazione delle competenze e il suo responsabile:

- se da un lato, la motivazione e la consapevolezza al cambiamento da parte del singolo sono essenziali ed è noto come, cambiamento e apprendimento siano intrinsecamente legati e come le persone apprendano solo ciò che realmente vogliono apprendere;

- dall'altro, il responsabile, è tenuto ad utilizzare lo strumento per aiutare la crescita professionale delle persone evidenziando i punti di forza su cui continuare a costruire e i punti di debolezza nonché le relative azioni di miglioramento.

6.1.1 La modalità di approccio.

Il progetto adottato dalla Banca Popolare di Bergamo – seppur adattato alla realtà italiana - si colloca all'interno del filone della teoria psicologica-comportamentale di McClelland e di Boyatzis, secondo i quali la competenza è *"una caratteristica interiore che risulta da una performance efficace o superiore sul lavoro e può essere una motivazione, un tratto, un aspetto dell'immagine di sé o del proprio ruolo sociale, una skill o un corpo di conoscenze che l'individuo usa"*.

Il progetto è stato suddiviso in tre fasi:

1. la definizione delle **conoscenze aziendali**, dove per CONOSCENZE si intendono le nozioni e le esperienze di natura professionale acquisibili con lo studio e con l'attività pratica (per esempio: "l'operatività di sportello", "l'analisi di bilancio", ecc.);

2. la definizione delle **capacità aziendali**, dove per CAPACITA' si intendono comportamenti organizzativi osservabili e descrivibili (per esempio: la "capacità di lavorare in gruppo", oppure la "disponibilità ai rapporti interpersonali", ecc.);

3. l'individuazione delle **capacità e delle conoscenze specifiche per ogni ruolo** organizzativo con il supporto ed il coinvolgimento del diretto responsabile di chi ricopre il ruolo che si intende esaminare.

Le tre fasi sopra esposte sono state prima portate avanti alternando periodi di studio a fasi sperimentali ed applicative con il coinvolgimento di un gruppo ristretto di Responsabili di Filiale.

La realizzazione vera e propria della mappatura delle competenze si esplicherà in tre momenti successivi:

1. la rilevazione delle competenze,

2. la raccolta ed elaborazione dei dati,

3. il confronto dei risultati tramite il colloquio di restituzione e la pianificazione delle azioni di miglioramento individuali.

6.1.1.1 La rilevazione delle competenze.

Dopo aver definito e chiaramente descritto ogni singola conoscenza e capacità attinente ad un dato profilo organizzativo è possibile verificarne il possesso da parte di coloro che tale profilo devono ricoprire.

La rilevazione è doppia: ogni responsabile rileva le competenze dei propri collaboratori e, nello stesso tempo, ma in assoluta autonomia ogni collaboratore è chiamato a rilevare il grado di possesso delle conoscenze e delle capacità relative al ruolo organizzativo che ricopre. Parallelamente inizia l'attività di formazione per i responsabili: ogni responsabile viene affiancato e seguito da un collega delle Risorse Umane, affinché la applichi correttamente la nuova metodologia di rilevazione.

Due sono gli elementi indispensabili:

1. che la rilevazione venga effettuata da chi è effettivamente in grado di osservare quotidianamente il collaboratore sul luogo di lavoro;

2. che ogni collaboratore rifletta sulle competenze richieste dal proprio ruolo e registri gli eventi più significativi esemplificativi del proprio comportamento.

La rilevazione delle conoscenze e delle capacità è un'attività oggettiva che non deve lasciarsi influenzare da impressioni e avvenimenti vicini al momento della valutazione. Le conseguenze di una rilevazione poco attendibile potrebbero essere rilevanti, in particolare potrebbero essere impostati interventi formativi o azioni di miglioramento non adatte e poco adeguate alle reali carenze rilevate.

6.1.1.2 La raccolta ed elaborazione dei dati.

Le schede di rilevazione, compilate in autonomia sia dal responsabile che dai collaboratori, sono inviate al servizio del personale. I dati verranno elaborati e restituiti ai diretti interessati tramite una **scheda di restituzione**.

La scheda di restituzione è composta da due sezioni distinte:

- nella parte relativa ai RISULTATI, i dati elaborati vengono sintetizzati in alcuni grafici che illustrano il confronto tra rilevazione ed autorilevazione ed evidenziano le competenze "forti" e quelle "deboli" e, inoltre, vengono forniti consigli pratici su come colmare le carenze più evidenti emerse dalla rilevazione;

- la parte relativa al PIANO di MIGLIORAMENTO INDIVIDUALE che viene compilato solo dopo il colloquio ed il confronto tra responsabile e collaboratore.

6.1.1.3 La comunicazione dei risultati e la pianificazione delle azioni di miglioramento.

La comunicazione dei risultati delle rilevazioni viene effettuata attraverso il confronto diretto e il colloquio tra responsabile e collaboratore, da strutturare in modo che ogni collaboratore possa confrontare il profilo teorico con la propria rilevazione e con quella del responsabile. Il colloquio si sviluppa intorno alla discussione dei punti forti e degli aspetti da migliorare emersi dai risultati della rielaborazione e chiaramente pone particolare attenzione agli obiettivi di motivazione e di indirizzo nel successivo processo di crescita professionale.

Il colloquio franco e reale, consente al responsabile di indirizzare il proprio collaboratore verso il miglioramento e l'apprendimento autodiretto e, fornisce al collaboratore un'opportunità di crescita personale grazie alla quale si favorisce la conoscenza di se stessi e si ha la reale possibilità di migliorare.

La reale efficacia del processo di rilevazione delle competenze e delle capacità dipende dal rispetto dei seguenti fattori:

1. la piena oggettività sia della rilevazione, sia dell'autorilevazione dei comportamenti espressi sul lavoro. E' utile ricordare come i giudizi possano essere facilmente influenzati da eventi positivi o negativi accaduti poco prima della rilevazione nonché dai pregiudizi inconsapevoli che emergono pesantemente al momento della valutazione della prestazione professionale di un soggetto;

2. la discussione e il confronto con i collaboratori in merito all'interpretazione dei risultati nonché agli aspetti positivi e quelli da rafforzare in modo da contribuire alla loro crescita professionale e personale e, a cascata, a quella dell'azienda;

3. la verifica dell'esistenza di una reale motivazione che è sempre alla base di ogni miglioramento. Lo stimolo a migliorarsi e ad apprendere ha valore solo se è condiviso e autodiretto, l'imposizione non consente veri miglioramenti.
    Il processo di apprendimento/cambiamento inizia quando viene sperimentata una discontinuità tra ciò che si è (sé reale) e ciò che si vorrebbe essere (sé ideale) provocando un risveglio della consapevolezza, unito ad un senso di urgenza. Alla base del processo di apprendimento, importanti teorie psicologiche che insegnano come il confronto con se stessi, la conoscenza delle proprie aspirazioni, l'identificazione dei propri punti di forza e delle azioni necessarie per mantenerli e svilupparli, nonché degli aspetti da migliorare, rendano il collaboratore consapevole e favoriscano le sue decisioni di cambiare e apprendere.

6.1.2   Il metodo applicativo.

L'intero processo di rilevazione si basa su una premessa fondamentale: l'obiettivo non è valutare le persone, né le prestazioni lavorative, bensì il livello di preparazione e di adeguatezza rispetto ad un dato ruolo, anche se, in realtà, esiste una certa correlazione tra copertura del ruolo organizzativo e prestazione lavorativa.

Ogni responsabile e, ogni collaboratore (autorilevazione), sono chiamati a rilevare le conoscenze tecniche e i comportamenti vincenti che si mettono in atto nello svolgimento con successo del proprio lavoro.

L'obiettivo principale del progetto è il miglioramento delle persone in termini di acquisizione di maggiore professionalità attraverso l'individuazione di **programmi di formazione mirati** tesi a colmare i gap di competenze emersi in fase di rilevazione e ad impostare coerenti processi di sviluppo.

Il postulato del progetto è la motivazione al cambiamento da parte di ogni collaboratore, visto che le persone apprendono quello che realmente vogliono apprendere e quindi, che cambiamento e apprendimento devono essere consapevoli e motivati.

6.1.2.1 Le conoscenze e le capacità.

Nella fase iniziale del progetto la Banca Popolare di Bergamo ha definito i termini di conoscenze e capacità:

- con il termine **conoscenze** si intendono le nozioni tecnico-professionali e le esperienze di natura professionale acquisibili con lo studio e l'attività pratica. Le conoscenze sono costituite da conoscenze ed esperienze di natura scolastica ed universitaria; da esperienze e conoscenze che fanno riferimento ad un'area di natura professionale come una certa tecnologia, un certo mercato, ecc.; da conoscenza ed esperienza che fanno riferimento a specifici prodotti, procedure gestionali, ecc. Ad esempio, per **operatività di sportello** si intende la conoscenza della operatività di cassa relativamente alle operazioni di conto corrente e alla conoscenza delle norme operative relative alle diverse modalità di pagamento (pagamento e negoziazione di assegni, assegni circolari, utenze, bonifici, ecc.);

- con il termine **capacità** si intendono i comportamenti organizzativi osservabili e descrivibili. In natura non esistono "capacità", bensì comportamenti che, ripetuti nel tempo, consentono di dire che chi li attua possiede una determinata abilità di agire.

Le capacità possono essere raggruppate in alcune grandi famiglie o aree:

- emozionali: richiamano la sfera emotiva, per esempio: "fiducia in se stessi" o "gestione dei conflitti";
- relazionali: richiamano tutto ciò che ha a che fare con i rapporti interpersonali, per esempio: "disponibilità ai rapporti interpersonali" o "negoziazione accordo";
- intellettuali: riguardano la sfera intellettiva, per esempio: "analisi" o "soluzione dei problemi";
- gestionali: riguardano l'area organizzativa-gestionale, per esempio: "controllo" o "organizzazione";
- innovative: richiamano l'area innovativa e creativa, per esempio: "adattabilità e flessibilità" o "pensiero prospettico".

In relazione alla loro articolazione e alla difficoltà di espressione, le capacità possono essere suddivise in tre livelli:

- basilare: tipico dei ruoli di base e di primo livello di responsabilità, si riferisce alle capacità più immediate e concrete;

- complesso: tipico di ruoli di elevata specializzazione, si riferisce a capacità che rappresentano spesso un livello evolutivo rispetto alle capacità basilari;

- direzionale: tipico dei ruoli direttivi o comunque di elevata responsabilità, risultano molto ricche ed articolate.

Un esempio è dato dalla **capacità di negoziazione/accordo** cioé l'orientamento a ricercare ed utilizzare margini di trattativa in tutte le situazioni in cui occorre raggiungere un risultato di qualsiasi natura in competizione con altre persone o gruppi.

I comportamenti fondamentali che caratterizzano questa capacità sono dati dal riuscire a prevedere il contesto ed i contenuti essenziali della situazione per impostare, condurre e concludere la trattativa nell'ambito dei margini prefissati, ricercare i margini di manovra e di accordo delle diverse forze in campo accogliendo nuove alternative e riuscire a chiudere gli accordi in relazione alle aspettative ed alle concrete possibilità, riuscendo a farli apprezzare anche alla controparte.

6.1.2.2 I profili organizzativi di filiale.

Le conoscenze e le capacità sono i mattoni, *considerati di peso equivalente*, con i quali è possibile costruire ogni tipo di profilo organizzativo.

I profili che la banca ha preso in considerazione riguardano i ruoli organizzativi tipici dell'organigramma aziendale:

- RESPONSABILE AREA COMMERCIALE

- VENDITORE IMPRESE

- VENDITORE INTERMEDI

- VENDITORE PRIVATI

- OPERATORE BORSA

- OPERATORE ESTERO

- RESPONSABILE AREA OPERATIVA

- ADDETTO AREA OPERATIVA

- SPORTELLISTA CASSIERE

- ADDETTO TESORERIE ENTI PUBBLICI

- COORDINATORE BORSA

- COORDINATORE ESTERO

- COORDINATORE PRIVATI

Inoltre, la Banca ha previsto dei "profili misti":

- RESPONSABILE AREA COMMERCIALE / VENDITORE IMPRESE

- VENDITORE PRIVATI / SPORTELLISTA CASSIERE

- VENDITORE PRIVATI / ADDETTO AREA OPERATIVA

Ad ogni ruolo sono state associate le conoscenze e le capacità ritenute undispensabili per svolgere nel migliore dei modi le attività richieste da ogni ruolo professionale.

ESEMPIO:

SPORTELLISTA CASSIERE

Capacità

- Disponibilità ai rapporti interpersonali
- Fiducia in se stessi
- Controllo operativo
- Organizzare il proprio lavoro
- Iniziativa

Conoscenze

- Prodotti e servizi per privati
- Operatività di sportello
- Normativa antiriciclaggio
- Normativa privacy
- Normativa sicurezza
- Procedure e normativa interne

In realtà, i profili proposti dalla Banca Popolare di Bergamo sono profili ideali, modelli, punti di riferimento a cui tendere e che difficilmente coincidono con figure "reali".

6.1.2.3 Gli strumenti di valutazione.

Ogni responsabile è invitato a rilevare le conoscenze e le capacità di ogni collaboratore, così come ogni collaboratore è invitato ad autovalutarsi "in autonomia" rispetto alle conoscenze ed alle capacità possedute.

Operativamente, ogni responsabile ed ai relativi collaboratori, ricevono una scheda di rilevazione delle competenze da compilare in completa autonomia e da restituire al Servizio del Personale. Le schede si differenziano a seconda del ruolo organizzativo ricoperto in quanto ad ogni ruolo sono richieste capacità e conoscenze differenti.   In caso di collaboratori che abbiano cambiato ruolo nel corso dell'anno viene preso in considerazione l'ultimo ruolo ricoperto dal collaboratore per almeno sei mesi consecutivi.

Per consentire la completa rilevazione delle competenze individuali, è possibile integrare le schede relative a ciascun ruolo mediante la rilevazione di altre capacità particolarmente spiccate o di altre conoscenze possedute in modo significativo dal collaboratore. In questo modo è possibile avere un quadro completo di tutte le capacità e conoscenze possedute dal collaboratore e, inoltre, aggirare le eventuali criticità dovute a collaboratori che ricoprono più di un ruolo oppure il cui profilo non sia codificato tra i "profili misti" oppure a profili non rilevati in precedenza.

La verifica del possesso delle conoscenze. Il possesso delle conoscenze si rileva su 6 livelli in coerenza con la dinamica caratteristica del processo di apprendimento.

Ogni responsabile deve indicare qual' è il grado di conoscenza raggiunto dal proprio collaboratore in relazione ad una determinata conoscenza tracciando una X all'interno delle caselle predisposte.

Allo stesso modo, ogni collaboratore, deve rilevare quale grado di conoscenza ha raggiunto in relazione ad ogni conoscenza proposta tracciando una X all'interno delle caselle predisposte.

A tal fine è necessario tenere presenti i seguenti significati:

Nessun possesso:	conoscenza nulla della materia.
Conoscenza teorica:	conoscenza che permette l'applicabilità solo eccezionalmente.
Conoscenza di base:	padronanza ristretta alle conoscenze di base della materia applicata con eventuale *supervisione/supporto*.
Conoscenza operativa:	padronanza di alcune conoscenze fondamentali della materia applicate con *autonomia*.
Conoscenza piena:	padronanza delle conoscenze fondamentali della materia applicata con *adattamento* ed *interpretazione*.
Conoscenza approfondita:	padronanza estesa su gran parte delle conoscenze della materia, applicata producendo *miglioramento* e *sviluppo*, consente di essere considerati *esperti*;
Conoscenza specialistica:	padronanza completa su tutta la gamma delle conoscenze, sulle quali si produce *innovazione*, costituisce un *punto di riferimento* e consente di essere considerati *specialisti*.

E' noto, comunque, che gli ultimi due livelli, non sono generalmente richiesti per i ruoli di filiale in quanto riferiti a profili estremamente specialistici che si trovano solo in alcuni Uffici Centrali.

ESEMPIO:

Conoscenze	Livelli di conoscenza						
	Nessun possesso	Conoscenza teorica	Conoscenza di base	Conoscenza operativa	Conoscenza piena	Conoscenza approfondita	Conoscenza specialistica
PRODOTTI E SERVIZI PER PRIVATI				**X**			

224

La verifica del possesso delle capacità. Per rilevare le capacità lo strumento che viene proposto è la Check-List. Per ogni capacità è stata predisposta una Check-List che si articola in una serie di quesiti comportamentali, suddivisi sui tre comportamenti tipici che caratterizzano ogni capacità.

Le domande, cinque per ogni comportamento tipico, per un totale di quindici per ogni capacità, richiamano come un vero e proprio promemoria, azioni emblematiche che vengono poste in atto e che denotano una determinata capacità.

Ogni responsabile, per compilare correttamente la scheda, deve riflettere su quante volte ha potuto osservare i propri collaboratori mettere in atto i singoli comportamenti elencati ed esprimere il proprio parere tracciando una X all'interno di una sola delle celle predisposte.

Allo stesso modo ogni collaboratore deve riflettere su quante volte, a suo avviso, riesce a mettere in atto i singoli comportamenti elencati ed esprimere il proprio parere tracciando una X all'interno di una sola delle caselle predisposte.

Entrambi i rilevatori possono graduare il proprio giudizio in riferimento al significato: *Mai, Talvolta, Spesso, Sempre.*

A tal fine è necessario tenere presenti i seguenti significati:

Mai: comportamento *Mai* messo in atto.

Talvolta: comportamento messo in atto solo *alcune volte*.

Spesso: comportamento messo in atto con *frequenza ricorrente*.

Sempre: comportamento tipico della modalità di agire.

In genere è presente anche una casella **Non osservabile** che è da barrare solo nel caso in cui il rilevatore non sia effettivamente in grado, per circostanze oggettive, di osservare un determinato comportamento.

ESEMPIO: la prima domanda relativa alla capacità di "INIZIATIVA" è la seguente:

1. Trova stimolante ricercare forme diverse per svolgere le normali attività di lavoro.				
MAI	TALVOLTA	SPESSO	SEMPRE	NON OSSERVABILE
		X		

E' importante rispondere nel modo più oggettivo possibile tenendo sempre ben presente che l'obiettivo della rilevazione è il miglioramento della persona e che la rilevazione corretta è essenziale per impostare piani di formazione e sviluppo adeguati.

I profili rappresentano delle situazioni ideali e sarà perfettamente naturale rilevare insieme a capacità più "forti", capacità più "deboli" per le quali sarà necessario suggerire azioni di miglioramento.

Nel caso in cui si rilevasse il pieno possesso di tutte le capacità e di tutte le conoscenze proposte ci si troverebbe infatti di fronte o ad un vero e proprio specialista relativamente al ruolo specifico o ad una persona troppo competente per il ruolo che ricopre, quindi soggetta ad essere spostata e a ricoprire ruoli più adatti alle competenze sviluppate nel frattempo.

Si riporta, di seguito, la scheda completa della **capacità di INIZIATIVA** suddivisa in 15 domande: 5 domande per ogni comportamento tipico che caratterizza la capacità di INIZIATIVA.

INIZIATIVA

Capacità di influenzare attivamente gli eventi, piuttosto che attendere che si mettano in moto automaticamente e quindi si sia costretti a seguirli.

✓ Agire anche se non sollecitati.
✓ Esprimere proposte e suggerimenti.
✓ Non lasciarsi frustrare dai tentativi non riusciti.

1. Ricerca strade alternative nel modo di affrontare le situazioni nelle quali è coinvolto.

MAI   TALVOLTA   SPESSO   SEMPRE   NON OSSERVABILE

2. Avanza ipotesi di lavoro o proposte operative anche se non gli vengono richieste.

MAI   TALVOLTA   SPESSO   SEMPRE   NON OSSERVABILE

3. Nel lavoro che gli viene affidato riesce a proporre miglioramenti, semplificazioni ed eliminazioni.

MAI   TALVOLTA   SPESSO   SEMPRE   NON OSSERVABILE

4. Trova stimolante ricercare forme diverse per svolgere le normali attività di lavoro.

MAI   TALVOLTA   SPESSO   SEMPRE   NON OSSERVABILE

5. Davanti ad imprevisti o inconvenienti avverte la spinta ad agire e a non tirarsi indietro.

MAI   TALVOLTA   SPESSO   SEMPRE   NON OSSERVABILE

6. Nei problemi lavorativi che affronta quotidianamente propone interpretazioni alternative o le prende in considerazione se provengono da altri.

MAI   TALVOLTA   SPESSO   SEMPRE   NON OSSERVABILE

7. E' portato ad immaginare più soluzioni o più modo di agire nelle situazioni nelle quali è inserito.

MAI   TALVOLTA   SPESSO   SEMPRE   NON OSSERVABILE

8. Se si presentano occasioni o opportunità con la clientela cerca di coglierle o farle cogliere.

MAI   TALVOLTA   SPESSO   SEMPRE   NON OSSERVABILE

9. Propone suggerimenti anche nei confronti di coloro che non dimostrano interesse.

MAI   TALVOLTA   SPESSO   SEMPRE   NON OSSERVABILE

10. Continua a fare proposte e ad attuare nuovi comportamenti anche se non stimolato ed incentivato.

MAI   TALVOLTA   SPESSO   SEMPRE   NON OSSERVABILE

11. Per trovare la soluzione di un problema non si stanca di provare più volte.

MAI   TALVOLTA   SPESSO   SEMPRE   NON OSSERVABILE

12. Non si scoraggia di perseguire un risultato tentando strade diverse.

MAI   TALVOLTA   SPESSO   SEMPRE   NON OSSERVABILE

13. Riesce a raccogliere le informazioni necessarie anche in situazioni di resistenza e di non condivisione.

MAI   TALVOLTA   SPESSO   SEMPRE   NON OSSERVABILE

14. Pur di ottenere il risultato voluto accetta anche di scendere a compromessi.

MAI   TALVOLTA   SPESSO   SEMPRE   NON OSSERVABILE

15. Tende a sollecitare i colleghi che dovrebbero agire o, comunque, fornire un contributo.

MAI   TALVOLTA   SPESSO   SEMPRE   NON OSSERVABILE

6.1.2.4 La scheda di restituzione.

I risultati delle singole schede vengono rielaborati dal Servizio del Personale o comunque da personale qualificato, che provvede a restituirli individualmente tramite una SCHEDA DI RESTITUZIONE. Questa è il documento fondamentale sul quale il responsabile ed il collaboratore dovranno confrontarsi in occasione del colloquio.

La scheda è distinta in due sezioni :

1. i risultati;

2. il piano di miglioramento individuale.

Relativamente ai risultati, la rilevazione del responsabile viene confrontata con quella del collaboratore generando tre grafici che sintetizzano i dati e che ne permettono una lettura semplice e immediata.

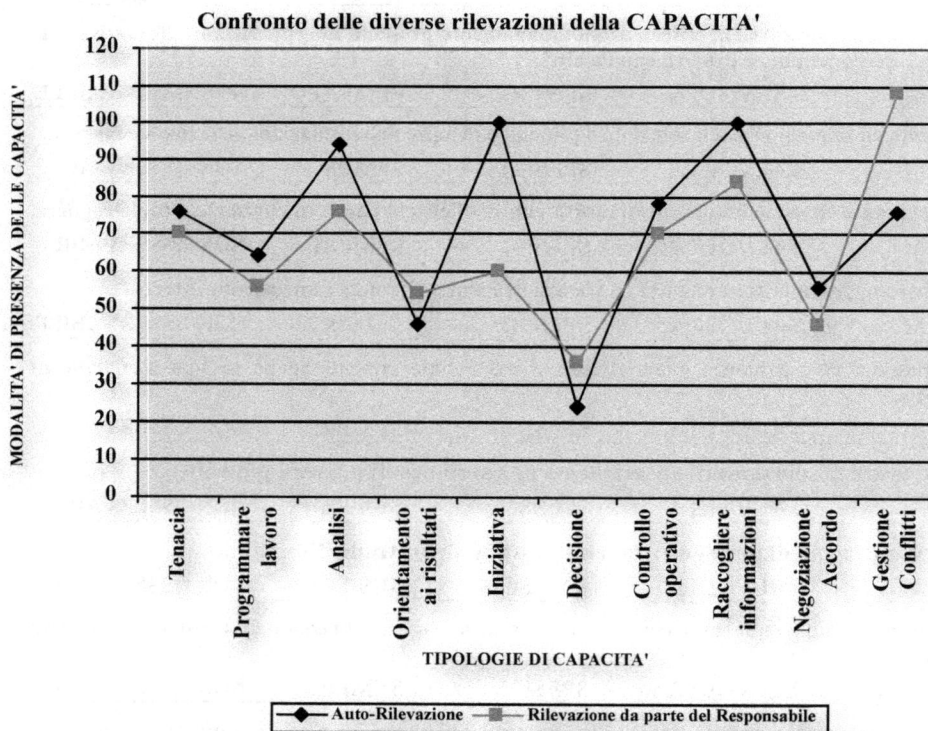

Figura 25 - Rilevazione ed auto-rilevazione delle capacità messe a confronto. Andamento generale.[104]

I primi due grafici riguardano le capacità e mettono a confronto la rilevazione del responsabile con l'auto-rilevazione. Il primo grafico rappresenta l'andamento generale delle due rilevazioni.

Il secondo mette a confronto le singole voci evidenziando le eventuali differenze per ogni capacità.

Confronto della rilevazione per ogni singola CAPACITA'

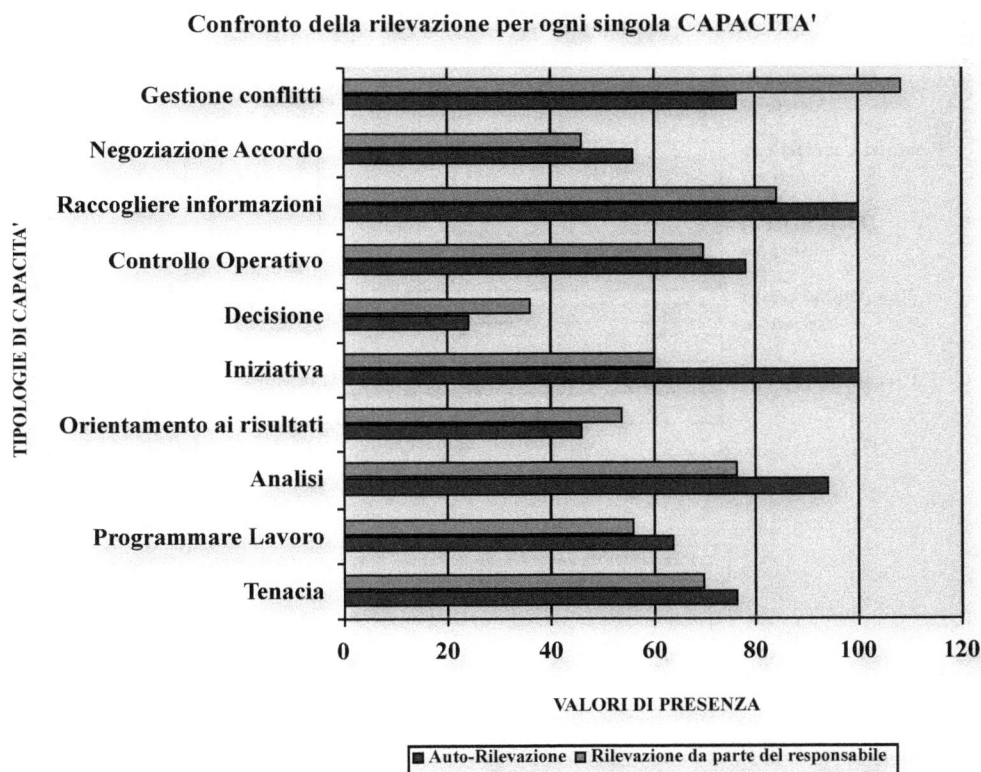

Figura 26 – Rilevazione ed auto-rilevazione messe a confronto capacità per capacità.
105

Il terzo grafico rappresenta invece i risultati relativi alle conoscenze e mette a confronto rilevazione, autorilevazione e valore atteso dal profilo per quanto riguarda i diversi livelli di conoscenza per ogni nozione.

Confronto tra rilevazione e valore atteso per ogni singola CONOSCENZA

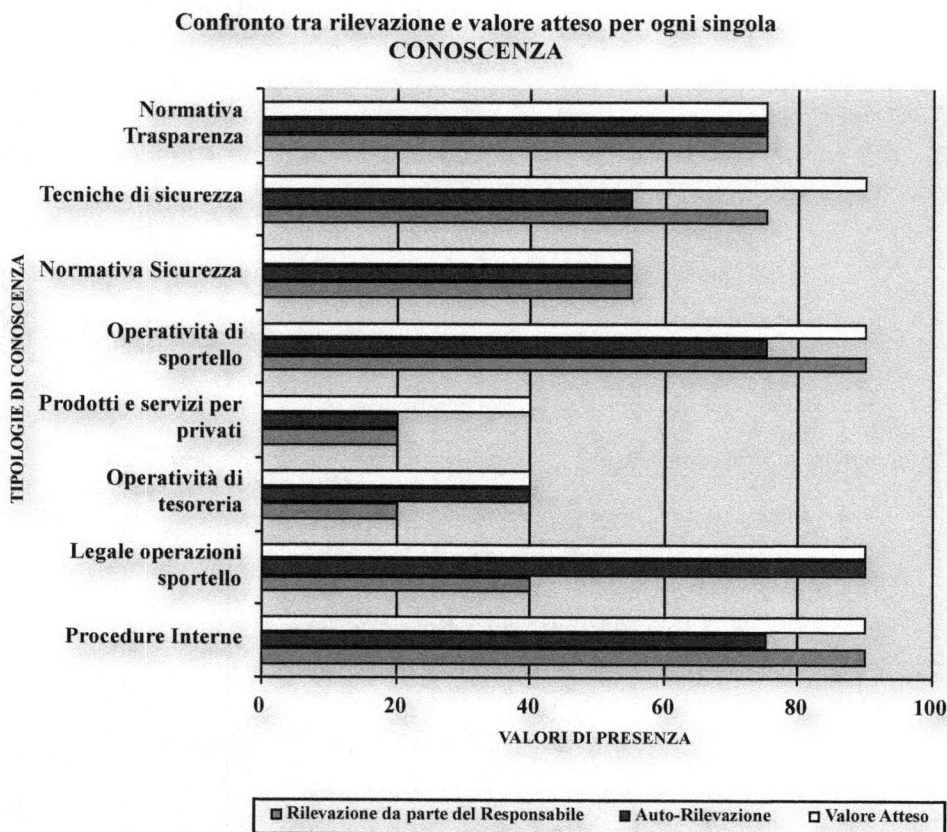

Figura 27 – Rilevazione, auto-rilevazione e valore atteso messe a confronto conoscenza per conoscenza.[106]

Nella parte relativa ai risultati è presente anche l'interpretazione dei risultati sia per il fattore capacità, sia per il fattore conoscenze.

Per il fattore **Capacità**, vengono evidenziate:

- **le capacità forti**, rilevate in modo particolarmente intenso. Si tratta di capacità rilevate dal responsabile con frequenza continua dei comportamenti che ne denotano il possesso. Una profonda rielaborazione dei dati consente di fornire quale aspetto della capacità è stato rilevato come particolarmente forte. Le capacità forti non hanno bisogno di particolari azioni di miglioramento né di

particolari interventi formativi salvo la normale attività di aggiornamento comunque sempre richiesta. La conoscenza appropriata dei punti forti di ogni collaboratore, permette ad ogni responsabile di impostare all'interno del proprio ambito di competenza attività di coaching adeguate utilizzando le conoscenze e le capacità già presenti.
ESEMPIO: capacità di INIZIATIVA, forte soprattutto nell'esprimere proposte e suggerimenti.

- **le capacità adeguate**, sono rilevate in modo frequente. Si tratta di capacità rilevate dal responsabile con frequenza abbastanza continua dei comportamenti che ne denotano il possesso, anche se vi è comunque spazio per intensificarne la frequenza. Anche in questo caso viene fornita l'indicazione più specifica di quale aspetto della capacità presa in considerazione è stata rilevata in modo più intenso e non c'è bisogno di particolari azioni di miglioramento. In questi casi, il responsabile è consapevole che, relativamente alle capacità adeguate rilevate, vi è spazio di miglioramento.
ESEMPIO: capacità di TENACIA E REALIZZAZIONE, adeguata soprattutto nel saper ripartire le risorse in relazione alle priorità definite.

- **le capacità da rafforzare** presentano alcuni aspetti migliorabili. Si tratta di capacità rilevate dal responsabile con frequenza discontinua dei comportamenti che ne denotano il possesso. In questo caso, viene specificato quale aspetto della capacità necessita in particolare di rafforzamento in modo che il responsabile sappia in quale direzione "guidare" il proprio collaboratore verso il miglioramento.
ESEMPIO: capacità di PROGRAMMAZIONE, da rafforzare soprattutto nella capacità di definire i piani di azione in termini di risorse, impegni e tempificazioni.

- **le capacità deboli** sono quelle che devono essere migliorate. Si tratta di capacità rilevate dal responsabile con scarsa frequenza dei comportamenti che ne denotano il possesso. In questo caso, viene specificato, oltre a quale aspetto della capacità necessita di particolare di rafforzamento, anche le possibili azioni di miglioramento da intraprendere personalmente, con l'aiuto del responsabile e con il supporto della struttura.

Le **azioni di miglioramento personale**, sono costituite da suggerimenti rispetto alle attività che possono essere intraprese personalmente per cercare di migliorare quell'aspetto della capacità risultato particolarmente debole. Si tratta chiaramente di suggerimenti piuttosto generici, rispetto ai quali, la personalizzazione e l'adattamento al caso e ruolo specifici sono compito del responsabile e del collaboratore durante il colloquio di restituzione.

Le **azioni di miglioramento con l'aiuto del responsabile**, sono costituite da suggerimenti ad ogni responsabile di azioni da mettere in atto per favorire il miglioramento di alcuni aspetti delle capacità del proprio collaboratore emerse come particolarmente deboli. Anche in questo caso i suggerimenti sono generici e servono come spunto per ogni responsabile che, nel corso del colloquio, può in tal modo, fornire al proprio collaboratore un aiuto concreto ed individualizzato.

Le **azioni di miglioramento con l'aiuto della struttura**, sono costituite da suggerimenti di azioni che possono portare all'accrescimento della persona attraverso la proposta sia di specifici corsi di formazione sia di letture di dispense o libri di testo specifici e finalizzati.

ESEMPIO: capacità di DECISIONE, debole soprattutto nella capacità di stabilire le alternative che si hanno a disposizione e, ove possibile, nell'ampliare le opzioni.

Azioni di miglioramento personale: nel momento in cui si prende una decisione sforzarsi di riflettere sistematicamente sui PRO ed i CONTRO di

ogni alternativa; cercare di prendere in considerazione tutte le alternative che, di volta in volta, si hanno a disposizione.

Azioni di miglioramento con l'aiuto del responsabile: sollecitare il collaboratore a raccogliere un buon numero di informazioni prima di prendere decisioni importanti; far partecipare il soggetto a qualche processo di "presa di decisione" affrontato direttamente dal responsabile; controllare direttamente le decisioni lavorative più importanti prese dal proprio collaboratore.

Azioni di miglioramento con l'aiuto della struttura: si consiglia di frequentare il corso .... si consiglia di leggere i seguenti testi ....

Per il fattore **Conoscenze**, vengono evidenziate:

- quelle di livello **superiore al valore atteso**, ossia rilevate dal valutatore in misura addirittura superiore al livello richiesto teoricamente dal ruolo; questo significa che il collaboratore conosce una determinata materia in modo superiore a quanto teoricamente richiesto;

- quelle di **livello adeguato**, ossia rilevate dal valutatore in misura corrispondente al valore teoricamente previsto dal ruolo; questo significa che il collaboratore possiede conoscenze adeguate rispetto al ruolo che ricopre.

- quelle **da rafforzare**, ossia rilevate in misura inferiore al valore teoricamente previsto dal ruolo; questo significa che il collaboratore non conosce sufficientemente alcune delle materie teoricamente richieste per ricoprire il ruolo. In questo caso vengono suggerite particolarmente azioni di miglioramento con l'aiuto della struttura, come l'accrescimento delle conoscenze con corsi di formazione specifici, letture ragionate e finalizzate di dispense o libri di testo.

ESEMPIO:
CONOSCENZE DA RAFFORZARE: operazioni di sportello, operatività di tesoreria, tecniche di sicurezza, prodotti e servizi per privati.
Azioni di miglioramento con l'aiuto della struttura: si consiglia di frequentare il corso ....…......... si consiglia di leggere i seguenti testi ....….........

6.1.2.5 Il piano di miglioramento individuale.

Ogni responsabile, dopo aver ricevuto le schede di restituzione, programma con i propri collaboratori il colloquio di restituzione. Il colloquio verte principalmente sul confronto dei risultati elaborati e quindi sulla discussione delle competenze forti e quelle deboli. Il confronto tra responsabile e collaboratore determina la compilazione da parte del responsabile del **piano di miglioramento individuale**, fine ultimo della rilevazione delle competenze.

Nel piano di miglioramento sono indicati:

- gli obiettivi di miglioramento, che possono coincidere con uno degli aspetti da rafforzare già suggeriti dal Servizio del Personale o con altri concordati nel corso del colloquio e considerati di primaria importanza. Nel corso del colloquio, è importante, dare enfasi agli aspetti da rafforzare, così come ai punti forti, cioè agli aspetti che piacciono ad ogni persona e che, di conseguenza, è utile conservare al fine di costruirvi qualcosa di solido;

- le azioni di miglioramento, che rappresentano i mezzi e gli strumenti per il raggiungimento degli obiettivi. Anche in questo caso il responsabile può prendere spunto dalle possibili azioni di miglioramento già suggerite, ma risulterebbe particolarmente utile lo studio di piani di sviluppo specifici a seconda della realtà che ogni collaboratore vive e che solo il responsabile può conoscere a fondo. E' veramente importante che il collaboratore possa, in condizioni di tranquillità "psicologica", sperimentarsi in nuove attività o in nuovi comportamenti. Oltre a suggerire le possibili azioni di miglioramento ed i mezzi per poter migliorare è necessario che ogni responsabile verifichi periodicamente i progressi raggiunti, in modo da rappresentare un aiuto concreto nel processo di apprendimento;

- gli obiettivi dell'anno precedente raggiunti e non, che si esplicita nell'indicazione degli obiettivi e del grado di conseguimento degli stessi. Gli obiettivi sono sia di tipo comportamentale sia legati al raggiungimento di maggiori conoscenze e, nel caso di mancato raggiungimento degli obiettivi, è richiesto di specificarne le motivazioni;

- le aspirazioni professionali del collaboratore, che possono emergere nel corso del colloquio;

- le altre informazioni utili emerse nel corso del colloquio, in particolare la disponibilità alla mobilità, nonché le informazioni che il collaboratore ritiene utili far notare come il conseguimento di una laurea o il disaccordo nei confronti di qualche rilevazione, ecc.

Il piano di miglioramento individuale, firmato sia dal responsabile che dal collaboratore, viene infine rispedito al Servizio del Personale.

6.1.2.6 Lista delle capacità e delle conoscenze e conseguenti profili organizzativi.

Ogni profilo organizzativo si basa sulla diversa combinazione di capacità e conoscenze. Si riporta, di seguito, l'elenco di profili organizzativi presi in considerazione nell'attività di mappatura e le capacità e conoscenze che determinano il profilo stesso.

Per completezza di informazione si precisa che, le capacità sono classificabili in capacità base, capacità complesse e capacità direzionali a seconda che siano richieste a tutti (c.d. capacità di "soglia"); richieste solo a coloro che ricoprono ruoli di una certa responsabilità con persone che riportano direttamente; richieste solo a chi ricopre ruoli al vertice.

LE CAPACITA'

Capacità	Tipo
Adattabilità e flessibilità:	(base)
Analisi	(complesso)
Assunzione dei rischi	(direzionale)
Autocontrollo e gestione stress	(complesso)
Capacità di collaborare	(base)
Capacità di formulare piani e strategie	(direzionale)
Comunicazione scritta	(base)
Comunicazione verbale	(base)
Controllo	(complesso)
Controllo operativo	(base)
Convincimento e persuasione	(complesso)
Creatività	(complesso)
Decisione	(complesso)
Disponibilità ai rapporti interpersonali	(base)

Fiducia in se stessi	(base)	
Gestione dei conflitti		(complesso)
Gestione dei gruppi e delle riunioni		(complesso)
Gestione dell'incertezza e delle difficoltà		(direzionale)
Gestione delle risorse umane		(complesso)
Impostare e condurre il gioco di squadra		(direzionale)
Iniziativa	(base)	
Leadership		(complesso)
Negoziazione/accordo		(complesso)
Organizzare il proprio lavoro	(base)	
Organizzazione		(complesso)
Orientamento ai risultati		(complesso)
Parlare in pubblico		(complesso)
Pensiero prospettico		(complesso)
Presentare iniziative ed opportunità		(direzionale)
Programmare il proprio lavoro	(base)	
Programmazione		(complesso)
Propensione al cambiamento	(base)	
Raccogliere ed elaborare le informazioni		(complesso)
Risoluzione dei problemi operativi	(base)	
Sintesi		(complesso)
Soluzione dei problemi		(complesso)
Stesura di rapporti e di relazioni		(complesso)
Tenacia e realizzazione	(base)	

LE CONOSCENZE

Addestramento del personale

Analisi di bilancio

Budget

Contabilità generale

Fidi e garanzie

Leasing

Legale operazioni di sportello

Mercato azionario

Mercato e fattori critici di successo

Mercato monetario

Mercato obbligazionario

Mercato valutario

Normativa antiriciclaggio

Normativa finanziaria

Normativa privacy

Normativa sicurezza

Normativa SIM

Normativa trasparenza

Norme legali del credito

Operatività di sportello

Operatività borsa titoli

Operatività di tesoreria

Operazioni a medio termine

Operazioni con l'estero

Procedure e normative interne

Prodotti assicurativi

Prodotti e servizi per imprese

Prodotti e servizi per privati

Prodotti finanziari

Strumenti finanziari

Tecniche di comunicazione interfunzionale

Tecniche di sicurezza

Tecniche di vendita

Valutazione costi/benefici

Valutazione d'azienda

Valutazione rischio bancario

I PROFILI ORGANIZZATIVI determinati dalla diversa combinazione di capacità e conoscenze.

- RESPONSABILE AREA COMMERCIALE
- VENDITORE IMPRESE
- VENDITORE INTERMEDI
- VENDITORE PRIVATI
- OPERATORE ESTERO
- OPERATORE BORSA
- RESPONSABILE AREA OPERATIVA
- ADDETTO AREA OPERATIVA

- SPORTELLISTA CASSIERE

- ADDETTO TESORERIE ENTI PUBBLICI

- COORDINATORE BORSA

- COORDINATORE ESTERO

- COORDINATORE PRIVATI

Inoltre, la Banca ha previsto dei "profili misti":

- RESPONSABILE AREA COMMERCIALE / VENDITORE IMPRESE

- VENDITORE PRIVATI / SPORTELLISTA CASSIERE

- VENDITORE PRIVATI / ADDETTO AREA OPERATIVA

RESPONSABILE AREA COMMERCIALE	
CAPACITA'	**CONOSCENZE**
Programmazione	Prodotti e servizi per imprese
Controllo	Prodotti e servizi per privati
Orientamento ai risultati	Operazioni a mediotermine
Pensiero prospettico	Prodotti finanziari
Raccogliere ed elaborare informazioni	Prodotti assicurativi
Analisi	Leasing
Organizzazione	Budget
Gestione Risorse Umane	Valutazione costi/benefici
Leadership	Mercato e fattori critici di successo
	Valutazione rischio bancario
	Analisi di bilancio
	Fidi e garanzie
	Norme legali del credito

VENDITORE IMPRESE	
CAPACITA'	**CONOSCENZE**
Controllo	Prodotti e servizi per imprese
Orientamento ai risultati	Prodotti e servizi per privati
Raccogliere ed elaborare informazioni	Operazioni a mediotermine
Analisi	Operazioni con l'estero
Programmare il proprio lavoro	Prodotti finanziari
Iniziativa	Prodotti assicurativi
Convincimento / Persuasione	Leasing
Disponibilità ai rapporti interpersonali	Valutazione costi/benefici
Soluzione dei problemi	Mercato e fattori critici di successo
Autocontrollo e gestione stress	Valutazione rischio bancario
Negoziazione / Accordo	Analisi di bilancio
Decisione	Fidi e garanzie
	Norme legali del credito
	Tecniche di vendita
	Valutazione d'azienda
	Procedure e Normative interne

VENDITORE INTERMEDI	
CAPACITA'	**CONOSCENZE**
Controllo	Prodotti e servizi per imprese
Orientamento ai risultati	Prodotti e servizi per privati
Raccogliere ed elaborare informazioni	Operazioni a mediotermine
Analisi	Prodotti finanziari
Iniziativa	Prodotti assicurativi
Convincimento / Persuasione	Leasing
Disponibilità ai rapporti interpersonali	Valutazione costi/benefici
Soluzione dei problemi operativi	Mercato e fattori critici di successo
Negoziazione / Accordo	Valutazione rischio bancario
Decisione	Analisi di bilancio
	Fidi e garanzie
	Tecniche di vendita
	Procedure e normative interne
	Operazioni con l'estero

VENDITORE PRIVATI	
CAPACITA'	**CONOSCENZE**
Controllo	Prodotti e servizi per privati
Orientamento ai risultati	Operazioni a mediotermine
Raccogliere ed elaborare informazioni	Prodotti finanziari
Iniziativa	Prodotti assicurativi
Convincimento / Persuasione	Valutazione costi/benefici
Disponibilità ai rapporti interpersonali	Mercato e fattori critici di successo
Soluzione dei problemi operativi	Valutazione rischio bancario
Negoziazione / Accordo	Analisi di bilancio
Decisione	Fidi e garanzie
	Tecniche di vendita
	Procedure e normative interne

OPERATORE ESTERO	
CAPACITA'	**CONOSCENZE**
Controllo operativo	Prodotti e servizi per privati
Raccogliere ed elaborare informazioni	Analisi di bilancio
Iniziativa	Valutazione costi/benefici
Disponibilità ai rapporti interpersonali	Valutazione rischio bancario
Soluzione dei problemi operativi	Procedure e normative interne
Organizzare il proprio lavoro	Mercato valutario
Fiducia in se stessi	Operazioni con l'estero
	Normativa finanziaria

OPERATORE BORSA	
CAPACITA'	**CONOSCENZE**
Controllo operativo	Prodotti e servizi per privati
Raccogliere ed elaborare informazioni	Prodotti finanziari
Iniziativa	Valutazione costi/benefici
Disponibilità ai rapporti interpersonali	Valutazione rischio bancario
Autocontrollo e gestione stress	Procedure e normative interne
Soluzione dei problemi operativi	Mercato monetario
Negoziazione / Accordo	Mercato obbligazionario
	Mercato azionario
	Operatività borsa titoli
	Strumenti finanziari
	Normativa finanziaria
	Normativa SIM

RESPONSABILE AREA OPERATIVA	
CAPACITA'	**CONOSCENZE**
Controllo	Procedure e normative interne
Raccogliere ed elaborare informazioni	Tecniche di comunicazione interfunzionale
Analisi	Legale operazioni di sportello
Organizzazione	Operatività di tesoreria
Disponibilità ai rapporti interpersonali	Prodotti e servizi per privati
Risoluzione problemi operativi	Operatività di sportello
Autocontrollo e gestione stress	Normativa sicurezza (safety)
Gestione Risorse Umane	Tecniche di sicurezza (security)
Capacità di collaborare	Normativa di trasparenza
	Normativa antiriciclaggio
	Normativa privacy
	Addestramento del personale

ADDETTO AREA OPERATIVA	
CAPACITA'	**CONOSCENZE**
Controllo operativo	Procedure e normative interne
Organizzare il proprio lavoro	Contabilità generale
Disponibilità ai rapporti interpersonali	Operatività di sportello
Fiducia in se stessi	Normativa antiriciclaggio
Iniziativa	Normativa privacy
	Tecniche di sicurezza (security)

SPORTELLISTA CASSIERE	
CAPACITA'	**CONOSCENZE**
Disponibilità ai rapporti interpersonali	Prodotti e servizi per privati
Fiducia in se stessi	Operatività di sportello
Controllo operativo	Normativa antiriciclaggio
Organizzare il proprio lavoro	Normativa privacy
Iniziativa	Tecniche di sicurezza
	Procedure e normative interne

ADDETTO TESORERIE ENTI PUBBLICI	
CAPACITA'	**CONOSCENZE**
Controllo operativo	Contabilità generale
Fiducia in se stessi	Operatività di tesoreria
Disponibilità ai rapporti interpersonali	Procedure e normative interne
	Normativa privacy
	Tecniche di sicurezza (security)
	Normativa antiriciclaggio

COORDINATORE BORSA	
CAPACITA'	**CONOSCENZE**
Controllo	Prodotti e servizi per privati
Raccogliere ed elaborare informazioni	Prodotti finanziari
Iniziativa	Valutazione costi/benefici
Disponibilità ai rapporti interpersonali	Valutazione rischio bancario
Autocontrollo e gestione stress	Procedure e normative interne
Soluzione dei problemi operativi	Mercato monetario
Negoziazione / Accordo	Mercato obbligazionario
Organizzazione	Mercato azionario
	Operatività borsa titoli
	Strumenti finanziari
	Normativa finanziaria
	Normativa SIM

COORDINATORE ESTERO	
CAPACITA'	**CONOSCENZE**
Controllo	Prodotti e servizi per privati
Raccogliere ed elaborare informazioni	Analisi di bilancio
Iniziativa	Valutazione costi/benefici
Disponibilità ai rapporti interpersonali	Valutazione rischio bancario
Soluzione dei problemi operativi	Procedure e normative interne
Organizzazione	Mercato valutario
Fiducia in se stessi	Operazioni con l'estero
	Normativa finanziaria

COORDINATORE PRIVATI	
CAPACITA'	**CONOSCENZE**
Controllo	Prodotti e servizi per privati
Orientamento ai risultati	Operazioni a mediotermine
Raccogliere ed elaborare informazioni	Prodotti finanziari
Iniziativa	Prodotti assicurativi
Convincimento / Persuasione	Valutazione costi/benefici
Disponibilità ai rapporti interpersonali	Mercato e fattori critici di successo
Soluzione dei problemi operativi	Valutazione rischio bancario
Negoziazione / Accordo	Analisi di bilancio
Decisione	Fidi e garanzie
Organizzazione	Tecniche di vendita
	Procedure e normative interne

Profili misti:

RESPONSABILE AREA COMMERCIALE / VENDITORE IMPRESE	
CAPACITA'	**CONOSCENZE**
Programmazione	Prodotti e servizi per imprese
Controllo	Operazioni a mediotermine
Orientamento ai risultati	Prodotti e servizi per privati
Pensiero prospettivo	Prodotti finanziari
Raccogliere ed elaborare informazioni	Prodotti assicurativi
Analisi	Leasing
Organizzazione	Budget
Gestione Risorse Umane	Valutazione costi / benefici
Leadership	Mercato e fattori critici di successo
Iniziativa	Valutazione rischio bancario
Convincimento / Persuasione	Analisi di bilancio
Disponibilità ai rapporti interpersonali	Fidi e garanzie
Soluzione dei problemi	Norme legali del credito
Autocontrollo e gestione stress	Tecniche di vendita
Negoziazione / Accordo	Operazioni con l'estero
Decisione	Valutazione d'azienda

VENDITORE PRIVATI / SPORTELLISTA CASSIERE	
CAPACITA'	**CONOSCENZE**
Iniziativa	Prodotti e servizi per privati
Convincimento / Persuasione	Prodotti assicurativi
Raccogliere ed elaborare informazioni	Operazioni a mediotermine
Disponibilità ai rapporti interpersonali	Prodotti finanziari
Soluzione dei problemi operativi	Tecniche di vendita
Negoziazione / Accordo	Mercato e fattori critici di successo
Controllo	Valutazione costi / benefici
Orientamento ai risultati	Valutazione rischio bancario
Decisione	Analisi di bilancio
Organizzare il proprio lavoro	Fidi e garanzie
	Procedure e normative interne
	Operatività di sportello
	Normativa antiriciclaggio
	Normativa privacy
	Normativa di sicurezza (safety)

VENDITORE PRIVATI / ADDETTO AREA OPERATIVA	
CAPACITA'	**CONOSCENZE**
Iniziativa	Prodotti e servizi per privati
Convincimento / Persuasione	Prodotti assicurativi
Raccogliere ed elaborare informazioni	Operazioni a mediotermine
Disponibilità ai rapporti interpersonali	Prodotti finanziari
Soluzione dei problemi operativi	Tecniche di vendita
Negoziazione / Accordo	Mercato e fattori critici di successo
Controllo	Valutazione costi / benefici
Orientamento ai risultati	Valutazione rischio bancario
Decisione	Analisi di bilancio
Organizzare il proprio lavoro	Fidi e garanzie
	Procedure e normative interne
	Normativa antiriciclaggio
	Normativa privacy
	Normativa di sicurezza (safety)
	Contabilità generale
	Operatività di sportello

Una banca olandese: Mees Pierson (Gruppo Fortis)

La banca Mees Pierson è una grossa Investment Bank che fa parte del conglomerato belga-olandese Fortis, acquisito pochi mesi fa dalla Deusche Bank. Come si evince dalla tabella riportata nel par. 3.4.2 relativa alla nascita dei conglomerati finanziari, il gruppo Fortis con circa 34.000 dipendenti e un bilancio annuo di circa 160.000 milioni di euro era al quarto posto - fino a pochi mesi fa – dei gruppi finanziari più grossi d'Olanda. Il conglomerato finanziario Fortis è un'azienda con una pari presenza di attività bancarie e assicurative e, oltre a Mees Pierson, fanno parte di questo conglomerato VSB Bank, AG1824, ASLK Insurance, AMEV, Belgium Generale Bank.

La banca Mees Pierson opera prevalentemente nel settore dell'*Investment Banking* intendendo con questo termine le attività di investimento, di finanziamento nonché quelle che rientrano nell'area della finanza strutturata (operazioni speculative a copertura di grosse operazioni di investimento o finanziamento) relativa a clienti con patrimoni di entità elevata ma non si ferma alla sola amministrazione di ingenti patrimoni poiché distribuisce i propri fondi alle banche *retail* del gruppo Fortis entrando così in contatto con i "risparmiatori tipo".

Le strategie di investimento e finanziamento sono prese a livello centrale dai top manager delle tre sedi principali di Amsterdam, L'Aia e Rotterdam. In particolare nella sede di Rotterdam avviene la gestione e l'amministrazione dei clienti top, quelli con patrimonio di oltre 15 milioni di fiorini (circa 15 miliardi di lire).

La Banca si trova così ad investire grossi flussi di denaro che spesso vengono convogliati nella creazione di appositi fondi di investimento o nel miglioramento dei fondi esistenti. I fondi di investimento sono i prodotti che la banca Mees Pierson mette a disposizione di tutta la clientela delle filiali di zona delle banche *retail* del gruppo Fortis. Le filiali non sono distribuite capillarmente sul territorio in quanto le operazioni di cassa, in Olanda, sono ridotte visto il grande sviluppo della "banca virtuale" e spesso si sono diffusi gli "sportelli leggeri" costituiti da pochi consulenti in genere cinque e solo un operatore di *back-office*. I consulenti offrono un ampio range di fondi studiati e creati appositamente dalla Banca in relazione alla propria tipologia di clientela.

Per acquistare le quote dei fondi non importa avere ingenti patrimoni. Il cliente con un patrimonio di 30, 50 o 100 milioni di lire può entrare in un fondo e beneficiare dei vantaggi dovuti a investimenti di grossi patrimoni, alla specificità di quei determinati fondi, alla competenza e preparazione tecnica del personale che opera per effettuare i grossi investimenti.

La documentazione della Mees Pierson, alla base di questa ricerca, evidenzia le competenze del personale che opera nell'ambito del Private Banking distinguendo il settore di attività ossia le aree di investimenti, finanza strutturata e finanziamenti, nonché il livello del personale e quindi lo sviluppo di carriera; inoltre due schede sono relative ai profili di sviluppo degli addetti commerciali e degli addetti ai finanziamenti che, nelle filiali Mees Pierson, si occupano di consulenza.

Alla Mees Pierson il management delle competenze è sicuramente molto strutturato ed è parimenti molto avanzato. In base ai documenti visionati si può senz'altro affermare che, la fase di definizione delle competenze aziendali (fondamentale per ogni processo di management delle competenze) è da considerarsi ormai consolidata e che la Mees Pierson gestisce con successo la fase di rilevazione e sviluppo dei talenti del personale per migliorare le prestazioni e realizzare gli obiettivi di *business*. Tutta la documentazione per lo sviluppo dei talenti è riportata dettagliatamente in un unico documento interno aziendale; questo significa che, relativamente ai requisiti di accesso, alle modalità di sviluppo, ecc. la procedura è definita in dettaglio, ben delimitata e trasparente.

6.2.1 Quali talenti sviluppare ulteriormente per migliorare le prestazioni.

Con il termine competenze si intende la combinazione di abilità, conoscenza e comportamento da cui si può comprendere se una persona è "competente" per il suo lavoro. Siamo nell'ambito delle qualità delle persone. Se i collaboratori possiedono abbastanza qualità non si vede solo dai risultati ma anche dal modo in cui raggiungono i risultati e dal loro comportamento.

La gestione delle competenze è in fondo l'attività di dirigere verso il risultato il comportamento dei collaboratori. I dirigenti possono in questo modo collegare i risultati e le prestazioni con le modalità di produzione del lavoro da parte dei collaboratori; ossia con il comportamento dei collaboratori.

La gestione delle competenze chiarisce quali comportamenti e quali prestazioni sono richieste ed è, chiaramente, uno strumento aggiuntivo nelle mani del management. Anche i collaboratori hanno dei vantaggi: la persona conosce fin dall'inizio quali comportamenti ci si attende in futuro da lui/lei e a fronte di quali risultati nonché come la persona può svilupparsi.

La gestione delle competenze si è sviluppata in anni recenti nell'ambito *Human Resource Management* (HRM) e, dipende, contemporaneamente, sia dalla crescente flessibilità delle organizzazioni del lavoro, sia dalla crescente responsabilità dell'individuo per il proprio risultato. I talenti dei collaboratori sono la base per il risultato del *business*. La gestione delle persone è la gestione dei talenti e dei risultati. Per HRM questa tendenza significa che si deve fare attenzione a stabilire i talenti necessari per il raggiungimento delle ambizioni strategiche aziendali e, a gestire i talenti.

L'identificazione, la costruzione e lo sviluppo dei talenti è un impegno importante per Mees Pierson che può realizzarlo con l'aiuto della gestione delle competenze e, con il ruolo di parte attiva riconosciuto potenzialmente a tutti i collaboratori.

Infatti, i collaboratori che intendono migliorare la propria posizione all'interno dell'azienda possono sostenere un colloquio con il proprio Responsabile alla fine del quale viene elaborato un Piano di Sviluppo Personalizzato (POP, ossia *Persoonlijk Ontwikkelings Plan*).

Gli obiettivi del colloquio sono:

- evidenziare i talenti e le ambizioni personali rispetto alle competenze legate al ruolo attualmente ricoperto o al ruolo che si aspira a ricoprire;
- stabilire obiettivi e attività di sviluppo per i talenti definiti come "deboli".

E' chiaro quindi, che l'inventario dei talenti aziendali è alla base del colloquio ed è parimenti necessario per la successiva elaborazione del Piano di Sviluppo Personalizzato – POP.

Il colloquio è uno strumento condiviso dal Responsabile e dai suoi collaboratori, gli interessi sono comuni: il collaboratore ha interesse a crescere professionalmente e l'azienda (e con essa il management) è consapevole che personale più qualificato è una ricchezza per il mantenimento e lo sviluppo del vantaggio competitivo. Per questo motivo la banca Mees Pierson stimola i collaboratori a prepararsi accuratamente al colloquio; in particolare Mees Pierson nella documentazione a disposizione dei collaboratori ribadisce la valenza del colloquio quale strumento per indirizzare lo sviluppo futuro del collaboratore e quale opportunità per scambiare opinioni personali con il proprio Responsabile in un clima di assoluta tranquillità e serenità.

Preparazione al colloquio.   Il collaboratore, per prepararsi al colloquio, deve:

- esaminare le valutazioni e i giudizi espressi nel tempo,

- esaminare la matrice di sviluppo,

- valutare la situazione attuale dei propri talenti,

- cercare di confrontare i propri talenti attuali con quelli "desiderati" espressi nella matrice di sviluppo evidenziando congruità e differenze,

- ipotizzare un percorso di sviluppo per colmare i gap tra i livelli di talenti desiderati e quelli posseduti.

Essenziale ai fini della preparazione è che il collaboratore effettui una specie di auto-valutazione ponendosi delle domande, come ad esempio: quali aspetti del ruolo funzionano correttamente e quali possono essere migliorati, cosa vorrebbe imparare e quali obiettivi si pone nella attuale funzione, se vuole davvero investire tempo e denaro nel nuovo obiettivo di sviluppo personale, ecc. Un collaboratore preparato è in grado di prendere iniziative proprie e proporre punti di discussione in modo da poter dialogare con il responsabile.

Il Colloquio. Durante il colloquio fissato, relativamente a data e contenuto, di comune accordo si discute del profilo dei talenti del collaboratore evidenziando concordanze e differenze rispetto alla matrice di sviluppo; inoltre, è in fase di colloquio che vengono esplicitate le ambizioni del collaboratore e stabilite le eventuali deficienze di conoscenze nonché fissati gli obiettivi di sviluppo e le conseguenti attività. Il colloquio termina con il completamento e la sottoscrizione del POP (Piano di Sviluppo Personalizzato).

Il modulo POP è lo strumento che rende il collaboratore consapevole e responsabile del proprio sviluppo dei talenti; il responsabile diventa, invece, il sostegno per le necessità ed esigenze del collaboratore nel corso del suo percorso di sviluppo.

Al colloquio può assistere un Consulente del Personale che ha il compito di ascoltare e fornire indicazioni per i successivi colloqui.

Il modulo POP conservato sia dal manager sia dal collaboratore viene inviato in copia al Consulente del Personale e servirà per redigere un inventario collettivo dei talenti e gli obiettivi di sviluppo dei diversi reparti.

Le attività di sviluppo. Il raffronto fra l'inventario dei talenti individuale e l'obiettivo di sviluppo fa emergere la necessità di sviluppare le conoscenze, le abilità e/o i comportamenti e, la diversa tipologia di bisogno richiede un diverso tipo di intervento, così ad esempio per sviluppare comportamenti e abilità in genere si effettuano dei corsi ma in altri casi si può ritenere importante ottenere un feedback *"on the job"* oppure imparare a riflettere sul proprio operato con il supporto del coach.

Per ogni tipo di talento esiste una o più modalità di sviluppo che gli si addicono - il dettaglio viene illustrato nei paragrafi successivi –; di seguito si riportano le diverse tipologie di attività per lo sviluppo dei talenti:

1. **Coaching.** Questa attività consiste in una serie di colloqui con un coach (che può essere il proprio responsabile, un collega oppure un coach esterno) per il miglioramento delle proprie attività (oggettive) e per riflettere sul proprio comportamento. Il *coaching* è orientato ad un obiettivo; il coach fa domande e dà consigli ma mantiene sempre le distanze e la neutralità.

2. **Insegnante - Allievo.** Secondo il principio dell'insegnante-allievo la persona (allievo) impara lavorando insieme ad un collega con maggiore esperienza (maestro), che gli mostra come ci si comporta in certi casi e, di conseguenza, gli insegna le abilità fondamentali.

3. **Imparare *on the job* (durante il lavoro)**. Contemporaneamente allo svolgimento delle proprie attività, la persona (allievo), fa esperienza

e ottiene un feedback dai colleghi e dai capi relativamente ai punti di miglioramento delle proprie azioni.

E'importante, accordarsi solo con uno o due colleghi, affinché il feedback sia uniforme (in quanto proveniente dalle stesse persone) e coinvolgere colleghi non troppo pignoli.

1. **Intervisione.** Si tratta di riunioni che vengono effettuate alla presenza e con la guida di un coach e che consentono di imparare dai colleghi nonché di scambiare e discutere le esperienze relative all'attività in cui ognuno è impegnato. Durante le riunioni è possibile chiedere consiglio ai propri colleghi relativamente a situazioni critiche. L'obiettivo è, comunque, evidenziare le criticità e le situazioni pratiche per migliorare lo svolgimento della propria attività lavorativa.

2. **Stage.** Questa forma di apprendimento viene utilizzata per aumentare le conoscenze di specifici ambiti all'interno dell'organizzazione, come ad esempio la struttura dell'organizzazione, le conoscenze di clienti e colleghi (anche al di fuori della propria divisione). L'organizzazione dello stage è per iniziativa personale; lo stagista utilizza il tempo (costoso) di altri colleghi e per questo deve pianificare quale conoscenza o esperienza vuole ottenere. In base all'obiettivo di studio lo stagista decide la durata, il reparto, i colleghi con cui sarà a contatto. E' molto importante accordarsi con i colleghi relativamente all'obiettivo, alla durata e ai contenuti.

3. **Studio per conto proprio.** Lo studio per conto proprio è la forma più adatta per aumentare le conoscenze teoriche; si può articolare in diversi modi, ad esempio la frequenza di un corso di studi esistente oppure la lettura mirata di testi di letteratura relativi al proprio ambito lavorativo. Siccome questa forma di apprendimento necessita di molta autodisciplina, un sostegno importante può essere discutere con regolarità con il proprio responsabile o con un collega gli argomenti studiati.

4. **Seminari / *Workshop*.** Partecipare ad un seminario / workshop è un metodo efficace per essere aggiornati sugli sviluppi del mercato, dei prodotti, dei metodi e delle tecniche di altre aziende. I seminari consistono nella lettura di testi; mentre i workshop richiedono la partecipazione attiva a progetti di lavoro specifici. Dopo aver partecipato ad un seminario / *workshop* è importante condividere con i colleghi le conoscenze acquisite, in questo senso può essere utile la rete aziendale intranet oppure organizzare in proprio una presentazione o distribuire il materiale ricevuto.

5. **Corsi brevi.** Sono corsi di uno, due o più giorni per lo sviluppo di specifiche abilità (ad esempio, vendita, negoziazione, presentazione, comunicazione, ecc.).

6. **Istruzione a lungo termine.** L'istruzione a lungo termine si basa sullo sviluppo dei propri talenti fondamentali. Generalmente è costituita dalla realizzazione di un programma di apprendimento combinato di conoscenze e abilità che può durare da qualche mese fino a qualche anno.

6.2.2 Gli strumenti per sviluppare le competenze.

La Banca si avvale di una serie di strumenti di lavoro, (che il collaboratore può e deve visionare per prepararsi al colloquio) utili durante il colloquio, per strutturare e personalizzare lo sviluppo professionale di ogni collaboratore.

Gli strumenti sono:

1. la matrice per lo sviluppo della carriera,

2. il Piano di Sviluppo Personalizzato (modulo POP),

3. la guida con il contenuto formativo del mestiere di Private Wealth Management & Corporate Trust,

4. la guida per lo sviluppo delle competenze.

6.2.2.1 La matrice per lo sviluppo della carriera.

La matrice per lo sviluppo della carriera è la combinazione di conoscenza (contenuto del mestiere), competenze (abilità e sviluppo personali) e relazioni con i clienti/relazioni sociali, che insieme definiscono la conoscenza e i comportamenti necessari per ogni specifica funzione o ruolo.

La matrice di sviluppo della carriera evidenzia il profilo di competenze richiesto per ogni ruolo e in base a questa, durante il colloquio, il responsabile e il collaboratore definiscono il profilo dei talenti del collaboratore con la realizzazione di un inventario dei talenti esistenti.

Per le competenze c'è una matrice di sviluppo della carriera divisa in tre o quattro fasi:

Competenze	Fasi di avanzamento
Investimenti Finanza Strutturata Finanziamenti	Fase 1: livello di funzione 8 – 9 Fase 2: livello di funzione 9 –10 Fase 3: livello di funzione 10 –11 Fase 4: livello di funzione 11 – 11+
Addetto Commerciale Addetto Commerciale ai finanziamenti Segretaria	
Financial Accountmanager Manager delle Pubbliche Relazioni	

COMPETENZE DEL PERSONALE OPERANTE NELL'AREA degli INVESTIMENTI
L'evoluzione (imparare e lavorare) della carriera del (Private Banking) Professional

Fase 1 Livello 8-9 — **Profilo di entrata** = livello accademico di lavoro e pensiero, affinità con il mestiere, autonomia, forza relazionale e gioco di squadra.

CONTENUTO DEL MESTIERE	ESPERIENZE E SVILUPPO	SVILUPPO PERSONALE	RELAZIONE CON I CLIENTI / RELAZIONI SOCIALI
• Titoli Aziendali NIBE • Consulenze di Investimento NIBE • Orientamento bancario NIBE • Legislazione NIBE • Imposte NIBE • Finanziamento immobiliare NIBE • Formazione tecnologica (computer) • Corso di inglese (bancario) • Diploma VBA di analista degli investimenti e finanziario • Corso di pianificazione finanziaria • Fondi	• Programma di introduzione internazionale • Conoscenze aziendali operative • Conoscenze di direct marketing • Aggiornamento con progetti di Private Banking • Compravendita Titoli • Verbalizzazione dei progetti • Verbalizzazione delle riunioni delle commissioni.	• Abilità nei colloqui commerciali • Abilità nello svolgimento di presentazioni • Trattativa • Rapporti scritti • Gestione del tempo	• Imparare il contatto con i clienti • Riconoscere le diverse tipologie di clienti e le modalità di approccio • Far parte delle reti interne per es. Kameleon • Contatti con le università in rapporto a cercare o trovare nuovi Professionals.
COMPETENZE • Conoscenza e piena comprensione dell'ambiente macro-economico e istituzionale • Conoscenza e comprensione di analisi finanziaria, gestione del rischio e gestione di portafoglio • Capacità di analizzare rapidamente, autonomamente e criticamente i problemi finanziari. • Capacità di esplicitare in maniera appetibile gli investimenti e le forme finanziarie.	**COMPETENZE** • Autonomamente saper costruire una proposta di piano finanziario con consulenze di investimento	**COMPETENZE** • Efficientamento della trattativa e creazione di situazioni vincenti. • Consapevolezza del proprio stile di conduzione di una trattativa. • Consapevolezza del proprio modo o stile di comunicare e di quello degli altri • Consapevolezza dell'influenza della propria comunicazione non verbale • Ascoltare con attenzione • Saper scrivere rapporti brevi e chiari • Ottimizzazione del tempo di impegno e delle modalità di lavoro • Conoscenze del sistema di pianificazione	**COMPETENZE** • Sviluppare le capacità di adattamento e immedesimazione nei bisogni del cliente.

Profilo finale: Adatto lavorare nel Private Banking.

COMPETENZE DEL PERSONALE OPERANTE NELL'AREA degli INVESTIMENTI
L'evoluzione (imparare e lavorare) della carriera del (Private Banking) Professional

Fase 2 Livello 9-10

Profilo di entrata = Profilo finale della fase 1 (autonomia, quadro generale Mees Pierson).

CONTENUTO DEL MESTIERE	ESPERIENZE E SVILUPPO	SVILUPPO PERSONALE	RELAZIONE CON I CLIENTI/ RELAZIONI SOCIALI

• Corso avanzato di pianificazione finanziaria
• Analisi tecnica
• Derivati
• Andamento dei cambi
• Formazione tecnologica (*computer*)
• Piano Finanziario NIBE
• VBA Superiore / Avanzato
• Fondi
	• Conoscere bene i seguenti settori:
	  – Corporate Finance
	  – Structured Finance
	  – Private Finance
	  – General banking
	  – Finanziamenti
	  – Investimenti del gruppo Fortis
	  – Tesoreria
	  – Titoli
	  – Private trust
	• Partecipazione ai progetti
	• Partecipazione alle commissioni
	• Visite alle aziende
		• Trattare
		• Abilità commerciali
		• Corso di presentazione
		• Corso di acquisizione clienti
		• Sport
		• Corso di scrittura
		• Efficientamento delle riunioni
		• Intraprendenza nelle consulenze
		• Gestione dei conflitti
		• Corso per lavorare su progetto
		• Corsi per la costituzione di team (gruppi)
			• Essere attivi nelle reti del mestiere (VBA)
			• Dividere la responsabilità delle relazioni con la clientela
			• Far parte delle reti interne per es. Kameleon

COMPETENZE • Saper formulare un piano di investimenti • Conoscenze dei diversi tipi di strumenti di investimento • Miglioramento delle conoscenze fiscali • Conoscenza della gestione del capitale • Comprensione di base dei rischi e dei profili di investimento della clientela	**COMPETENZE** • Completa progettualità di gruppo in caso di grossa trattativa	**COMPETENZE** • Attivazione di più aziende nel caso di vendita e *cross selling* • Capacità di far diventare una riunione uno strumento di gestione degli obiettivi. • Capacità di strutturare un colloquio, guidare un colloquio oppure di adottare altri stili. • Capacità di preparare e svolgere una presentazione chiara con l'uso di adeguati strumenti di aiuto • Imparare le alternative di comportamento, gli esperimenti e la loro applicazione • Migliorare l'impatto delle proprie consulenze • Efficace giocatore di squadra	**COMPETENZE** • Saper adattare un piano di investimenti ai diversi tipi di clienti.

Profilo finale: Giocatore di squadra, termine del VBA.

COMPETENZE DEL PERSONALE OPERANTE NELL'AREA degli INVESTIMENTI
L'evoluzione (imparare e lavorare) della carriera del (Private Banking) Professional

Fase 3 Livello10-11 — Profilo di entrata = Profilo finale della fase 2.

CONTENUTO DEL MESTIERE	ESPERIENZE E SVILUPPO	SVILUPPO PERSONALE	RELAZIONE CON I CLIENTI / RELAZIONI SOCIALI
• Stage di lavoro all'estero. • Vari tipi di formazione presso le scuole: AIF, ICMB, Insead • Attuale formazione tecnologica • Corso sulla qualità	• Esperienze di lavoro all'ufficio estero • Formatore interno • Leader di progetti di gruppo • Leader di commissioni • Conoscenza di base delle reti di lavoro internazionale • Integrare le capacità all'interno di Mees Pierson • Tutore	• Corso commerciale • Corso di scrittura efficace • Trattative di livello superiore • Corso non relativo all'ambiente di lavoro • Sport • Comprensione delle tecniche di influenzamento • Conoscenza del proprio punto di stress • Conoscenza del proprio carisma personale • *Coachen* e accompagnare i collaboratori • Piano di sviluppo • Sviluppo e creazione della creatività • Attività di *coaching* individuale	• Creare e sviluppare le reti professionali • Membro del comitato direttivo • Acquisire la simpatia / la fiducia • Scrivere articoli per la comunicazione interna • Presentazioni interne su importanti e specifici argomenti • Responsabile finale per le relazioni con i clienti • Attività interna di *cross selling*
COMPETENZE	**COMPETENZE**	**COMPETENZE**	**COMPETENZE**
• Attività in autonomia nel mercato dei grossi clienti (delle grosse relazioni) • Conoscenza della legislazione internazionale per sfruttare le possibilità offerte dalla rete Mees Pierson. • Accompagnamento per l'introduzione al mondo della Borsa. • Saper essere un consulente.	• Collaborare con successo con i colleghi • Saper strutturare il processo di acquisizione (dei clienti) • Conoscere la priorità dei propri valori per decidere sulla propria carriera. • Proporre (Organizzare) un progetto che va al di sopra di ogni aspettativa di Business. • Autonomamente proporsi per un gruppo di gestione di grossi clienti. • Contribuire al raggiungimento di risultati concreti.	• Entusiasmare e stimolare i colleghi più giovani • Abilità nel *coaching*. • Comprensione della propria resistenza e dei propri limiti • Comprensione del proprio impatto sugli altri (cosa gli altri pensano di me). • Avere un proprio stile di scrittura, saper comporre i propri articoli e applicarli agli obiettivi di gruppo. • Con il proprio comportamento e le proprie abilità saper stimolare lo sviluppo dei più giovani. • Conoscenza e comprensione del modo di operare e delle applicazioni del processo creativo nelle situazioni di lavoro giornaliere.	• Capacità di *cross selling* interno. • Creare e costruire reti professionali nella regione.

Profilo finale:
** equilibrio, "carattere" Mees Pierson, investitore fidato, potenziale passo di sviluppo internazionale, forte collaboratore all'interno della banca
** eccellente, ambizioso, grandi capacità, dinamico, innovativo, spirito di iniziativa.

COMPETENZE DEL PERSONALE OPERANTE NELL'AREA degli INVESTIMENTI
L'evoluzione (imparare e lavorare) della carriera del (Private Banking) Professional

Fase 4 / 20% — Profilo di entrata = Profilo finale della fase 3 (potenziale dirigente).

CONTENUTO DEL MESTIERE	ESPERIENZE E SVILUPPO	SVILUPPO PERSONALE	RELAZIONE CON I CLIENTI / RELAZIONI SOCIALI
• Vari tipi di formazione presso Amsterdam Institute of Finance, Internatioal Center for Money e Banking Studies • Seminari del mestiere • Corsi sulle attuali tecnologie: internet, e-mail, ecc • Corso di *Information Technology* • Corso sulla qualità • Conoscenza dell'organizzazione amministrativa • Corso di gestione dei costi • Strategia finanziaria • Marketing	• Tutore per i colleghi più giovani • Organizzatore di grossi progetti • Rinforzare l'immagine del reparto • Gestione dei comitati • Esperienze di ampliamento delle altre competenze • Guida di vari gruppi • Analisi dettagliata e conduzione dell'attività di organizzazione dei servizi	• Gestione dell'insegnamento • Il futuro • Io e gli altri • Cambiare il management • Corsi di gestione avanzata • Attuali corsi / letture *sull'Information Technology* • Corsi per attività non lavorative • Anno sabbatico • Pianificazione e strategia • Lavorare come *coach* • Vari corsi all'estero • Gestione del cambiamento • Corsi per la selezione • Accompagnare i nuovi gruppi che stiamo imparando	• Riferire i dibattiti di seminari esterni • Socio del Rotary / Lions • Commissionariato • Membro del comitato direttivo • Redigere articoli per riviste specializzate • Ampliare l'attività della banca • Tanti clienti con + 10 milioni di fiorini. • Livello di gestione per colleghi soci e / dirigenti +di 10 milioni di fiorini.
COMPETENZE	**COMPETENZE**	**COMPETENZE**	**COMPETENZE**
• Capacità di costruire una buona politica finanziaria per il cliente attraverso un quadro preciso e professionale. • Innovazioni nello sviluppo del prodotto • Conoscenze *Human Resource Management* e conoscenze organizzative • Piena comprensione di tutti i rischi di investimento	• Capacità di formulare autonomamente un piano chiaro e con obiettivi del Private Banking • Saper formulare un piano commerciale • Instaurare relazioni di fiducia con colleghi e clienti • Piena visione generale • Sfruttare le sinergie • Capacità di segmentare. • Saper spiegare la propria visione personale sulle responsabilità	• Capacità di sostenere i colleghi con efficienza e motivazione. • Elevato livello di abilità di influenzamento • Sensibilità • Obiettivi della prestazione: buon tempismo, voglia di migliorarsi, efficienza, innovazione, continua ricerca di un maggior numero e migliori informazioni. • Spinta ad essere sempre aggiornati • Chiara consapevolezza di se stessi. • Relativamente all'organizzazione saper trattare con le proprie organizzazioni e con quelle dei clienti le relazioni politiche • Relazionarsi con i collaboratori, in amicizia e in un'atmosfera amicale (pur rimanendo io il capo). • Saper accettare i processi di cambiamento	• Proporre una relazione di lungo termine ai clienti con + di 10 milioni di fiorini. • Rappresentare con professionalità Mees Pierson nei contatti esterni.

Profilo finale: Maturo, indipendente, riconosciuto, professionale, immagine carismatica e aspetti "di socio" (con potenzialità di crescita).

COMPETENZE DEL PERSONALE OPERANTE NELL'AREA degli INVESTIMENTI
L'evoluzione (imparare e lavorare) della carriera del (Private Banking) Professional

Fase 4 80%	Profilo di entrata = Profilo finale della fase 3.			
	CONTENUTO DEL MESTIERE	**ESPERIENZE E SVILUPPO**	**SVILUPPO PERSONALE**	**RELAZIONE CON I CLIENTI / RELAZIONI SOCIALI**
	• Vari tipi di formazione presso Amsterdam Institute of Finance, Intenational Center for Money e Banking Studies • Seminari del mestiere • Corso sulle attuali tecnologie: internet, e-mail, ecc • Corso di *Information Technology* • Corso sulla qualità • Conoscenza dell'organizzazione amministrativa • Corso di Management dei costi • Strategia finanziaria • Marketing	• Tutore per i colleghi più giovani • Organizzatore di grossi progetti • Rinforzare l'immagine del reparto • Gestione dei comitati • Esperienze di ampliamento delle altre competenze • Guidare i gruppi • Analisi dettagliata e controllo (conduzione) dell'organizzazione dei servizi	• Il futuro • Io e gli altri • Attuali corsi / letture sull'*Information Technology* • Corso di attività non lavorative • Anno sabbatico • Pianificazione e strategia • Lavorare come *coach* anziano • Corso per la selezione • Corso per il *management* • *Turning Point*	• Riferire i dibattiti di seminari esterni • Socio del Rotary / Lions • Commissionariato • Membro del comitato direttivo • Redigere articoli per riviste specializzate • Ampliare l'attività della banca • Tanti clienti con + 10 milioni di fiorini. • Livello di gestione per colleghi soci e / dirigenti +di 10 milioni di fiorini.
	COMPETENZE • Capacità di costruire una buona politica finanziaria per il cliente attraverso un quadro preciso e professionale. • Innovazioni nello sviluppo del prodotto • Conoscenze *Human Resource Management* e conoscenze organizzative • Piena comprensione di tutti i rischi di investimento	**COMPETENZE** • Capacità di formulare autonomamente un piano chiaro e con obiettivi del Private Banking • Saper formulare un piano commerciale • Instaurare relazioni di fiducia con colleghi e clienti • Piena visione generale • Sfruttare le sinergie • Capacità di segmentare. • Spiegare la propria visione personale sulle responsabilità	**COMPETENZE** • Capacità di sostenere i colleghi con efficienza e motivazione. • Elevato livello di abilità di influenzamento • Sensibilità • Obiettivi della prestazione: buon tempismo, voglia di migliorarsi, efficienza, innovazione, continua ricerca di un maggior numero e migliori informazioni. • Spinta ad essere sempre aggiornati • Chiara consapevolezza di se stessi. • Per quanto riguarda l'organizzazione deve saper trattare con le proprie organizzazioni e con quelle dei clienti le relazioni politiche	**COMPETENZE** • Proporre una relazione di lungo termine ai clienti con + di 10 milioni di fiorini. • Rappresentare con professionalità Mees Pierson nei contatti esterni.
	Profilo finale: Maturo, indipendente, riconosciuto, professionale, immagine carismatica.			

COMPETENZE DEL PERSONALE OPERANTE NELL'AREA della FINANZA STRUTTURATA
L'evoluzione (imparare e lavorare) della carriera del (Private Banking) Professional

Fase 1 Livello 8-9 — **Profilo di entrata** = livello accademico di lavoro e pensiero, affinità con il mestiere, autonomia, forza relazionale e gioco di squadra.

CONTENUTO DEL MESTIERE	ESPERIENZE E SVILUPPO	SVILUPPO PERSONALE	RELAZIONE CON I CLIENTI / RELAZIONI SOCIALI
• Titoli Aziendali NIBE • Consulenze di Investimento NIBE • Orientamento bancario NIBE • Legislazione NIBE • Imposte NIBE • Finanziamento immobiliare NIBE • Formazione tecnologica (*computer*) • Corso di inglese (bancario) • Corso di pianificazione finanziaria • Fondi • Base per l'investimento NIBE • Matematica Finanziaria • Corso base sul credito • Finanziamenti alle Imprese NIBE	• Programma di introduzione internazionale • Conoscenze aziendali operative • Conoscenze di direct marketing • Aggiornamento con progetti di Private Banking • Compravendita Titoli • Verbalizzazione dei progetti • Verbalizzazione delle riunioni delle commissioni • Stage: servizi aziendali, consulenze di investimento patrimoniale, finanziamento patrimoniale, private trust, private banking international, investimenti gruppo Fortis, tesoreria, corporate banking, questioni fiscali, questioni notarili.	• Abilità nei colloqui commerciali • Abilità nello svolgimento di presentazioni • Trattativa • Rapporti scritti • Gestione del tempo	• Imparare il contatto con i clienti • Riconoscere le diverse tipologie di clienti e le modalità di approccio • Far parte delle reti interne per es. Kameleon • Contatti con le università in rapporto a cercare o trovare nuovi Professionals.
COMPETENZE • Conoscenza e piena comprensione dell'ambiente macro-economico e istituzionale • Capacità di analizzare rapidamente, autonomamente e criticamente i problemi finanziari. • Strutturare le conoscenze della funzione del credito in scelte di destinazione del patrimonio. • Proporre i piani di investimento • Conoscenza degli strumenti di investimento • Conoscenza della pianificazione finanziaria • Conoscenza delle imprese familiari • Conoscenze di marketing • Conoscenza del diritto dei beni, delle successioni, del diritto aziendale e di famiglia.	**COMPETENZE** • Autonomamente saper costruire una proposta di piano finanziario con consulenze di investimento • Essere in grado di progettare un inventario semplice e una proposta standard di piano finanziario	**COMPETENZE** • Efficientamento della trattativa e creazione di situazioni vincenti. • Consapevolezza del proprio stile di conduzione di una trattativa. • Consapevolezza del proprio modo o stile di comunicare e di quello degli altri • Consapevolezza dell'influenza della propria comunicazione non verbale • Ascoltare con attenzione • Saper scrivere rapporti brevi e chiari • Ottimizzazione del tempo di impegno e delle modalità di lavoro • Conoscenze del sistema di pianificaz.	**COMPETENZE** • Sviluppare le capacità di adattamento e immedesimazione nei bisogni del cliente.

Profilo finale: Adatto lavorare nel Private Banking.

COMPETENZE DEL PERSONALE OPERANTE NELL'AREA della FINANZA STRUTTURATA
L'evoluzione (imparare e lavorare) della carriera del (Private Banking) Professional

Fase 2 — **Livello 9-10**

Profilo di entrata = Profilo finale della fase 1 (autonomia, quadro generale Mees Pierson).

CONTENUTO DEL MESTIERE	ESPERIENZE E SVILUPPO	SVILUPPO PERSONALE	RELAZIONE CON I CLIENTI / RELAZIONI SOCIALI

• Derivati
• Formazione tecnologica *(computer)*
• Fondi
• Formazione nelle aree di:
  – Mezzanine
  – Finanziario
  – MBO / MBI
  – Valutazione aziendale
  – Financial accounting
	• Conoscere bene i seguenti settori:
	  – Corporate Finance
	  – Structured Finance
	  – Private Finance
	  – Finanziamenti
	  – Investimenti del gruppo
	  Fortis
	  – Tesoreria
	  – Titoli
	  – Private trust
	• Partecipazione ai progetti
	• Partecipazione alle commissioni
	• Visite alle aziende
		• Trattare
		• Abilità commerciali
		• Corso di presentazione
		• Corso di acquisizione clienti
		• Sport
		• Corso di scrittura
		• Efficientamento delle riunioni
		• Intraprendenza nelle consulenze
		• Gestione dei conflitti
		• Corso per lavorare su progetto
		• Corsi per la costituzione di team (gruppi)
			• Essere attivi nelle reti del mestiere (VBA)
			• Dividere la responsabilità delle relazioni con la clientela
			• Far parte delle reti interne per es. Kameleon

COMPETENZE • Conoscenza fiscale approfondita • Conoscenza della gestione patrimoniale • Valutare la consistenza patrimoniale aziendale. • Conoscenza di come opera una società partecipata • Conoscenza della progettazione finanziaria • Conoscenza della sicurezza • Conoscenza della gestione del rischio del patrimonio finanziario nel mercato privato • Conoscenza di base della Borsa. **Profilo finale**: Giocatore di squadra.	**COMPETENZE** • Completa progettualità di gruppo in caso di grossa trattativa • Essere capace di eseguire un incarico di sostegno per descrivere e portare a termine la trattativa nonché la costruzione degli investimenti; idem in rapporto fra la soluzione individuale e quella collettiva.	**COMPETENZE** • Attivazione di più aziende nel caso di vendita e *cross selling* • Capacità di far diventare una riunione uno strumento di gestione degli obiettivi. • Capacità di strutturare un colloquio, guidare un colloquio oppure di adottare altri stili. • Capacità di preparare e svolgere una presentazione chiara con l'uso di adeguati strumenti di aiuto • Imparare le alternative di comportamento, gli esperimenti e la loro applicazione • Migliorare l'impatto delle proprie consulenze • Efficace giocatore di squadra	**COMPETENZE** • Saper adattare un piano di investimenti ai diversi tipi di clienti.

COMPETENZE DEL PERSONALE OPERANTE NELL'AREA della FINANZA STRUTTURATA
L'evoluzione (imparare e lavorare) della carriera del (Private Banking) Professional

Fase 3 Livello 10-11	Profilo di entrata = Profilo finale della fase 2.			
	CONTENUTO DEL MESTIERE	**ESPERIENZE E SVILUPPO**	**SVILUPPO PERSONALE**	**RELAZIONE CON I CLIENTI / RELAZIONI SOCIALI**
	• Stage di lavoro all'estero. • Vari tipi di formazione presso le scuole: AIF, ICMB, Insead • Attuale formazione tecnologica • Corso sulla qualità	• Esperienze di lavoro all'ufficio estero • Formatore interno • Leader di progetti di gruppo • Leader di commissioni • Conoscenza di base delle reti di lavoro internazionale • Integrare le capacità all'interno di Mees Pierson • Tutore	• Corso commerciale • Corso di scrittura efficace • Trattative di livello superiore • Corso non relativo all'ambiente di lavoro • Sport • Comprensione delle tecniche di influenzamento • Conoscenza del proprio punto di stress • Conoscenza del proprio carisma personale • *Coachen* e accompagnare i collaboratori • Piano di sviluppo • Sviluppo e creazione della creatività • Attività di *coaching* individuale	• Creare e sviluppare le reti professionali • Membro del comitato direttivo • Acquisire la simpatia / la fiducia • Scrivere articoli per la comunicazione interna • Presentazioni interne su importanti e specifici argomenti • Responsabile finale per le relazioni con i clienti • Attività interna di *cross selling*
	COMPETENZE	**COMPETENZE**	**COMPETENZE**	**COMPETENZE**
	• Attività in autonomia nel mercato dei grossi clienti (delle grosse relazioni) • Conoscenza della legislazione internazionale per sfruttare le possibilità offerte dalla rete Mees Pierson. • Accompagnamento per l'introduzione al mondo della Borsa. • Saper essere un consulente.	• Collaborare con successo con i colleghi • Saper strutturare il processo di acquisizione (dei clienti) • Conoscere la priorità dei propri valori per decidere sulla propria carriera. • Proporre (Organizzare) un progetto che va al di sopra di ogni aspettativa di Business. • Autonomamente proporsi per un gruppo di gestione di grossi clienti. • Contribuire al raggiungimento di risultati concreti.	• Entusiasmare e stimolare i colleghi più giovani • Abilità nel *coaching*. • Comprensione della propria resistenza e dei propri limiti • Comprensione del proprio impatto sugli altri (cosa gli altri pensano di me). • Avere un proprio stile di scrittura, saper comporre i propri articoli e applicarli agli obiettivi di gruppo. • Con il proprio comportamento e le proprie abilità saper stimolare lo sviluppo dei più giovani. • Conoscenza e comprensione del modo di operare e delle applicazioni del processo creativo nelle situazioni di lavoro giornaliere.	• Capacità di *cross selling* interno. • Creare e costruire reti professionali nella regione.
	Profilo finale: ** equilibrio, "carattere" Mees Pierson, investitore fidato, potenziale passo di sviluppo internazionale, forte collaboratore all'interno della banca ** eccellente, ambizioso, grandi capacità, dinamico, innovativo, spirito di iniziativa.			

COMPETENZE DEL PERSONALE OPERANTE NELL'AREA della FINANZA STRUTTURATA
L'evoluzione (imparare e lavorare) della carriera del (Private Banking) Professional

Fase 4 Manager

Profilo di entrata = Profilo finale della fase 3 (potenziale dirigente).

CONTENUTO DEL MESTIERE	ESPERIENZE E SVILUPPO	SVILUPPO PERSONALE	RELAZIONE CON I CLIENTI / RELAZIONI SOCIALI
• Vari tipi di formazione presso Amsterdam Institute of Finance, Intenational Center for Money e Banking Studies • Seminari del mestiere • Corsi sulle attuali tecnologie: internet, e-mail, ecc • Corso di *Information Technology* • Corso sulla qualità • Conoscenza dell'organizzazione amministrativa • Corso di Management • Strategia finanziaria • Marketing	• Tutore per i colleghi più giovani • Organizzatore di grossi progetti • Rinforzare l'immagine del reparto • Gestione dei comitati • Esperienze di ampliamento delle altre competenze • Guida di vari gruppi • Analisi dettagliata e conduzione dell'attività di organizzazione dei servizi	• Gestione dell'insegnamento • Insegnare secondo il metodo Comenius • Io e gli altri • Cambiare il management • Corsi di gestione avanzata • Attuali corsi / letture *sull'Information Technology* • Corsi per attività non lavorative • Anno sabbatico • Pianificazione e strategia • Lavorare come *coach* • Vari corsi all'estero • Gestione del cambiamento • Corsi per la selezione • Accompagnare i nuovi gruppi che stanno imparando	• Riferire i dibattiti di seminari esterni • Socio del Rotary / Lions • Commissionariato • Membro del comitato direttivo • Redigere articoli per riviste specializzate • Ampliare l'attività della banca • Tanti clienti con + 10 milioni di fiorini. • Livello di gestione per colleghi soci e / dirigenti +di 10 milioni di fiorini.
COMPETENZE	**COMPETENZE**	**COMPETENZE**	**COMPETENZE**
• Capacità di costruire una buona politica finanziaria per il cliente attraverso un quadro preciso e professionale. • Innovazioni nello sviluppo del prodotto • Conoscenze *Human Resource Management* e conoscenze organizzative • Piena comprensione di tutti i rischi finanziari	• Capacità di formulare autonomamente un piano chiaro e con obiettivi del Private Banking • Saper formulare un piano commerciale • Instaurare relazioni di fiducia con colleghi e clienti • Piena visione generale • Sfruttare le sinergie • Capacità di segmentare. • Saper spiegare la propria visione personale sulle responsabilità	• Capacità di sostenere i colleghi con efficienza e motivazione. • Elevato livello di abilità di influenzamento • Sensibilità • Obiettivi della prestazione: buon tempismo, voglia di migliorarsi, efficienza, innovazione, continua ricerca di un maggior numero e migliori informazioni. • Spinta ad essere sempre aggiornati • Chiara consapevolezza di se stessi. • Relativamente all'organizzazione saper trattare con le proprie organizzazioni e con quelle dei clienti le relazioni politiche • Relazionarsi con i collaboratori, in amicizia e in un'atmosfera amicale (pur rimanendo io il capo). • Saper accettare i processi di cambiamento	• Proporre una relazione di lungo termine ai clienti con + 10 milioni di fiorini. • Rappresentare con professionalità Mees Pierson nei contatti esterni.

Profilo finale: Maturo, indipendente, riconosciuto, professionale, immagine carismatica e aspetti "di socio" (con potenzialità di crescita).

COMPETENZE DEL PERSONALE OPERANTE NELL'AREA della FINANZA STRUTTURATA
L'evoluzione (imparare e lavorare) della carriera del (Private Banking) Professional

Fase 4 Manager	Profilo di entrata = Profilo finale della fase 3.			
	CONTENUTO DEL MESTIERE	**ESPERIENZE E SVILUPPO**	**SVILUPPO PERSONALE**	**RELAZIONE CON I CLIENTI / RELAZIONI SOCIALI**
	• Vari tipi di formazione presso Amsterdam Institute of Finance, Intenational Center for Money e Banking Studies • Seminari del mestiere • Corso sulle attuali tecnologie: internet, e-mail, ecc • Corso di *Information Technology* • Corso sulla qualità • Conoscenza dell'organizzazione amministrativa • Corso di Management dei costi • Strategia finanziaria • Marketing	• Tutore per i colleghi più giovani • Organizzatore di grossi progetti • Rinforzare l'immagine del reparto • Gestione dei comitati • Esperienze di ampliamento delle altre competenze • Guidare i gruppi • Analisi dettagliata e controllo (conduzione) dell'organizzazione dei servizi	• Io e gli altri • Attuali corsi / letture sull'*Information Technology* • Corso di attività non lavorative • Anno sabbatico • Pianificazione e strategia • Lavorare come *coach* anziano • Corso per la selezione • Corso per il *management* • *Turning Point*	• Riferire i dibattiti di seminari esterni • Socio del Rotary / Lions • Commissionariato • Membro del comitato direttivo • Redigere articoli per riviste specializzate • Ampliare l'attività della banca • Tanti clienti con + 10 milioni di fiorini. • Livello di gestione per colleghi soci e / dirigenti +di 10 milioni di fiorini.
	COMPETENZE	**COMPETENZE**	**COMPETENZE**	**COMPETENZE**
	• Capacità di costruire una buona politica finanziaria per il cliente attraverso un quadro preciso e professionale. • Innovazioni nello sviluppo del prodotto • Conoscenze *Human Resource Management* e conoscenze organizzative • Piena comprensione di tutti i rischi finanziari.	• Capacità di formulare autonomamente un piano chiaro e con obiettivi del Private Banking • Saper formulare un piano commerciale • Instaurare relazioni di fiducia con colleghi e clienti • Piena visione generale • Sfruttare le sinergie • Capacità di segmentare. • Spiegare la propria visione personale sulle responsabilità	• Capacità di sostenere i colleghi con efficienza e motivazione. • Elevato livello di abilità di influenzamento • Sensibilità • Obiettivi della prestazione: buon tempismo, voglia di migliorarsi, efficienza, innovazione, continua ricerca di un maggior numero e migliori informazioni. • Spinta ad essere sempre aggiornati • Chiara consapevolezza di se stessi. • Per quanto riguarda l'organizzazione deve saper trattare con le proprie organizzazioni e con quelle dei clienti le relazioni politiche	• Proporre una relazione di lungo termine ai clienti con + di 10 milioni di fiorini. • Rappresentare con professionalità Mees Pierson nei contatti esterni.
	Profilo finale: Maturo, indipendente, riconosciuto, professionale, immagine carismatica.			

COMPETENZE DEL PERSONALE OPERANTE NELL'AREA dei FINANZIAMENTI
L'evoluzione (imparare e lavorare) della carriera del (Private Banking) Professional

Fase 1 / Livello 8-9

Profilo di entrata = livello accademico di lavoro e pensiero, affinità con il mestiere, autonomia, forza relazionale e gioco di squadra.

CONTENUTO DEL MESTIERE	ESPERIENZE E SVILUPPO	SVILUPPO PERSONALE	RELAZIONE CON I CLIENTI / RELAZIONI SOCIALI
• Formazione Generale Bancaria (AOB) NIBE • Finanziamenti alle Imprese NIBE • Finanziamento immobiliare NIBE • Lettura del bilancio NIBE • Analisi del bilancio NIBE • Imposte NIBE • Legislazione NIBE • Titoli Aziendali NIBE • Formazione tecnologica *(computer)* • Corso di inglese (bancario) • Corso di ESCAPE • *Information Technology* / e-mail	• Programma di introduzione internazionale • Conoscenze aziendali operative • Stage RAC: 2 settimane • Studio di casi del Private Banking • Conoscenze AO	• Abilità nei colloqui commerciali • Abilità nello svolgimento di presentazioni • Abilità di scrittura orientata alla clintela • Rapporti scritti • Gestione del tempo	• Imparare il contatto con i clienti • Riconoscere le diverse tipologie di clienti e le modalità di approccio • Far parte delle reti interne per es. Kameleon • Contatti con le università in rapporto a cercare o trovare nuovi Professionals.
COMPETENZE	**COMPETENZE**	**COMPETENZE**	**COMPETENZE**
• Capacità di analizzare rapidamente, autonomamente e criticamente i problemi finanziari. • Capacità di esplicitare in maniera appetibile le forme finanziarie. • Conoscenza delle modalità di concessione del credito. • Conoscenza dei profili di rischio dei clienti investitori. • Conoscenza del regime dei beni matrimoniali e del diritto aziendale. • Conoscenze del credito e degli obiettivi CRB. • Conoscenza delle forme assicurative. • Conoscenza degli strumenti di investimento.	• Autonomamente saper costruire una proposta di credito.	• Consapevolezza del proprio modo o stile di comunicare e di quello degli altri • Consapevolezza dell'influenza della propria comunicazione non verbale • Ascoltare con attenzione • Saper scrivere rapporti brevi e chiari • Ottimizzazione del tempo di impegno e delle modalità di lavoro	• Sviluppare le capacità di adattamento e immedesimazione nei bisogni del cliente. • Costruzione di una rete interna

Profilo finale: Adatto lavorare nel Private Banking.

Fase 2 Livello 9-10 — Profilo di entrata = Profilo finale della fase 1 (autonomia, quadro generale Mees Pierson).

CONTENUTO DEL MESTIERE	ESPERIENZE E SVILUPPO	SVILUPPO PERSONALE	RELAZIONE CON I CLIENTI / RELAZIONI SOCIALI

• Formazione tecnologica (computer)
• Analisi finanziaria NIBE
• Moduli Amsterdam Institute of Finance.
• Piano finanziario / Fortis
• Gestione del Rischio
• Consulenze di Investimento NIBE
• Finanziamento Corporate
• Piano finanziario / CCE
	• Conoscere bene i seguenti settori:
	  – Structurering
	  – Private trust
	• Partecipazione ai progetti
	• Partecipazione alle commissioni
	• Lettura di testi del mestiere
		• Abilità commerciali
		• Corso di presentazione
		• Corso di acquisizione clienti
		• Corso di scrittura (articoli)
		• Efficientamento delle riunioni
		• Gestione dei conflitti
		• Corso per lavorare su progetto
		• TOP / De Baak
			• Essere attivi nelle reti del mestiere.
			• Dividere la responsabilità delle relazioni con la clientela
			• Far parte delle reti interne per es. Kameleon

COMPETENZE	**COMPETENZE**	**COMPETENZE**	**COMPETENZE**
• Conoscenza e comprensione in analisi finanziaria, gestione del rischio e gestione del portafoglio • Conoscenza dei finanziamenti immobiliari • Conoscenza approfondita del credito in base al cash flow • Essere capace di costruire un credito di ristrutturazione strutturato e complicato. • Conoscenza di base dei profili di rischio degli investimenti dei clienti. • Saper formulare il piano di investimenti Mees Pierson. • Conoscenza fiscale approfondita.	• Completa progettualità di gruppo in caso di grossa trattativa	• Attivazione di più aziende nel caso di vendita e *cross selling* • Capacità di far diventare una riunione uno strumento di gestione degli obiettivi. • Capacità di strutturare un colloquio, guidare un colloquio oppure di adottare altri stili. • Capacità di preparare e svolgere una presentazione chiara con l'uso di adeguati strumenti di aiuto • Imparare le alternative di comportamento, gli esperimenti e la loro applicazione • Migliorare l'impatto delle proprie consulenze • Efficace giocatore di squadra	• Conoscenza della struttura di un processo di acquisizione, prospettiva di contatto fase 2. • Prospettare il piano Mees Pierson Private Bank & Trust.

Profilo finale: Giocatore di squadra.

COMPETENZE DEL PERSONALE OPERANTE NELL'AREA dei FINANZIAMENTI
L'evoluzione (imparare e lavorare) della carriera del (Private Banking) Professional

Fase 3 Livello 10-11	**Profilo di entrata** = Profilo finale della fase 2.			
	CONTENUTO DEL MESTIERE	**ESPERIENZE E SVILUPPO**	**SVILUPPO PERSONALE**	**RELAZIONE CON I CLIENTI / RELAZIONI SOCIALI**
	• Vari tipi di formazione presso le scuole: AIF, ICMB, Insead. • Stage di lavoro all'estero. • Andamento dei cambi • Derivati • Attuale formazione tecnologica	• Esperienze di lavoro all'ufficio estero • Formatore interno • Leader di progetti di gruppo • Leader di commissioni • Integrare le capacità all'interno di Mees Pierson • Corso di qualità • Conoscenze di base del Marketing • Stage Fortis sui beni immobili • Stage MEC	• Corso commerciale • Corso di scrittura efficace • Trattative di livello superiore • Corso non relativo all'ambiente di lavoro • Corso per la comprensione delle tecniche di influenzamento • Conoscenza del proprio punto di stress • Conoscenza del proprio carisma personale • Coachen e accompagnare i collaboratori • Piano di sviluppo • Sviluppo e creazione della creatività • Attività di coaching individuale • Tutore	• Creare e sviluppare le reti professionali • Membro del comitato direttivo • Acquisire la simpatia / la fiducia • Scrivere articoli per la comunicazione interna • Presentazioni interne su importanti e specifici argomenti • Responsabile finale per le relazioni con i clienti • Attività interna di cross selling
	COMPETENZE	**COMPETENZE**	**COMPETENZE**	**COMPETENZE**
	• Attività in autonomia nel mercato dei grossi clienti (delle grosse relazioni) • Saper adottare tutte le forme di credito per il raggiungimento degli obiettivi finali • Conoscenza del finanziamento mezzanino • Conoscenza per la concessione del credito delle capacità finanziarie dei debitori / modalità del finanziamento dei mercati privati. • Conoscenza dei progetti finanziari e le conseguenze per chi fà credito • Conoscenza del sistema del cashmanagement	• Collaborare con successo con i colleghi • Saper strutturare il processo di acquisizione (dei clienti) • Conoscere la priorità dei propri valori per decidere sulla propria carriera.	• Entusiasmare e stimolare i colleghi più giovani • Abilità nel coaching. • Comprensione della propria resistenza e dei propri limiti • Comprensione del proprio impatto sugli altri (cosa gli altri pensano di me). • Avere un proprio stile di scrittura, saper comporre i propri articoli e applicarli agli obiettivi di gruppo. • Conoscenza e comprensione per lo sviluppo di nuovi prodotti.	• Capacità di cross selling interno.
	Profilo finale: 80% equilibrio, "carattere" Mees Pierson, investitore fidato, potenziale passo di sviluppo internazionale, forte collaboratore all'interno della banca 20% eccellente, ambizioso, grandi capacità, dinamico, innovativo, spirito di iniziativa.			

COMPETENZE DEL PERSONALE OPERANTE NELL'AREA dei FINANZIAMENTI
L'evoluzione (imparare e lavorare) della carriera del (Private Banking) Professional

Fase 4	Profilo di entrata = Profilo finale della fase 3 (Manager per le relazioni / Private Banker).			
	CONTENUTO DEL MESTIERE	**ESPERIENZE E SVILUPPO**	**SVILUPPO PERSONALE**	**RELAZIONE CON I CLIENTI / RELAZIONI SOCIALI**
	• Vari tipi di formazione presso Amsterdam Institute of Finance, Intenational Center for Money e Banking Studies • Seminari del mestiere • Corso di *Information Technology* • Corso sulla qualità • Conoscenza dell'organizzazione amministrativa • Corso di Management finanziario • Finanza strategica • Marketing	• Tutore per i colleghi più giovani • Organizzatore di grossi progetti • Rinforzare l'immagine del reparto • Gestione dei comitati • Esperienze di ampliamento delle altre competenze • Guida di vari gruppi	• Gestione dell'insegnamento • Il futuro / Piano di sviluppo / Io e gli altri • Attuali corsi / letture sull'*Information Technology* • Corsi per attività non lavorative • Anno sabbatico • Pianificazione e strategia • Lavorare come *coach* • Vari corsi all'estero • Gestione del cambiamento • Corsi per la selezione • Accompagnare i *nuovi* gruppi che stanno imparando	• Riferire i dibattiti di seminari esterni • Socio del Rotary / Lions • Commissionariato • Membro del comitato direttivo • Redigere articoli per riviste specializzate • Ampliare l'attività della banca • Tanti clienti con + 10 milioni di fiorini. • Livello di gestione per colleghi soci e / dirigenti +di 10 milioni di fiorini.
	COMPETENZE	**COMPETENZE**	**COMPETENZE**	**COMPETENZE**
	• Capacità di costruire una buona politica finanziaria per il cliente attraverso un quadro preciso e professionale sia dal lato finanziario sia dal lato investimenti e struttura. • Innovazioni nello sviluppo del prodotto • Conoscenze nell'ambito di *Human Resource Management* e in quello organizzativo e saperle applicare • Piena comprensione di tutti i rischi di investimento e di credito	• Capacità di formulare autonomamente un piano chiaro e con obiettivi del Private Banking • Saper formulare un piano commerciale • Instaurare relazioni di fiducia con colleghi e clienti • Piena visione generale • Sfruttare le sinergie e le altre competenze • Capacità di segmentare. • Saper spiegare la propria visione personale sulle responsabilità • Saper gestire un'azienda partecipata	• Capacità di sostenere i colleghi con efficienza e motivazione. • Elevato livello di abilità di influenzamento • Sensibilità • Obiettivi della prestazione: buon tempismo, voglia di migliorarsi, efficienza, innovazione, continua ricerca di un maggior numero e migliori informazioni. • Spinta ad essere sempre aggiornati • Chiara consapevolezza di se stessi. • Relativamente all'organizzazione saper trattare con le proprie organizzazioni e con quelle dei clienti le relazioni politiche • Relazionarsi con i collaboratori, in amicizia e in un'atmosfera amicale (pur rimanendo io il capo). • Saper accettare i processi di cambiamento	• Proporre una relazione di lungo termine ai clienti con + di 10 milioni di fiorini. • Rappresentare con professionalità Mees Pierson nei contatti esterni.
Profilo finale:	Maturo, indipendente, riconosciuto, professionale, immagine carismatica e aspetti "di socio" (con potenzialità di crescita).			

COMPETENZE DEL PERSONALE OPERANTE NELL'AREA degli INVESTIMENTI
L'evoluzione (imparare e lavorare) della carriera del (Private Banking) Professional

Fase 4 — Profilo di entrata = Profilo finale della fase 3 Specialista.

CONTENUTO DEL MESTIERE	ESPERIENZE E SVILUPPO	SVILUPPO PERSONALE	RELAZIONE CON I CLIENTI / RELAZIONI SOCIALI
• Vari tipi di formazione presso Amsterdam Institute of Finance, Intenational Center for Money e Banking Studies • Seminari del mestiere • Corso sulle attuali tecnologie: internet, e-mail, ecc • Corso di *Information Technology* • Corso sulla qualità • Corso di Management dei costi • Finanza strategica	• Tutore per i colleghi più giovani • Organizzatore di grossi progetti • Rinforzare l'immagine del reparto • Gestione dei comitati • Implementazione della qualità delle competenze	• Il futuro • Io e gli altri • Attuali corsi / letture sull'*Information Technology* • Corso di attività non lavorative • Anno sabbatico • Pianificazione e strategia • Lavorare come *coach* anziano • Corso per la selezione • *Turning Point*	• Riferire i dibattiti di seminari esterni • Socio del Rotary / Lions • Commissionariato • Membro del comitato direttivo • Redigere articoli per riviste specializzate • Ampliare l'attività della banca • Tanti clienti con + 10 milioni di fiorini. • Livello di gestione per colleghi soci e / dirigenti +di 10 milioni di fiorini.
COMPETENZE	**COMPETENZE**	**COMPETENZE**	**COMPETENZE**
• Capacità di costruire una buona politica finanziaria per il cliente attraverso un quadro preciso e professionale. • Innovazioni nello sviluppo del prodotto • Conoscenze nell'ambito organizzativo • Piena comprensione di tutti i rischi di finanziamento	• Capacità di formulare autonomamente un piano chiaro e con obiettivi del Private Banking • Saper formulare un piano commerciale • Instaurare relazioni di fiducia con colleghi e clienti • Piena visione generale • Sfruttare le sinergie • Capacità di segmentare. • Saper ampliare e specializzare la tecnica dei finanziamenti e iniziare lo sviluppo dei prodotti. • Tecniche di cross-selling.	• Capacità di sostenere i colleghi con efficienza e motivazione. • Elevato livello di abilità di influenzamento • Sensibilità • Obiettivi della prestazione: buon tempismo, voglia di migliorarsi, efficienza, innovazione, continua ricerca di un maggior numero e migliori informazioni. • Spinta ad essere sempre aggiornati • Chiara consapevolezza di se stessi. • Per quanto riguarda l'organizzazione deve saper trattare con le proprie organizzazioni e con quelle dei clienti le relazioni politiche	• Proporre una relazione di lungo termine ai clienti con + di 10 milioni di fiorini. • Rappresentare con professionalità Mees Pierson nei contatti esterni.

Profilo finale: Maturo, indipendente, riconosciuto, professionale, immagine carismatica.

MATRICE DI SVILUPPO DELLA CARRIERA DI ADDETTO COMMERCIALE AI FINANZIAMENTI

Fase 1 (Profilo di entrata HBO)	Fase 2	Fase 3
Livello 7	**Livello 7 / 8**	**Livello 8**
COMPETENZE	**COMPETENZE**	**COMPETENZE**
• Conoscenza dei sistemi Mees Pierson • Saper parlare con un cliente relativamente a richieste di credito semplici dal punto di vista dell'operatività e dell'amministrazione. • Capacità di costruire accordi di credito semplici con la controparte PKO, COJU. • Preparare autonomamente le proposte di revisione dei crediti • Resistenza allo stress • Ottimizzazione del tempo.	• Preparare autonomamente le proposte di credito semplici. • Preparare autonomamente le proposte di revisione (dei crediti). • Preparare e controllare la proposta di credito più adeguata. • Controllare l'andamento del portafoglio di credito *acma*. • Capacità di costruire accordi di credito non standardizzati ed è un partner di colloquio di COJU. • Capacità di analizzare IB / VB • Capacità di parlare con i clienti (in qualità di rappresentante di *acma*).	• Capacità di costruire accordi di credito più complessi con la controparte e partner di colloquio con COJU. • Capacità di realizzare a livello informale un piano generale di influenza sia all'interno sia all'esterno. • Capacità di essere partner di colloquio completo per i clienti. • Capacità di essere *coach* di colleghi più giovani o con meno esperienza. • Capacità a livello commerciale di comprendere immediatamente il rischio di credito • Capacità di rielaborare in appositi rapporti le informazioni del Management • Capacità di analizzare le cifra annuali delle aziende
CONTENUTO DEL MESTIERE	**CONTENUTO DEL MESTIERE**	**CONTENUTO DEL MESTIERE**
• Formazione Generale Bancaria (AOB) NIBE • Finanziamento immobiliare 1 NIBE • Legislazione NIBE • Formazione tecnologica (*computer*) • Formazione WMT • Corso di inglese (bancario e interno)	• Basi per la concessione di credito alle aziende NIBE • Risparmio e Investimenti NIBE • Imposte NIBE • Lettura del Bilancio NIBE	• Inglese Bancario NIBE • Imposte NIBE • Analisi di bilancio NIBE • Finanziamento immobiliare 2 NIBE • Concessione di credito alle aziende NIBE
ESPERIENZE E SVILUPPO	**ESPERIENZE E SVILUPPO**	**ESPERIENZE E SVILUPPO**
• Stage PKO e PS (1 mese) • Sviluppare la conoscenza delle procedure e delle istruzioni interne • Raccogliere informazioni con l'aiuto di un collega senior relativamente a Richieste di Credito e iter (modalità di raccolta e inoltro dei documenti) per la concessione di crediti.	• Corsi interni ad esempio Workshop Tesoreria • Mantenere l'aggiornamento relativamente a procedure interne e linee di indirizzo • Collaborare con *acma senior* per la realizzazione di proposte di finanziamento e documentazione dei crediti	• Corsi interni • Corso di abilità di colloqui commerciali • Collaborare con *acma senior* per la realizzazione di proposte di finanziamento complesse e per la costruzione di piani finanziari • Realizzare autonomamente piani di credito e revisioni non complesse.
SVILUPPO PERSONALE	**SVILUPPO PERSONALE**	**SVILUPPO PERSONALE**
• Capacità di colloquio (a livello base) per la risoluzione di domande e richieste della clientela relative a amministrazione e operatività.	• Scrittura efficace • Abilità di colloqui commerciali • Approfondimento delle conoscenze dei crediti tecnici.	• Abilità di colloquio e scrittura commerciale • Riunioni efficaci • Gestione dei conflitti

Matrice di sviluppo della carriera di ADDETTO COMMERCIALE

Profilo di entrata= diploma HEAO (livello di lavoro e pensiero),
circa 20 anni di età e affinità con lavori amministrativi e finanziari

FASE 1	FASE 2	FASE 3	NOTE
Contenuto del mestiere	**Contenuto del mestiere**	**Contenuto del mestiere**	
• Basi NIBE • Formazione tecnologica attuale • Bilingue (almeno una inglese) • Corso di inglese bancario • Formazione teorica o lavorativa di tipo finanziario	• Titoli Aziendali NIBE • Consulenze di Investimento NIBE • Seguire DIM e le riviste specializzate del mestiere • Mantenimento delle conoscenze linguistiche • Conoscenza del proprio carisma personale e del proprio punto di stress.	• Legislazione / Imposte / Assicurazioni NIBE • Corso di scrittura efficace • Mantenimento delle conoscenze linguistiche e delle conoscenze tecnologiche (computer) • Moduli VBA o tre lingue (opzionale) **Extra:** Training relativo ad attività non lavorative • Abilità di colloquio	
COMPETENZE	**COMPETENZE**	**COMPETENZE**	
• Soprattutto attività di tipo amministrativo e operativo. **Extra:** Periodo di lavoro iniziale con giro di formazione guidato nella Banca	• Soprattutto contatti con la clientela • Controllo del portafoglio in base alle direttive stabilite • Preparazione di colloqui con i clienti • Preparare le proposte di investimento standard • Riuscire a cavarsela con i clienti noiosi (rompiscatole) • Organizzare il proprio tempo	• Soprattutto terminare le trattative relative a questioni di titoli • Coach per colleghi più giovani • Comprensione della propria resistenza e dei propri limiti • Capacità di comunicazione verbale e scritta • Realizza piani di investimento per portafogli più complessi sotto supervisione	
FINE PROFILO FASE 1	**FINE PROFILO FASE 2**	**FINE PROFILO FASE 3 e POSSIBILITA' DI PROMOZIONI**	**NOTE GENERALI**
E' capace di lavorare in autonomia come assistente in modo conforme alla funzione descritta. Ha fatto esperienze di lavoro rilevanti su questioni amministrative e operative nel settore finanziario.	E' capace di realizzare piani di investimento standard e accanto al lavoro di assistente può accompagnare (coachen) anche i colleghi più giovani. La complessità del portafoglio può essere aumentata.	E' già da tempo disponibile come coach di colleghi più giovani e gestisce già da molto tempo i portafogli complessi e ha terminato la maggior parte della formazione.	E' possibile la promozione verso altri segmenti o reparti della Banca.
LAVORO FUORI UFFICIO	**LAVORO FUORI UFFICIO**	**LAVORO FUORI UFFICIO**	
• Rilevanti tessere sociali (membro di club) • Partecipazione alle reti per assistenti (ad es. studio, sviluppo e rilassamento)	• Rilevanti tessere sociali (membro di club) • Disponibilità ad attivare una rete per assistenti PB (studio, sviluppo e rilassamento)	• Rilevanti tessere sociali (membro di club) • Disponibilità a iniziare il PB senior (studio, sviluppo e rilassamento)	

6.2.2.2 Il Piano di Sviluppo Personalizzato (POP).

La comparazione tra il profilo della matrice di sviluppo della carriera e i talenti posseduti dal collaboratore è la base per la corretta compilazione del Piano di Sviluppo Personalizzato (*Persooonllijk OntwikkelingsPlan, POP*).

Nel modulo POP vengono evidenziate:

- le ambizioni del collaboratore, che sono il risultato della combinazione tra i desideri personali e la visione dell'organizzazione;

- gli obiettivi di sviluppo per la realizzazione delle ambizioni (a partire dalle attuali funzioni);

- le azioni da intraprendere per colmare le insufficienze formative.

Nel dettaglio, l'obiettivo di sviluppo finale viene suddiviso in tanti obiettivi intermedi, concreti e misurabili, che sono, a loro volta, scomposti in specifiche azioni di sviluppo; le azioni vengono definite immediatamente nelle modalità (*coaching, on the job, workshop*, ecc.), nei tempi di attuazione e nella valutazione degli effetti (ad esempio con "colloqui di avanzamento" periodici).

Il modulo POP è un vero e proprio accordo tra il collaboratore e il responsabile in base al quale, il collaboratore che si assume la responsabilità del proprio sviluppo futuro deve intraprendere le azioni di sviluppo concordate e, il responsabile, da parte sua, non farà mancare il suo sostegno – in termini di tempo, soldi e agevolazioni - per tutta la durata stabilita. L'accordo POP fra collaboratore e responsabile ha durata diversa in relazione alle aspettative di carriera e alle possibilità di partenza, ma generalmente la durata è da uno a quattro anni, successivamente il Piano può essere ripetuto. La determinazione degli obiettivi deve essere il più concreta possibile perché ad essi sono legate le periodiche azioni di sviluppo e le necessarie verifiche.

Il collaboratore che si accorda per il proprio Piano di Sviluppo "investe su se stesso" ma non è in alcun caso obbligato a farlo mentre per la Banca, il Piano è un contributo alla crescita dell'intera organizzazione. La responsabilità del collaboratore per la propria crescita futura si esplicita anche con le sue richieste di partecipazione a corsi, seminari, ecc. che sono totalmente a carico dell'azienda se previsti nel POP o se sollecitati dalla Banca, mentre hanno un contributo pari al 50% se non sono in relazione al ruolo attualmente ricoperto o ad un percorso concordato. La validità dell'accordo è sottolineata dalla firma delle due parti e dall'invio in copia al Consulente del Personale.

6.2.2.3 La guida alla formazione del mestiere di Private Wealth Management & Corporate Trust.

La Guida elenca una serie di corsi e attività formative - ritenute essenziali dal gruppo Fortis – effettuati da società esterne e in genere aperte a tutti i collaboratori attraverso la semplice compilazione della scheda di iscrizione. I corsi sono molti e tenuti da istituti diversi, NIBE, IBO, Vrije Universiteit (VU), Universiteit Nyenrode, Kluver Opleidingen, ecc. A titolo di esempio si riportano i corsi NIBE e quelli IBO:

ISTITUTO	FORMAZIONE	DURATA	COSTI in fiorini[107]
NIBE	Formazione generale bancaria (AOB)	da 3 a 4 mesi	550
	Consigli di investimento	da 3 a 4 mesi	550
	Previdenza futura	da 3 a 4 mesi	495
	Concessione di crediti alle aziende	da 3 a 4 mesi	550
	Titoli aziendali	da 3 a 4 mesi	550
	Imposte e tasse	da 3 a 4 mesi	495
	Finanziamento Immobiliare 1	da 3 a 4 mesi	495
	Finanziamento Immobiliare 2	da 3 a 4 mesi	550
	DSI – Modulo Integrativo	da 3 a 4 mesi	325
	Lettura del bilancio	2 giorni	1.975
	Analisi di bilancio	2 giorni	1.975
	Analisi finanziaria	3 giorni	3.150
	Imposte e Patrimonio Privato	3 giorni	3.150
	Options	3 giorni	3.150
	Gestione del rischio	3 giorni	3.150
	Swaps	2 giorni	1.975
	Gestione del rischio valutario	3 giorni	3.150
	Analisi dei valori finanziari con interesse fisso	3 giorni	3.150
	Analisi del portafoglio azionario	3 giorni	3.150
	Analisi tecnica	2 giorni	1.975

IBO	Registro degli analisti di investimento RBA	2 anni+3 mesi	
	– Settore		4.000
	– Analisi		4.000
	– Gestione del rischio		4.000
	– Gestione del portafoglio		4.000
	– Integrazione		4.000
			14.250
		totale	

6.2.2.4 La guida per lo sviluppo delle competenze.

La Guida per lo sviluppo delle competenze elaborata specificamente dal gruppo Fortis, riporta, la definizione di ogni singola competenza – selezionata dal gruppo Fortis - le relazioni eventualmente esistenti fra le varie competenze (poiché, in base alle relazioni esistenti, l'effetto di sviluppo può essere rafforzato) nonché per ogni tipo di competenza, oltre ad informazioni di carattere generale e ai fattori di particolare attenzione, l'indicazione dello strumento di sviluppo più appropriato (*coaching, on the job*, ecc).

Prima di esaminare ogni singola competenza è utile riepilogare la terminologia del management delle competenze.

Cluster

le competenze che nel catalogo di competenze sono vicine, formano insieme un cluster (persona, prestazione, efficacia personale).

Competenze

combinazione di abilità, conoscenze e comportamento che un collaboratore deve possedere in un ruolo, e quindi quello che è richiesto per quel ruolo.

Catalogo delle competenze

elenco di 28 competenze tutte descritte e suddivise in quattro livelli di comportamento, da cui si possono fare delle scelte.

Gestione delle competenze

esplicitazione fra quello che l'organizzazione richiede per il raggiungimento degli obiettivi e quello che il collaboratore vuole e può fare.

Profilo delle competenze

combinazione di competenze dal catalogo delle competenze che insieme descrivono i comportamenti richiesti per il ruolo. Per ogni competenza viene indicato quale livello di comportamento è necessario per ricoprire il ruolo con successo.

Documento del ruolo (della funzione)

visione d'insieme dove sono chiariti i risultati di una funzione, le competenze, le capacità e le responsabilità.

Livello di comportamento

descrizione del livello di comportamento per il funzionamento all'interno di una competenza, ci sono quattro livelli di comportamento per ogni competenza.

Dimensioni

caratteri in base ai quali sono suddivisi i diversi livelli di comportamento all'interno di una competenza (complessità e impatto).

Integrazione orizzontale

il modo per accordarsi, in base delle competenze, sui diversi ambiti e strumenti della gestione del personale.

Talenti

combinazione di abilità, conoscenza e comportamenti che veramente caratterizzano il collaboratore, ossia quello che il collaboratore è capace di fare.

Inventario dei talenti

giudicare i talenti del collaboratore in base al predefinito profilo delle competenze del ruolo / della funzione.

Profilo dei talenti

il profilo di comportamento del collaboratore emerso in base al profilo delle competenze.

POP

Piano di Sviluppo Personalizzato nel quale il collaboratore e il suo capo definiscono gli obiettivi di sviluppo.

Stanza di accelerazione

modalità automatica per lo sviluppo del profilo delle competenze.

Integrazione verticale

esplicitare le competenze a partire dagli obiettivi aziendali.

Le competenze si suddividono in tre gruppi principali:

<u>**Orientate alle persone**</u>   (*Persoonsgericht*)   (8 competenze)

1. Comunicazione   (Communicatief)

2. Collaborazione   (Samenwerkingsgerichtheid)

3. Coaching   (Coachend)

4. Capacità di apprendimento   (Leervermogen)

5. Conoscenza di se stessi   (Zelfkennis)

6. Forza di convincimento/impatto   (Overtuingingskracht)

7. Decisionalità   (Besluitvaardigheid)

8. Leadership   (Leiderschap)

<u>**Orientate alla prestazione**</u>   (*Prestatie*)   (11 competenze)

9. Commercialità   (Commercialiteit)

10. Orientamento al cliente   (Klantgerichtheid)

11. Intraprendenza   (Ondernemerschap)

12. Capacità organizzativa   (Organiserend vermogen)

13. Lavoro in rete   (Netwerken)

14. Efficienza / consapevolezza dei costi   (Efficiency / kostenbewustzijn)

15. Precisione   (Accuratesse)

16. Orientamento al risultato   (Resultaatgerichtheid)

17. Orientamento alla prestazione   (Prestatiegerichtheid)

18. Capacità di trattativa   (Onderhandelingsvaardigheid)

19. Consapevolezza dei rischi   (Risicobewustzijn)

Orientate all'efficacia personale (*PersoonlijkeEffectiviteit*) (9competenze)

20. Pianificazione   (Visie)

21. Pensiero strategico   (Strategisch denken)

22. Pensiero analitico   (Analytisch denken)

23. Sensibilità organizzativa   (Organisatie sensitiviteit)

24. Disponibilità al cambiamento   (Veranderingsgerichtheid)

25. Creatività   (Creativiteit)

26. Coerenza   (Consistentie)

27. Indipendenza   (Onafhankelijkheid)

28. Resistenza allo stress   (Stressbestendigheid)

1   COMUNICAZIONE

Descrizione   Reazione, con tatto ed efficacia, verbale e scritta ai bisogni e ai sentimenti degli altri.

E' associata a   La comunicatività fa parte delle competenze orientate alle persone ed è in relazione alla collaborazione con gli altri.

Punti di attenzione   Esistono diversi tipi di comunicazione e riuscire a comunicare bene è un valore di grande importanza.   Con le persone introverse è bene chiarire eventuali questioni e problemi, prima di terminare l'elaborazione delle possibilità di sviluppo.   Le abilità comunicative sono ragionevolmente sviluppabili.

Azioni di sviluppo

On the job / sul lavoro:

-   preparare e distribuire le presentazioni,
-   esercitazione e adempimento del ruolo di presiedere una riunione,
-   adempiere il ruolo di capo progetto,
-   gioco di ruolo dove viene ribadita l'importanza della comunicazione per ogni specifico ruolo.

Coaching:

-   ribadire l'importanza dello scambio di informazioni,
-   dare fiducia e feedback,
-   imparare a adattarsi nel modo di parlare e nel comportamento al partner di colloquio,
-   stimolare un rito fisso (per esempio telefonare una volta al giorno).

Training e formazione:

-   training comunicativo generale, per esempio sul carisma personale, sulla corretta attenzione e sulla chiarezza della comunicazione,
-   trainig di scrittura comunicativa, per esempio su una relazione di politiche aziendali e su un resoconto di consigli,
-   tecniche di presentazione.

Altro: ruolo di esempio, il direttore.

2 COLLABORAZIONE

Descrizione   Orientamento a lavorare e decidere insieme agli altri, eventualmente come team (gruppo). Coinvolgere gli altri, ascoltare gli altri, pensare e trattare gli interessi comuni.

E' associata a   La collaborazione fa parte delle competenze orientate alle persone ed è in relazione alla comunicazione con gli altri.

Punti di attenzione   La collaborazione è difficile da sviluppare in quanto dipende dalla personalità e dalla predisposizione alla condivisione, soprattutto in presenza di persone individualiste. Si può comunque sviluppare alcune abilità che facilitino la collaborazione.

Azioni di sviluppo

On the job / sul lavoro:

- cambiare i gruppi di lavoro,
- job rotation,
- progetti con reparti diversi e in ruoli diversi,
- durante le riunioni cambiare il ruolo di presidente della riunione; in modo che tutti possano a turno presiedere la riunione.

Coaching:

- far capire l'importanza della collaborazione,
- esplicitare apprezzamento e fiducia,
- far costituire ai collaboratori i gruppi di lavoro,
- valutare il processo di collaborazione,
- assegnare compiti e incarichi dove la collaborazione è necessaria.

Training e formazione:

- costituzione di gruppi e giochi,
- abilità di influenzamento,
- gestione dei gruppi,
- tecniche di riunione.

Altro: ruolo di esempio, il direttore.

3 COACHING

Descrizione Aiutare i colleghi nel loro sviluppo e nella realizzazione del loro lavoro. Operare in qualità di partner di colloquio, stimolare gli altri, motivarli e spingerli a ripensare al loro comportamento.

E' associata a Il coaching fa parte delle competenze orientate alle persone ed è in relazione alla capacità di apprendimento e di conoscenza di se stessi.

Punti di attenzione Per sviluppare i talenti di coach è importante che la persona sia in grado di analizzare se stessa e preferisca insegnare agli altri piuttosto che criticarli. Questo connotato è fortemente legato al carattere della persona ed è difficile da sviluppare.

Azioni di sviluppo

On the job / sul lavoro:

- trovare insieme i punti fondamentali per l'attività di coaching,
- far capire come il coach vuole che gli altri si comportino,
- cambiare i ruoli affinché il collaboratore "aiuti" il capo.

Coaching:

- stabilire il ruolo di supervisore (coach del coach),
- discutere il ruolo di coach desiderato dall'organizzazione,
- imparare la struttura del coaching.

Training e formazione:

- training del gruppo Fortis "il capo come coach",
- training generale "il coaching nelle organizzazioni",
- abilità comunicative.

Altro:

- al di fuori del contesto di lavoro (per esempio un pomeriggio in barca a vela) far pratica con diversi ruoli di coach,
- trovare un esempio di coach nell'organizzazione e collaborare con lui.

4   CAPACITÀ DI APPRENDIMENTO

Descrizione   La capacità e il desiderio di svilupparsi e imparare. Utilizzare le esperienze e i suggerimenti degli altri per il proprio sviluppo.

E' associata a   La capacità di apprendimento fa parte delle competenze orientate alle persone ed è in relazione alla attività di coaching e di conoscenza di se stessi. La capacità di apprendimento è associata al proprio modo di imparare (cognitivo, sperimentale, ecc.).

Punti di attenzione   La capacità di apprendimento si basa in gran parte sulla capacità di elaborare informazioni in modo sistematico e di abbinarle alle esperienze. Questa capacità non è molto difficile da sviluppare. La volontà di imparare può essere ridotta se si è scoraggiati o se altre questioni, che sono più importanti, richiedono tanta attenzione cosicché non rimane tempo per imparare ed comunque difficile da sviluppare.

Azioni di sviluppo

On the job / sul lavoro:

- abbinare il lavoro insieme a interessi e abilità,
- valutazione di progetti e impegni,
- aiutare gli altri collaboratori nel proprio lavoro,
- seguire stage e corsi in altri reparti aziendali,
- incrementare il lavoro attraverso impegni diversificati,
- organizzare seminari e corsi,
- realizzare per proprio conto i piani di formazione.

Coaching:

- stimolare le iniziative per lo sviluppo e l'apprendimento,
- far capire al collaboratore che tu hai interesse nel suo lavoro,
- continuare a chiedere nel caso in cui un collaboratore non si sviluppi ulteriormente
- formulare insieme nuove idee e pensieri per l'organizzazione.

Training e formazione:

- seguire congressi e corsi.

Altro: test di apprendimento Kolb (informazioni al Personale & Organizzazione).

5   CONOSCENZA DI SE STESSI

Descrizione Avere una visione aperta e obiettiva di se stessi. Riuscire a prendere le distanze dal proprio modo di comportarsi e, spiegarsi sia le conseguenze del proprio comportamento sugli altri sia le conseguenze del comportamento degli altri sul proprio comportamento. Essere consapevoli del proprio comportamento e di quello degli altri.

E' associata a   La conoscenza di se stessi fa parte delle competenze orientate alle persone ed è in relazione all'attività di coaching e alla capacità di apprendimento.

Punti di attenzione   La conoscenza di se stessi è una competenza molto difficile da sviluppare. Lo sviluppo concreto della riflessione e della conoscenza di se stessi dipendono totalmente dal potere e dalla volontà della persona. E' comunque importante un ambiente di lavoro dove le persone possano fidarsi l'un l'altra e dove nessuno venga giudicato ed è altresì stimolante un ambiente in cui gli altri abbiano molta conoscenza di se stessi e ne parlino.

Azioni di sviluppo

On the job / sul lavoro:

-    buona valutazione di progetti e attività,
-    descrivere i desideri e gli obiettivi personali,
-    organizzare momenti dove, da ambedue le parti (anche fra collaboratori), si possano dare feedback,
-    collaborare con altri che danno tanto feedback.

Coaching:

-    dare feedback sulle modalità di esecuzione delle attività,
-    coadiuvare il processo dove da ambedue le parti viene dato il feedback,
-    stimolare la fissazione di obiettivi e far conoscere i desideri e gli obiettivi.

Training e formazione:

-    far preparare un feedback a 360 gradi,
-    assessment di se stessi.

Altro: ruolo di esempio, il direttore.

6   FORZA DI CONVINCIMENTO / IMPATTO

Descrizione   Spingere, con un comportamento efficace l'attività di se stessi e degli altri; proporre idee e opinioni che dagli altri sono accettate o riportate.

E' associata a   La forza di convincimento fa parte delle competenze orientate alle persone ed è in relazione alla decisionalità e alla leadership.

Punti di attenzione   Le persone con un carisma caratterizzato da molta energia, entusiasmo e determinazione possono convincere gli altri. Qualcuno può essere anche troppo convinto di se stesso con un effetto negativo sulla collaborazione e la comunicazione. Sia la forza di convincimento positiva sia quella negativa possono essere limitate o stimolate tramite i feedback.

Azioni di sviluppo

On the job / sul lavoro:

-   proporre i punti di forza sul proprio o su un altro ambito lavorativo,
-   raccogliere le conoscenze tecniche del mestiere il rafforzamento dei punti di forza e delle decisioni,
-   specializzarsi in uno specifico ambito lavorativo.

Coaching:

-   dare feedback personale sullo stile di convincere e comunicare,
-   stimolare nei lavoratori la specializzazione del mestiere,
-   creare sicurezza in se stessi attraverso il brainstorming con gli altri su eventuali domande ostiche prevedibili e le possibili difficili risposte.

Training e formazione:

-   abilità di influenzamento,
-   abilità di presentazione,
-   carisma personale,
-   tecniche di riunione,
-   abilità commerciali.

Altro: collaborare con qualcuno che possiede la forza di convincimento.

7 DECISIONALITÀ

Descrizione Prendere decisioni, parlarne e comprenderne le conseguenze. Saper decidere in situazioni di insicurezza.

E' associata a La decisionalità fa parte delle competenze orientate alle persone ed è in relazione alla forza di convincimento e alla leadership.

Punti di attenzione Non tutti osano prendere decisioni o dare delle priorità. Questa competenza dipende sia dal coraggio e dall'esperienza sia dal carattere delle persone e, come tale, è difficilmente sviluppabile. Per sconfiggere ogni timore è importante che nell'ambiente lavorativo sia diffusa una cultura che consente di potersi sbagliare e che considera fondamentale l'attività di prendere le decisioni.

Azioni di sviluppo

On the job / sul lavoro:

- essere aiutati da persone che devono prendere molte decisioni,
- assumere pienamente il ruolo di capo e essere consapevoli delle responsabilità,
- segnare tutte le decisioni in un apposito registro (poiché la soluzione definitiva è la conseguenza di tutte le singole decisioni).

Coaching:

- dare fiducia, chiedere ai collaboratori la loro opinione o l'input,
- stimolare le novità e tollerare che qualcuno qualche volta possa fare uno sbaglio indipendentemente dal argomento,
- valutare le decisioni prese (eventualmente sulla base dell'apposito registro),
- supporre di essere a un punto morto e, quindi, dover prendere una decisione.

Training e formazione:

- gestione progetti,
- tempistica, efficacia personale.

Altro:

- chiare descrizioni della funzione (del ruolo),
- chiare informazioni sulle responsabilità,
- ruolo di esempio, il direttore.

8 LEADERSHIP

Descrizione Proporre la propria opinione e visione e, per questo motivo essere cercati e accettati dagli altri. Essere portati ad esempio e spingere gli altri per il raggiungimento dei risultati desiderati.

E' associata a La leadership fa parte delle competenze orientate alle persone ed è in relazione alla forza di convincimento / impatto e alla decisionalità.

Punti di attenzione La necessità di dirigere e guidare le persone nonché di mettere se stessi in vista, dipende molto dalla nostra personalità. Questa competenza è assai poco sviluppabile. E' possibile cambiare lo stile di dirigere e, sviluppare le abilità che facilitano la visione degli altri come leader. Un vero leader necessita sempre di informazioni aggiornate sugli argomenti fondamentali.

Azioni di sviluppo

On the job / sul lavoro:

- formulare una visione o un opinione,
- dirigere le riunioni, e presiederle a rotazione,
- collaborare con colleghi che hanno fortemente sviluppato la competenza di leadership,
- comunicare in modo chiaro verso gli altri, e fissare appuntamenti,
- dirigere i progetti.

Coaching:

- accompagnare e motivare i collaboratori nelle situazioni di cambiamento,
- stimolare l'attività di darsi un feedback fra loro (collaboratori).

Training e formazione:

- tecniche di riunione,
- parlare di fronte a un gruppo,
- stili di leadership.

Altro:

- assumere un coach può avere effetti positivi sul lavoro del responsabile,
- ruolo di esempio, il direttore.

9 COMMERCIALITÀ

Descrizione Usare attivamente le possibilità di vendita; creare attività con vantaggio finanziario diretto per l'organizzazione.

E' associata a La commercialità fa parte delle competenze orientate alla prestazione ed è in relazione all'orientamento al cliente, all'intraprendenza, alla capacità di organizzazione e al lavoro in rete (netwerken).

Punti di attenzione La conoscenza del mercato è facilmente sviluppabile. La sensibilità di quello che l'organizzazione può offrire al cliente e in che modo il cliente potenziale può essere contattato, sono un po' più difficili da sviluppare. In linea generale questa competenza è comunque ragionevolmente sviluppabile.

Azioni di sviluppo

On the job / sul lavoro:

- preparare i piani di sviluppo del mercato,
- attuare piani di mercato per l'introduzione di nuovi servizi e prodotti,
- farsi accompagnare da colleghi con maggiore esperienza,
- seguire gli sviluppi importanti del mercato con l'aiuto di seminari, riviste e analisti specializzati.

Coaching:

- dare feedback su attività commerciali (eventualmente sulla base di video registrazioni),
- spiegare l'importanza dell'attività commerciale all'interno del proprio gruppo,
- fissare obiettivi concreti e reali di prestazioni,
- stimolare servizi e prodotti nell'ambito del mercato.

Training e formazione:

- vendita,
- trattativa,
- abilità di fornire consigli e abilità commerciali.

Altro: adottare sistemi di vendita e marketing.

10 ORIENTAMENTO AL CLIENTE

Descrizione Saper riconoscere le necessità del cliente e del segmento clienti. Immedesimarsi nella situazione del cliente e, da questo punto di vista ipotizzare le soluzioni possibili, e trasformarle in attività all'interno dell'organizzazione.

E' associata a L'orientamento al cliente fa parte delle competenze orientate alla prestazione ed è in relazione alla commercialità, all'intraprendenza, alla capacità di organizzazione e al lavoro in rete (netwerken).

Punti di attenzione L'orientamento al cliente comprende l'intero iter del contatto con il cliente.

Il contatto con il cliente non deve, per definizione, avere contenuto commerciale; essere interessati e saper ascoltare bene sono caratteri essenziali. Spesso è importante la prima impressione con e del cliente. L'orientamento al cliente è, in genere, facilmente sviluppabile.

Azioni di sviluppo

On the job / sul lavoro:

- raccogliere informazioni sul cliente e sull'andamento dell'appuntamento con il cliente (eventualmente annotarli nel "sistema della gestione delle relazioni con i clienti"),
- fare uno stage dal cliente,
- raccogliere informazioni relativamente allo sviluppo nel mercato e alla formulazione degli argomenti di base del cliente,
- esplicitare i bisogni del mercato e fare i profili dei clienti.

Coaching:

- simulare un colloquio con il cliente, con le persone del direttore o di un collega,
- effettuare le valutazioni sul cliente con l'aiuto del direttore o di un collega,
- dare feedback dopo il contatto con i clienti.

Training e formazione:

- gestione delle relazioni con i clienti e gestione dei reclami,

- seguire con attenzione, interpretare, comunicare efficacemente e telefonare,
- saper consigliare i clienti,
- qualità e saper consigliare nelle trattative, gestione dei servizi.

Altro:

- adeguati sistemi di registrazione di relazione con i clienti,
- adottare la gestione di progetti e della qualità con strumenti specifici come la valutazione del cliente e con la discussione e la fissazione degli obiettivi.

11 INTRAPRENDENZA

Descrizione Individuare le possibilità di scelta e realizzarle in azioni strategiche per il miglioramento o il rinnovamento, in modo da consentire il raggiungimento di migliori prestazioni.

E' associata a L'intraprendenza al cliente fa parte delle competenze orientate alla prestazione ed è in relazione alla commercialità, all'orientamento al cliente, alla capacità di organizzazione e al lavoro in rete (netwerken).

Punti di attenzione Per l'intraprendenza sono fondamentali alcune caratteristiche personali quali il coraggio, l'ambizione, la fiducia in se stessi. Questi caratteri sono difficili da sviluppare. L'intraprendenza può, comunque, essere migliorata con la creazione di un ambiente lavorativo dove siano stimolati la fiducia in se stessi, e la creazione di nuove situazioni anche commettendo qualche errore.

Azioni di sviluppo

On the job / sul lavoro:

- proporre prodotti nuovi,
- raccogliere materiale relativamente a tendenze e sviluppi di mercato,
- ricercare il soddisfacimento del cliente e proporre azioni per trovare nuovi clienti e nuovi prodotti.

Coaching:

- coinvolgere i collaboratori in progetti dove c'è bisogno di molta intraprendenza,
- accompagnare e stimolare la formazione di nuove idee,
- collaborare con i colleghi intraprendenti all'interno dell'organizzazione.

Training e formazione:

- seguire seminari e wokshops,
- training di intraprendenza.

Altro: chiarire le responsabilità, il bagaglio di conoscenze personali, e le esperienze dovute alla sfida sul lavoro della stimolazione dell'intraprendenza.

12 CAPACITÀ ORGANIZZATIVA

Descrizione Raccogliere e elaborare dati e informazioni che guidino ad una preparazione efficace, coordinata e composta di azioni e di attività.

E' associata a La capacità organizzativa fa parte delle competenze orientate alla prestazione ed è in relazione all'orientamento al cliente, all'intraprendenza, alla commercialità e al lavoro in rete (netwerken).

Punti di attenzione Avere una visione generale e decidere le priorità spesso è una caratteristica della personalità ed è spesso difficile da sviluppare. E' comunque possibile sviluppare questo carattere e imparare "tipologie e trucchi" per stimolare la capacità organizzativa.

Azioni di sviluppo

On the job / sul lavoro:

- realizzare piani organizzativi di tempificazione e elenchi delle cose da fare,
- definire le priorità e renderle note agli altri,
- fissare gli aspetti da tenere sotto controllo (persone, tempo, soldi, ecc). e per ogni aspetto creare un "Piano di Attività".

Coaching:

- coinvolgere i collaboratori in progetti dove c'è bisogno di molta intraprendenza,
- accompagnare e stimolare la formazione di nuove idee,
- collaborare con i colleghi intraprendenti all'interno dell'organizzazione, dare feedback sulla pianificazione.

Training e formazione:

- gestione del tempo,
- gestione dei progetti,
- lavorare secondo i principi della pianificazione,
- gestire le attività basandosi sui risultati (gestione per risultati).

Altro:

- chiarire gli obiettivi e i limiti funzionali,
- ruolo di esempio, il direttore.

13 LAVORO IN RETE (NETWERKEN)

Descrizione Ricercare i contatti e la collaborazione dei colleghi, dei clienti e altre relazioni; anche senza un vantaggio a breve termine o un guadagno immediato, ma tenendo conto degli interessi dell'organizzazione.

E' associata a La capacità di lavorare in rete fa parte delle competenze orientate alla prestazione ed è in relazione alla commercialità, all'orientamento al cliente, all'intraprendenza, e alla capacità organizzativa.

Punti di attenzione Gran parte della capacità di lavorare in rete è legata alla persona. Sono importanti specialmente aspetti quali: l'interesse negli altri, l'essere aperto agli altri, e le abilità comunicative. Per alcune persone l'apprendimento di questo carattere è difficile, invece per altri è una cosa "naturale".

Azioni di sviluppo

On the job / sul lavoro:

- analizzare il lavoro in rete attuale, elencare cosa ne deve venire fuori,
- cercare di contattare persone che hanno un'esperienza lavorativa dello stesso tipo,
- tenere colloqui informali nell'azienda,
- mantenere i contatti attraverso il proprio sistema di gestione delle relazioni,
- andare alle riunioni insieme ad una persona che è brava a lavorare in rete,
- partecipare all'attività di altri reparti.

Coaching:

- realizzare insieme ai collaboratori un elenco di persone con le quali i collaboratori possono mettersi in contatto per definire le modalità di approccio.

Training e formazione:

- lavorare in rete professionalmente,
- gestione delle informazioni personali.

Altro:

- sperimentare internamente i colloqui informali e mantenere i contatti,

- controllare e registrare i contatti, utilizzando un sistema di gestione delle relazioni,
- ruolo di esempio, il direttore.

14 EFFICIENZA / CONSAPEVOLEZZA DEI COSTI

Descrizione Tenere conto dei costi e dei guadagni a breve e lungo termine. Conoscere i costi e mantenere le uscite nel budget. Raggiungere il risultato senza dispendio di energie.

E' associata a   L' efficienza / consapevolezza dei costi fa parte delle competenze orientate alla prestazione ed è in relazione alla precisione.

Punti di attenzione   Le capacità in questo ambito sono facili da sviluppare. La consapevolezza dei costi può avere a che fare anche con una gestione con "nochalance", in questi casi c'è bisogno di disciplina e di patti chiari sulle norme e sulle necessità.

Azioni di sviluppo

On the job / sul lavoro:

-    raccogliere le informazioni in cifre e analizzarle, identificare e discutere le tendenze in atto,
-    collaborare con colleghi esperti di costi e finanza.

Coaching:

-    definire e discutere con i collaboratori i costi e i vantaggi delle decisioni da prendere,
-    dare un feedback diretto e concreto sul comportamento di mancata consapevolezza (per esempio viaggi non necessari e sprechi); cercare di creare una cultura in base alla quale i collaboratori ne possano discutere tra loro.

Training e formazione:

-    struttura dei costi, organizzazione amministrativa e controllo del budget.

Altro:

-    definire norme e valori chiari, limiti e regole,
-    stimolare la competizione fra le persone,
-    incrementare l'interesse dei collaboratori per l'efficienza attraverso la partecipazione al capitale aziendali (azioni),
-    ruolo di esempio, il direttore.

15 PRECISIONE

Descrizione Lavorare con accuratezza e puntualità, per prevenire gli errori. Svolgere le attività con precisione e in modo ordinato.

E' associata a La precisione fa parte delle competenze orientate alla prestazione ed è in relazione alla precisione all'efficienza / consapevolezza dei costi.

Punti di attenzione La precisione nel lavoro è facile da imparare malgrado ci sia una grande differenza tra i caratteri delle persone. Eventuali procedure devono essere accompagnate e ben introdotte per avere un quadro di riferimento ben definito. Una possibilità per ottenere un quadro più ampio può essere lasciar sviluppare le nuove procedure e le informazioni da parte delle persone stesse. Attraverso il feedback viene creata la consapevolezza per l'interesse nella precisione.

Azioni di sviluppo

On the job / sul lavoro:

- realizzare elenchi delle cose da fare,
- collaborare con persone che già per natura lavorano in modo puntuale e accurato,
- fissare appuntamenti con i colleghi che controllano il lavoro e dare loro feedback.

Coaching:

- controllare regolarmente gli elenchi delle cose da fare (to do list),
- valutare regolarmente l'andamento e il risultato delle attività giornaliere,
- premiare la precisione e la puntualità nelle trattative.

Training e formazione:

- gestione del tempo,
- qualità.

Altro:

- indicare le persone che possono essere da esempio (per esempio la segretaria precisa).

16 ORIENTAMENTO AL RISULTATO

Descrizione Avere chiari i risultati desiderati e, passo passo, raggiungere l'obiettivo finale. Pensare in anticipo e avere un piano generale a cui lavorare sistematicamente.

E' associata a L'orientamento al risultato fa parte delle competenze orientate alla prestazione ed è in relazione all'orientamento alla prestazione, alle capacità di trattativa e alla consapevolezza del rischio.

Punti di attenzione L'orientamento al risultato dipende dalla volontà individuale di fare bene le cose. Questa caratteristica è sviluppata con livelli diversi e viene stimolata da obiettivi chiari e definiti. Per ogni individuo deve essere chiaro quali sono i risultati desiderati dall'organizzazione e in che modo possono essere realizzati. Se è chiaro quali risultati sono importanti e quale input ci si aspetta da lui si può parlare con le persone di orientamento al risultato e di raggiungimento degli obiettivi. E' importante, sia per l'intera organizzazione sia per l'individuo, definire risultati raggiungibili.

Azioni di sviluppo

On the job / sul lavoro:

- realizzare elenchi delle cose da fare personalizzati (eventualmente con proprie valutazioni),
- stabilire le priorità e valutare le conseguenze,
- fare un piano di gruppo a partire dagli obiettivi,
- collaborare con colleghi che hanno l'orientamento al risultato.

Coaching:

- fare insieme degli appuntamenti basati sul risultato e valutarne l'orientamento al risultato,
- valutare l'impostazione e i risultati delle attività e trarne idee per il miglioramento,
- comunicare chiaramente i risultati desiderati e quelli raggiunti.

Training e formazione:

- lavorare in base ai progetti,
- gestione dei contratti,
- tempificazione.

Altro: ruolo di esempio, il direttore.

17 ORIENTAMENTO ALLA PRESTAZIONE

Descrizione   Essere ambiziosi, voler realizzare obiettivi più elevati e pensare sempre a migliorare. Non lasciarsi frenare dai contrattempi sulla strada dell'eccellenza.

E' associata a   L'orientamento alla prestazione fa parte delle competenze orientate alla prestazione ed è in relazione all'orientamento alla prestazione, alle capacità di trattativa e alla consapevolezza del rischio.

Punti di attenzione   Le ambizioni personali non si possono insegnare. L'orientamento alla prestazione si può stimolare attraverso la valutazione e la premiazione e, attraverso la definizione obiettivi concreti che sono sia da raggiungere sia delle sfide. Anche un forte orientamento alla prestazione collettiva può essere uno stimolo efficace. L' orientamento alla prestazione può essere positivo o negativo, a seconda di quanto una persona è energica, di come si sente o se, per cause esterne, ha un momentaneo cambiamento della motivazione lavorativa.

Azioni di sviluppo

On the job / sul lavoro:

- collaborare con un collega orientato alla prestazione,
- definire con un gruppo quali sono gli obiettivi collettivi,
- fissare gli obiettivi personali e il modo per realizzarli,
- fare un'auto valutazione dei risultati raggiunti e definire le azioni di miglioramento.

Coaching:

- definire insieme gli obiettivi, valutare il progresso della prestazione e stabilire le azioni di miglioramento,
- stabilire chiare responsabilità e obiettivi chiari, sfidabili e misurabili all'interno dell'organizzazione,
- indirizzare verso risultati e accordi individuali,
- favorire un orientamento alla prestazione collettiva attraverso l'apprezzamento dei risultati di gruppo.

Training e formazione:

- tempificazione,
- efficacia personale.

<u>Altro</u>:

-    stimolare l'orientamento alla prestazione attraverso "premi", come ad esempio un premio in denaro mensile per il gruppo migliore,

-    motivare attraverso lo sport, cambiamento dell'ambiente di lavoro o un periodo sabbatico.

18 CAPACITÀ DI TRATTATIVA

Descrizione A partire da diversi punti di vista e/o interessi arrivare ad un risultato di trattativa complessiva.

E' associata a La capacità di trattativa fa parte delle competenze orientate alla prestazione ed è in relazione all'orientamento al risultato, all'orientamento alla prestazione e alla consapevolezza del rischio.

Punti di attenzione Per raggiungere una situazione vincente occorre avere una visione globale delle opinioni e degli interessi della controparte. Questo richiede tecniche di colloquio e capacità di ascolto. E' importante non essere orientati soltanto al proprio guadagno. Questa è una caratteristica personale e non facile da sviluppare; fra le modalità di apprendimento per le tecniche di trattativa si predilige il training.

Azioni di sviluppo

On the job / sul lavoro:

- stage oppure cambiamenti di ruolo a tempi determinati attraverso i quali si apprende le diverse posizioni e opinioni,
- job-rotation, turnazione,
- collaborare in gruppi con interessi contrapposti.

Coaching:

- dare feed back sul modo in cui il collaboratore ascolta e le modalità con cui lui chiede verifiche di informazioni che già possiede,
- stimolare il lavoro in gruppo.

Training e formazione:

- tecniche di trattativa,
- abilità di colloqui,
- abilità di influenzamento,
- gestione dei conflitti.

Altro:

- giochi di simulazione dove si evidenziano le abilità di trattativa,
- ruolo di esempio, il direttore.

19 CONSAPEVOLEZZA DEL RISCHIO

Descrizione Riconoscere e comprendere problemi inaspettati, pericoli e rischi per le persone, per le organizzazioni e per le attività nelle organizzazioni e nel mercato.

E' associata a La consapevolezza del rischio fa parte delle competenze orientate alla prestazione ed è in relazione all'orientamento al risultato, all'orientamento alla prestazione e alla capacità di trattativa.

Punti di attenzione La consapevolezza del rischio si sviluppa attraverso l'esperienza che deriva dal fare tante attività, e parlando con altri dei rischi e delle loro possibili conseguenze. Occorre fare attenzione all'ambito nel quale si può e si deve assumere il rischio.

Azioni di sviluppo

On the job / sul lavoro:

- costruzione collettiva di gruppi eterogenei, cosicché lavorino insieme coloro che volentieri corrono rischi e coloro che li evitano e collaboratori con esperienza e quelli senza esperienza,
- analizzare un cambiamento organizzavo fittizio o attuale, il lancio di prodotti e / o un altro cambiamento radicale,
- stabilire a priori quali specifiche possibilità e problemi si pensa di trovare,
- parlare con colleghi con esperienza di conseguenze e rischi di attività e di esperienze accadute.

Coaching:

- dare feed back personale relativamente alla valutazione, alle cause, alle conseguenze e ai rischi,
- stabilire l'importanza della consapevolezza dei rischi del proprio ruolo,
- stimolare l'assunzione dei rischi e allontanare l'ansia del fallimento,
- imparare a valutare le conseguenze delle trattative.

Training e formazione:

- gestione e analisi dei rischi.

Altro: a seconda del ruolo sono disponibili specifici training del mestiere riguardo alla consapevolezza dei rischi nel mercato,

- stabilire chiari ambiti nei quali si può assumere i rischi.

20 PIANIFICAZIONE

Descrizione Lo sviluppo di uno scenario futuro realistico in base alle esperienze e alla visione degli sviluppi interni ed esterni; divulgare questo scenario all'interno dell'organizzazione.

E' associata a La pianificazione fa parte delle competenze orientate alla efficacia personale è in relazione al pensiero strategico e analitico e alla sensibilità organizzativa.

Punti di attenzione Lo sviluppo della pianificazione ha molto a che fare con l'interesse in argomenti che indirettamente hanno a che fare con l'ambito lavorativo. La pianificazione è difficile da sviluppare. Lo sviluppo della pianificazione può essere stimolato attraverso il forte coinvolgimento dei collaboratori nello sviluppo della pianificazione dell'organizzazione e chiedendo loro di esporre le proprie idee.

Azioni di sviluppo

On the job / sul lavoro:

- tenere le presentazioni per i colleghi,
- dare il proprio parere durante le riunioni sulla pianificazione dell'organizzazione,
- tener conto delle proposte, a lungo termine.

Coaching:

- stimolare a seguire i seminari e altre attività,
- divulgare la pianificazione dell'organizzazione con accentuata importanza,
- trasformare la pianificazione generale dell'organizzazione in una pianificazione per reparti.

Training e formazione:

- leggere le riviste specializzate,
- seguire i seminari,
- sviluppare la pianificazione e le strategie.

Altro:

- leggere i libri sul futuro e la pianificazione di altri.

21 PENSIERO STRATEGICO

Descrizione Avere una visione generale dei rischi, delle possibilità e delle conseguenze quando si prende una decisione. Basare le decisioni su informazioni riconosciute; sviluppare piani che determinano le decisioni organizzative.

E' associata a Il pensiero strategico fa parte delle competenze orientate alla efficacia personale ed è in relazione alla pianificazione, al pensiero analitico e alla sensibilità organizzativa.

Punti di attenzione Il pensiero e la trattativa strategica sono difficili da sviluppare. Conoscere bene il mercato, la concorrenza e la propria organizzazione facilita le decisioni strategiche.

Azioni di sviluppo

On the job / sul lavoro:

- seguire gli sviluppi del mercato, della concorrenza e della propria organizzazione,
- dare un contributo alle effettive acquisizioni e alle attività di marketing,
- contribuire ai gruppi di discussione sullo sviluppo dei mercati,
- stabilire gli obiettivi, le condizioni e gli ambiti di attività, in modo da realizzare gli obiettivi e costruire un piano di partenza scadenzato nel tempo,
- contribuire o scrivere una relazione strategica per il reparto / l'organizzazione.

Coaching:

- dare ai collaboratori le direttive per orientarsi sul mercato,
- stimolare lo sviluppo dei piani strategici insieme ai collaboratori del proprio reparto e / o di altri reparti.

Training e formazione:

- SWOT,
- pensare e pianificare strategicamente.

Altro: far elaborare internamente e in gruppo i piani di *business*, di marketing e strategici. Il lavoro dei gruppi può essere, in seguito, combinato alle concrete attività dell'organizzazione e avere un effetto di stimolo e sviluppo.

22 PENSIERO ANALITICO

Descrizione Ragionare logicamente, riconoscere i dati che sono importanti; collegare le diverse informazioni, valutare le alternative e avere una visione generale delle relazioni tra le cause e le possibili conseguenze.

E' associata a Il pensiero analitico fa parte delle competenze orientate alla efficacia personale ed è in relazione alla pianificazione, al pensiero strategico e alla sensibilità organizzativa.

Punti di attenzione Il modo in cui una persona "per natura" analizza dati e situazioni è legato alla persona. Il pensiero analitico può essere sviluppato per settori.

Azioni di sviluppo

On the job / sul lavoro:

-    collaborare con colleghi caratterizzati dal pensiero analitico, insieme risolvere i problemi,
-    preparare e tenere le presentazioni relativamente ad un argomento per il quale in precedenza si sono cercate e riordinate le informazioni.

Coaching:

-    elencare insieme i fattori ritenuti rilevanti relativamente ad una determinata questione e scrivere come questi sono legati fra loro, quali sono le cose importanti e quali lo sono meno,
-    successivamente fare analizzare le situazioni che si sono presentate,
-    far pensare i collaboratori su situazioni problematiche prima di discuterle in riunione. Farle analizzare e parlarne insieme.

Training e formazione:

-    ci sono pochi training indirizzati specificamente alla capacità analitica,
-    analisi di dati finanziari o statistici.

Altro:

-    per esercitarsi, analizzare argomenti al di fuori del conteso lavorativo.

23 SENSIBILITÀ ORGANIZZATIVA

Descrizione Avere una visione degli interessi e dei punti di forza all'interno dell'organizzazione. Fare attenzione ed adattare e trattare i segnali, i desideri e le aspettative delle persone.

E' associata a La sensibilità organizzativa fa parte delle competenze orientate alla efficacia personale ed è in relazione alla pianificazione e al pensiero strategico e analitico.

Punti di attenzione Per sviluppare la sensibilità organizzativa è importante che ci siano molte informazioni sui diversi aspetti dell'organizzazione che vengono comunicate dal management. La disponibilità di informazioni condivise e il possesso di una buona abilità di comunicazione facilita lo sviluppo.

Azioni di sviluppo

On the job / sul lavoro:

- discutere le questioni importanti in gruppo,
- lavorare in gruppi multidisciplinari e formati da diversi reparti,
- partecipare a progetti con gruppi che cambiano,
- decidere consapevoli delle conseguenze per gli altri reparti dell'organizzazione.

Coaching:

- far discutere relativamente alle norme e ai valori importanti all'interno dell'organizzazione,
- far vedere come all'interno dell'organizzazione si prendono le decisioni,
- raccontare come ognuno può rimanere aggiornato sulle attività e sulle decisioni dell'organizzazione.

Training e formazione:

- giochi di management,
- comunicazione interna.

Altro:

- ruolo di esempio, il direttore,
- approntare i mezzi per la comunicazione interna (per esempio intranet, newsletters, riunioni informative).

24 DISPONIBILITÀ AL CAMBIAMENTO.

Descrizione Essere aperti, adattare le proprie idee e modo di lavoro ai cambiamenti in atto, influenzare la situazione e avallare i cambiamenti nell'organizzazione.

E' associata a La disponibilità al cambiamento fa parte delle competenze orientate alla efficacia personale ed è in relazione alla creatività.

Punti di attenzione La disponibilità al cambiamento è difficilmente sviluppabile. Sentirsi bene di fronte al cambiamento dipende dalla personalità. La maggior parte delle persone sono disponibili al cambiamento a patto che questo sia limitato, cambiare molte cose insieme è per tutti difficile. Inoltre è importante che vengano chiarite le ragioni del cambiamento.

Azioni di sviluppo

On the job / sul lavoro:

- condividere il coordinamento degli iter dei progetti di cambiamento tra più persone,
- proporre la propria opinione relativamente ai cambiamenti e discuterne,
- informarsi in un altro reparto dell'azienda chiedendo i cambiamenti in corso o che sono stati fatti,
- definire i pro e i contro del cambiamento.

Coaching:

- dare ai collaboratori un ruolo attivo nel processo di cambiamento,
- la ricerca delle ragioni interne della resistenza al cambiamento,
- far definire ai collaboratori su quali incarichi essi hanno influenza e su quali no relativamente ai cambiamenti in corso.

Training e formazione:

- informarsi su un'altra azienda,
- cultura del cambiamento / gestione del cambiamento.

Altro:

- è importante avere stabili condizioni di lavoro di base.

25 CREATIVITÀ.

Descrizione Creare azioni e soluzioni originali e improvvisate. Combinare informazioni formali e informali, soluzioni esistenti e nuove per far nascere nuove idee.

E' associata a La creatività fa parte delle competenze orientate alla efficacia personale ed è in relazione alla disponibilità al cambiamento.

Punti di attenzione La creatività spesso nasce da una "combinazione di fattori": spazi liberi, incontri spontanei e combinazioni inusuali. In una organizzazione chiusa con molte procedure e legami di collaborazione fissi e tempi stretti è molto difficile che nasca la creatività. La creatività è una competenza piuttosto difficile da sviluppare.

Azioni di sviluppo

On the job / sul lavoro:

- dare spazio alle azioni di sviluppo che non contribuiscono al profitto,
- tenere sessioni di brainstorming e discussioni - eventualmente con strumenti elettronici -, anche specificamente a carattere non lavorativo,
- organizzare azioni e progetti commerciali,
- pensare ad altre soluzioni diverse da quelle usate fino ad oggi.

Coaching:

- promuovere idee non convenzionali,
- creare situazioni di lavoro collaborative,
- mostrare la propria apertura,
- stimolare più soluzioni per un unico problema.

Training e formazione:

- formazione a soluzioni creative,
- metodi di brainstorming.

Altro:

- eliminare i problemi, creare spazio e ampie possibilità di sviluppo,
- scatola delle idee.

26 COERENZA.

Descrizione Proseguire la strada intrapresa, pianificare le attività e prendere le decisioni. Portare a termine strategie e decisioni, questo significa trasformarle in azioni.

E' associata a La coerenza fa parte delle competenze orientate alla efficacia personale ed è in relazione alla indipendenza e alla resistenza allo stress.

Punti di attenzione Una persona coerente viene spesso vista come una persona fidata perché è sicura della sua opinione, mantiene gli appuntamenti e segue una linea fondamentale. Queste abilità sono da sviluppare bene, in relazione per esempio, alle capacità comunicative: quando si impara a comunicare in modo chiaro è più facile spiegare il perché e il come delle cose. La perseveranza è più nascosta nella personalità ed è difficilmente sviluppabile.

Azioni di sviluppo

On the job / sul lavoro:

- durante le discussioni o le riunioni dire la propria opinione e / o rimanere fermi nel proprio punto di vista,
- fare un elenco delle cose da fare (to do list).

Coaching:

- dare chiarezza negli obiettivi del reparto / management,
- far capire in quale situazione ci si aspetta la coerenza e quali sono i suoi caratteri,
- sapere cosa richiede l'organizzazione e in base a questo trasformare la coerenza in azioni.

Training e formazione:

- comunicazione efficace,
- tempificazione,
- definire le priorità,
- gestione dei progetti.

Altro: se gli obiettivi del management sono chiari è più facile conoscere le priorità.

27 INDIPENDENZA.

Descrizione Lavorare autonomamente e consapevolmente. Saper far fronte ai desideri, ai cambiamenti e agli ostacoli. Esplicitare le proprie opinioni e difenderle.

E' associata a L'indipendenza fa parte delle competenze orientate alla efficacia personale ed è in relazione alla coerenza e alla resistenza allo stress.

Punti di attenzione L'indipendenza ha a che fare con la fiducia in se stessi ed è associata all'orientamento al cambiamento e alla capacità di lasciar perdere le cose conosciute e fidate ma ormai superate. Nel caso che si tratti di aspetti fondamentali personali, può essere consigliato un coaching intensivo.L'essere indipendente e l'essere aperti al cambiamento possono essere stimolati on the job. L'indipendenza è associata allo stress e alla resistenza e per questo anche a situazioni di tipo privato.

Azioni di sviluppo

On the job / sul lavoro:

- pianificare autonomamente il lavoro, e insieme ad un altro valutarlo,
- dire la propria opinione durante le riunioni e prendersi del tempo prima per deciderle e successivamente per scriverle,
- reagire positivamente a nuove idee portate da altri.

Coaching:

- far cambiare spesso incarico e ruolo,
- riflettere quali possono essere le ragioni della propria sensibilità o comportamento,
- creare regolarmente cambiamenti di gruppi.

Training e formazione:

- formazione specifica attraverso cui si può acquisire maggiore sicurezza in se stessi.

Altro:

- stimolare un cambiamento regolare / mobilità del ruolo e dell'ambiente di lavoro,
- stimolare la formazione di una cultura nella quale i collaboratori si identificano per raccontare le proprie opinioni e essere aperti l'un l'altro. Dare l'esempio.

28 RESISTENZA ALLO STRESS

Descrizione Reagire con calma e sicurezza alle situazioni critiche. Anche sotto pressione, e di fronte a contrattempi o opposizioni mantenere buone prestazioni.

E' associata a La resistenza allo stress fa parte delle competenze orientate alla efficacia personale ed è in relazione alla coerenza e alla indipendenza.

Punti di attenzione Quanto una persona è resistente allo stress, si evidenzia solo al momento in cui c'è qualcosa che non funziona. Ognuno reagisce allo stress in modo diverso. E' importante che diventi chiaro quale ragione influisce maggiormente. Per una persona può essere la situazione familiare o il non riuscire a superare i fallimenti personali, per un'altra persona può essere il troppo lavoro o il caos o il cambiamento.

Insieme - eventualmente tramite coaching- si può trovare la ragione e la giusta reazione. Ognuno mostra i propri segnali di stress alle persone intorno. Qualcuno diventa caotico e impegnatissimo, qualcun altro non parla più o gli viene il mal di schiena.

Azioni di sviluppo

On the job / sul lavoro:

- festeggiare il successo dopo un lungo periodo di forte di impegno,
- definire le priorità e preparare i piani di azione.

Coaching:

- saper parlare di stress e ricercarne le cause,
- creare una situazione di sicurezza dove le persone possono fidarsi l'un l'altra e chiamare l'altro se c'è bisogno.

Training e formazione:

- gestione del tempo,
- efficacia personale,
- definire le priorità,
- gestione dello stress realizzando un fitness training o yoga.

Altro:

- fitness aziendale,

- preoccuparsi per la chiarezza e la tranquillità e se c'è bisogno scappare temporaneamente dalle cause di stress,
- preoccuparsi che in tutto il reparto il lavoro sia equamente distribuito.

6.2.3   Il Centro per la Consulenza della Carriera del gruppo Fortis.

All'interno del gruppo Fortis – di cui fa parte Mees Pierson – esiste il Centro di Consulenza per la Carriera (Loopbaan Advies Centrum – LAC), testimonianza concreta di quanto diversa, rispetto alla realtà italiana, sia la consapevolezza e l'attenzione aziendale per le Risorse Umane in Olanda. Il ruolo del Centro e le modalità operative nonché le funzioni suggeriscono che questa realtà non sia propria solo del gruppo Fortis ma investa tutto l'ambiente finanziario olandese.

I cambiamenti sono il "motore" del mondo e si riproducono, a cascata sulle organizzazioni e sui singoli.   La strategia del gruppo Fortis è quella di cercare anticipare i nuovi desideri della clientela, gli sviluppi tecnologici e gli sviluppi della concorrenza attraverso lo strumento dei propri collaboratori e si aspetta che i collaboratori inseriti in un organizzazione dove cambiano i ruoli aziendali, altri si modificano e altri ancora decadono, seguano il cambiamento.

Il Centro di Consulenza per la Carriera nasce proprio per assecondare i cambiamenti e tenendo conto del contesto pianificare la carriera dei collaboratori. Il Centro fornisce informazioni relativamente a: sviluppo personale, pianificazione della carriera, formazione, offerte di lavoro del gruppo Fortis, offerte di lavoro esterne al Gruppo, modalità per costruire un efficace curriculum vitae e per sostenere con successo un colloquio di lavoro. Gli strumenti a disposizione sono testi delle specifiche attività, programmi di computer per evidenziare i propri talenti, test,ecc. Il Centro si avvale di consulenti di carriera specializzati sia interni, sia esterni al Gruppo che consigliano il collaboratore operando concretamente e senza pregiudizi, questo significa che l'obiettivo è lo sviluppo personale del collaboratore, anche se questo significa sfruttare migliori opportunità presenti al di fuori del gruppo Fortis.

Il Centro, pur essendo al servizio di tutto il Gruppo - e infatti le offerte di lavoro e gli altri strumenti sono accessibili dalla rete Intranet aziendale -, si colloca in una posizione di indipendenza, per cui la persona che qui si rivolge, può richiedere la massima confidenzialità e discrezione. Tutta l'attività si svolge nel rispetto di un Codice di Comportamento interno che ribadisce l'indipendenza del Centro e il pieno rispetto verso le persone che vi si rivolgono. Il Centro ha una funzione più ampia del Piano di Sviluppo Personalizzato, quest'ultimo è uno strumento interno aziendale per la gestione dello sviluppo del personale.

L'attività del Centro – come il modulo POP - si basa su un inventario di competenze e ambizioni del collaboratore che viene inserito in una banca dati e incrociato con le offerte di lavoro che via via vengono inserite; a questo proposito è importante sottolineare che tutti i collaboratori si possono rivolgere al Centro, dal livello più basso fino all'Alta Direzione.

Il Centro per la Consulenza della Carriera fornisce essenzialmente tre tipi di servizi:

1. la consulenza ai collaboratori per il loro sviluppo professionale (ampiamente descritta sopra);

2. la consulenza nelle aziende del Gruppo per i manager del personale e per quelli delle altre divisioni

3. il personale per le offerte temporanee.

Relativamente alla consulenza ai manager del personale e delle altre divisioni, il Centro consiglia come devono comportarsi per lo sviluppo del personale e per l'attuazione di una strategia di intercambiabilità delle posizioni, come devono prepararsi per i vari colloqui con i collaboratori (ad esempio per il colloquio di sviluppo personale, ecc. Il Centro consiglia anche i cambiamenti organizzativi e in questi casi organizza specifiche presentazioni degli assetti interni futuri destinate a tutti i collaboratori.

Relativamente alla disponibilità di personale per le offerte temporanee occorre precisare che lo spirito del "gruppo a disposizione" è il concreto sviluppo professionale di coloro che ne fanno parte. I collaboratori che ne fanno parte sono chiamati a svolgere funzioni temporanee all'interno del gruppo Fortis in tutta l'Olanda; i responsabili delle varie funzioni possono richiedere l'intervento del "gruppo a disposizione" solo se la necessità è per un periodo minimo di tre mesi, in quanto devono essere ruoli per i quali è previsto un periodo di apprendimento minimo di un mese.

Questa formula consente:

- ai responsabili, di disporre di collaboratori coinvolti, flessibili e intercambiabili valido sostegno per un periodo predefinito; e,

- ai lavoratori a disposizione di scoprire e sviluppare i loro talenti e le loro capacità nonché di conoscere i diversi settori lavorativi, altri reparti, e addirittura altre divisioni aziendali.

6.2.4   Il NIBE-SVV (Nederlands Istituut voor het Bank- Verzekerings- en Effectenbedrijf).

A margine del caso appena prospettato è interessante precisare l'attività del maggior istituto di formazione olandese, il NIBE – SVV. Si è visto che in fase di costruzione del Piano di Sviluppo vengono esplicitati anche i corsi e i seminari a cui il collaboratore dovrà partecipare e in questo ambito un ruolo fondamentale è svolto dall'istituto NIBE-SVV; la stessa Mees Pierson riporta nella apposita "Guida alla formazione del mestiere di Private Wealth Management & Corporate Trust" una serie di corsi NIBE ritenuti indispensabili.

Lo spirito di questo istituto è il medesimo che anima tutta l'attività di sviluppo professionale del personale, ossia agevolare i collaboratori affinché assumano la consapevolezza che, in un mondo che cambia velocemente, il loro miglioramento è un investimento per il futuro, poiché dall'altra parte, le aziende sono consapevoli che i collaboratori e l'ottimizzazione dei loro talenti sono la base per il risultato del *business*.

Il NIBE-SVV (Istituto olandese per le banche le assicurazioni e le società finanziarie) offre, con modalità diversificate, una serie di corsi per acquisire conoscenza o mantenerla aggiornata nell'ambito delle tecniche di lavoro. L'attività del NIBE – SVV è molto ampia oltre a organizzare corsi presso le proprie sedi, organizza corsi specifici all'interno delle aziende e ha una propria casa editrice che pubblica libri specialistici di ogni settore finanziario e due riviste mensili ad hoc. I corsi hanno livelli diversi, dai corsi introduttivi a quelli di specializzazione e si concludono con il rilascio di un diploma –dopo aver sostenuto un esame- che ha un elevato riconoscimento in tutto il settore finanziario. Il sito *Internet* dell'istituto è sempre aggiornato e offre, fra l'altro, ai partecipanti di ogni singolo corso, la possibilità di essere assistiti "on-line" dagli insegnanti nelle attività di studio, fornendo risposte chiare e immediate a domante e quesiti del partecipante nonché test di auto-valutazione relativi ad ogni lezione, la partecipazione a gruppi di discussione e la possibilità di effettuare e far valutare un esame finale di prova, inoltre è possibile scaricare dal sito gli esami effettuati in precedenza.

Si riporta l'elenco completo dei corsi che sono suddivisi per ambito professionale e all'interno di ogni ambito ci sono tanti singoli corsi.

Ambito professionale	Numero di corsi attivati
Conoscenze di attività finanziaria	8
Formazione ai sistemi di pagamento	9
Formazione commerciale	3
Formazione ai titoli del mercato finanziario	14
Esperienza di scrittura, formazione di base	2

Esperienza di scrittura, formazione avanzata	1
Formazione fiscale	7
Controllo delle frodi	4
Intermediari finanziari, formazione di base	1
Intermediari finanziari, formazione specialistica	1
Intermediari finanziari, formazione avanzata	10
Formazione giuridica	4
Marketing	1
Servizi ai privati	11
Servizi alle imprese	13
Altre formazioni di tipo assicurativo	6
Formazione delle abilità	1
Assicuratori, formazione di base	1
Assicuratori, formazione specialistica	38
Assicuratori, formazione avanzata	11

In genere la formula dei corsi è la medesima: con l'iscrizione il partecipante riceve un libro di testo che dovrà leggere autonomamente, al momento del corso, che dura pochi giorni, vengono discussi gli argomenti del libro e effettuate diverse prove pratiche; esistono però, anche corsi di auto-formazione per i quali oltre al libro di testo, viene fornito un libro di esercitazioni e un testo guida di aiuto (che può essere sostituito dal supporto di insegnanti "on line") nonché un esame di prova, in quanto anche i corsi di auto-formazione si concludono con un esame che valuta le conoscenze acquisite. Per ogni singolo corso vengono riportate nel sito Internet, ma anche su un opuscolo cartaceo, la durata, i costi, i contenuti, gli obiettivi, le date di esame, le modalità di frequenza, ecc.

Si riporta di seguito i corsi relativi alla "Formazione ai Titoli del Mercato Finanziario" e il dettaglio degli obiettivi e contenuti dei corsi.

Formazione ai Titoli del Mercato Finanziario (nr. corsi attivati 14)

1   Analisi del portafoglio azionario

2   Analisi dei titoli a reddito fissi

3   Consulenza per gli investimenti

4   Specializzazione in options e futures

5   DSI (Duch Securities Institute) modulo per l'etica professionale

6   EIBE Dilemma training

7   Titoli finanziari

8   Etica

9   Futures Finanziari

10   Introduzione ai titoli finanziari

11   Options

12   Quotazioni delle options

13   Workshop di analisi tecnica avanzata

14   Analisi tecnica

1. Analisi del portafoglio azionario.

Chi sono i partecipanti

Il corso è rivolto a collaboratori di società finanziarie e aziende dell'ambito finanziario che devono saper amministrare un portafoglio azionario in base a criteri oggettivi.

Obiettivo

Dopo la partecipazione al corso, si è in grado di:

- scegliere le diverse tipologie di azioni con criteri oggettivi e utilizzare i diversi modelli di valutazione;
- estrapolare le informazioni più importanti dai bilanci annuali o dai rapporti degli analisti e interpretare gli utili attesi;
- costruire un portafoglio in base al principio del grado di rischio;
- saper gestire i derivati, le *options* e i *futures* delle azioni del portafoglio;
- illustrare i regolamenti più importanti.

Formazione precedente

E' un corso a livello HBO. Necessarie conoscenze e l'esperienza a livello della formazione NIBE-SVV per consulente degli investimenti.

Contenuto

Nel testo si trattano i seguenti argomenti:

- teorie del portafoglio,
- concetti di statistica,
- situazione generale, previsioni degli investimenti e modelli di rischio e rendimento,
- aspetti di economia aziendale,
- rapporti annuali e indici diversi,
- gestione del portafoglio,

- modelli di valutazione, strategie, modalità di investimento, misurazioni di *performance*,
- derivati,
- gestione dei prodotti del portafoglio azionario,
- legislazione regolamenti e aspetti fiscali.

Riunioni

Durante il corso il partecipante dovrà trattare casi specifici relativi a:

- applicazione dei concetti statistici,
- analisi del bilancio di un'azienda quotata in borsa,
- gestione del portafoglio,
- utilizzo di derivati nel portafoglio azionario.

2. Analisi dei titoli a reddito fisso.

Chi sono i partecipanti

Il corso è rivolto a collaboratori di società finanziarie e aziende dell'ambito finanziario che devono saper amministrare un portafoglio di titoli a reddito fisso in base a criteri oggettivi.

Obiettivo

Dopo la partecipazione al corso, si è in grado di:
- fare i diversi calcoli necessari per gestire un portafoglio di titoli a reddito fisso,
- utilizzare le diverse strategie per costruire un portafoglio di titoli a reddito fisso adeguato alla situazione generale degli investimenti,
- mantenendo l'ottica dei titoli a reddito fisso saper gestire con profitto un portafoglio di titoli a reddito fisso,
- saper utilizzare le *options* obbligazionarie e i *futures* per gestire e ampliare il rendimento di un portafoglio di titoli a reddito fisso.

Formazione precedente

E' un corso a livello HBO. Necessarie conoscenze e l'esperienza a livello della formazione NIBE-SVV per titoli finanziari.

Contenuto

Nel testo si trattano i seguenti argomenti:
- rendimenti effettivi, durata e rischio di reinvestimento,
- capire gli interessi e la differenza tra il mercato degli interessi monetari e di capitale,
- strutturazione degli interessi,
- scelta delle obbligazioni e strategie attive e passive sulle obbligazioni come per esempio *cash flow matching* e strategie di spread,
- condizioni dei prestiti, mercati finanziari e modalità di contrattazione,

- *options* obbligazionarie e *futures* obbligazionari nei portafogli a reddito fisso.

Riunioni

Durante il corso il partecipante dovrà trattare casi specifici relativi a:

- diverse tipologie di calcolo per l'ottenimento di rendimenti effettivi e la durata,
- curve statistiche della gestione dei portafogli a reddito fisso,
- scelta di obbligazioni, *futures* e *options*.

3. Consulenza per gli investimenti.

Introduzione

Il corso di auto-formazione per consulenza per gli investimenti è composto da cinque sezioni. Il corso inizia con la definizione degli obiettivi e termina con il test di auto-valutazione. Insieme al libro di testo si riceve un libro di esercizi, un esame di prova e una e una guida di aiuto immediato.

Chi sono i partecipanti

Il corso è rivolto a consulenti per gli investimenti dai quali ci si aspetta una consulenza professionale alla clientela.

Obiettivo

Dopo aver studiato il corso di auto-formazione, si è in grado di:

- offrire consulenza per gli investimenti orientati alla creazione di un portafoglio di investimenti a partire dalle necessità e dalla situazione del cliente.

Le cinque sezioni:

a. profilo dell'investitore,

b. strategie di asset allocation (allocazione del patrimonio),

c. tattiche dei asset allocation,

d. prodotti derivati e servizi,

e. misurazione della *performance* e valutazioni.

4. Specializzazione in options e futures.

Introduzione

Il corso di auto-formazione per la specializzazione in *options* e *futures* è composto da 5 sezioni. Il corso inizia con la definizione degli obiettivi e termina con il test di auto-valutazione. Insieme al libro di testo si riceve un libro di esercizi, un esame di prova e una e una guida di aiuto immediato.

Chi sono i partecipanti

Il corso è rivolto coloro che intendono approfondire la conoscenza di *options* e *futures* e delle modalità operative presso le Borse valori olandesi. Con questo corso non si diventa trader autorizzati della Borsa di Amsterdam ma si ottiene comunque un diploma; per diventare trader autorizzati occorre uno specifico esame.

Obiettivi

Dopo aver studiato il corso di auto-formazione, si ha:

- una buona conoscenza per *options* e *futures*,
- una dettagliata conoscenza del sistema di contrattazioni della Borsa di Amsterdam
- la conoscenza della formazione qualitativa del prezzo di *options* e *futures*,
- la capacità di gestire *options* e *futures* in un portafoglio finanziario e di proporre le possibilità e i rischi dei diversi strumenti finanziari.

Le cinque sezioni:

a. panorama del commercio di *futures* e *options*,

b. *futures*,

c. *options*,

d. strategie per *options* e *futures*,

e. strutture e organizzazioni della borsa valori e degli operatori.

5. DSI (Duch Securities Institute) modulo per L'ETICA Professionale.

Introduzione

Il corso di auto-formazione per modulo per l'etica professionale DSI è composto da 6 sezioni. Il corso inizia con la definizione degli obiettivi e termina con il test di auto-valutazione. Insieme al libro di testo si riceve un libro di esercizi, un esame di prova e una e una guida di aiuto immediato.

Il corso è composto da un ampia panoramica della legislazione e dei regolamenti relativi ai titoli finanziari e presta particolare attenzione all'etica e all'integrità professionale nell'ambito della legislazione e della effettiva operatività.

Chi sono i partecipanti

Il modulo integrativo DSI è obbligatorio per tutti gli specialisti finanziari che intendono essere iscriversi al registro del DSI ma si rivolge anche a tutti coloro che intendono approfondire le attività del DSI.

Obiettivi

Dopo aver studiato il corso di auto-formazione, si conosce e si è consapevoli di:

- Etica come responsabilità professionale,
- Legislazione e regolamenti,
- Regolamento della AEX (Borsa di Amsterdam),
- Adesione,
- DSI,
- Etica e integrità morale nell'attività pratica.

Le cinque sezioni sono:

a.   Etica come responsabilità professionale,

b. Legislazione e regolamenti,

c. Regolamento della AEX (Borsa di Amsterdam),

d. Adesione,

e. DSI,

f. Etica e integrità morale nell'attività pratica.

6. EIBE Dilemma training

Introduzione

Per poter fare il corso DSI occorre avere effettuato una formazione specifica. Ogni persona che si registra al corso DSI deve seguire come minimo due formazioni nell'ambito dell'etica: DSI modulo per l'etica professionale (un pacchetto di auto-formazione) e un workshop o corso nell'ambito dell'etica professionale.

L'obiettivo del workshop o corso è far discutere gli specialisti finanziari delle questioni etiche nell'operatività. Il corso "EIBE Dilemma training" fa parte della formazione richiesta da DSI.

Iscrivendosi al corso EIBE Dilemma, si riceve un testo dove ci sono diversi articoli sull'etica e l'integrità professionali.

Accanto al workshop ci sono delle situazioni pratiche che servono per base di discussione.

Chi sono i partecipanti

Il corso EIBE Dilemma è diretto agli specialisti finanziari che intendono iscriversi al registro DSI e per questo necessitano di una formazione nell'ambito dell'etica e integrità professionale.

Questo corso è diretto soprattutto ai collaboratori senior e ai dirigenti dai quali ci si aspetta che siano un esempio per i colleghi più giovani.

Obiettivo

Il corso EIBE Dilemma si pone l'obiettivo di rafforzare la sensibilità morale dei professionisti e dirigenti nell'ambito della loro attività. Per questo gli forniamo un metodo per l'analisi e la discussione dei problemi professionali morali.

Partecipando al Dilemma Training si è in grado di:

- avere padronanza e metodo per l'analisi di un problema morale,

- applicare il metodo alle problematiche della propria attività lavorativa,
- acquisire fiducia nell'applicazione della teoria della morale alle situazioni concrete,
- essere consapevoli delle conseguenze del proprio modo di operare.

Riunione

Gli elementi base del corso EIBE Dilemma sono:

- integrità come responsabilità professionale,
- esercizi di analisi delle questioni morali,
- riflessioni sulle conseguenze delle proprie attività,
- pianificazione delle soluzioni.

7. Titoli finanziari

Introduzione

Il corso di auto-formazione per titoli finanziari aziendali è composto da 5 sezioni. Il corso inizia con la definizione degli obiettivi e termina con il test di auto-valutazione. Insieme al libro di testo si riceve un libro di esercizi, un esame di prova e una e una guida di aiuto immediato.

Il corso è composto da un ampia panoramica sui titoli finanziari e approfondisce la conoscenza da un lato, dei prodotti e dall'altro, della borsa valori e della amministrazione dei titoli.

Chi sono i partecipanti

Il corso titoli finanziari è rivolto a:

- tutti i collaboratori di società bancarie e finanziare che devono essere in grado di informare e consigliare autonomamente i clienti relativamente ai titoli finanziari,
- ai collaboratori che per lo svolgimento delle loro attività lavorative necessitano una ampia conoscenza delle implicazioni tecniche dei titoli finanziari,
- tutti quelli che si occupano di cash management, investimenti e tesoreria.

Il corso titoli finanziari è riconosciuto da DSI ai fini della iscrizioni al registro dei commercianti in titoli finanziari e a quello di consulenti di investimento.

Obiettivi

Dopo aver studiato il corso di auto-formazione, si conosce approfonditamente:

- la propria attività,
- le diverse tipologie di titoli finanziari,
- l'operatività dei titoli finanziari e dei derivati,

- l'operatività amministrativa delle operazioni sui titoli finanziari.

Contenuto:

a. quadro generale,

b. i titoli di riferimento,

c. i prodotti derivati e i servizi,

d. borsa e mercati,

e. l'iter dei titoli finanziari.

8. Etica

Introduzione

Per poter fare il corso DSI occorre avere effettuato una formazione specifica. Ogni persona che si registra al corso DSI deve seguire come minimo due formazioni nell'ambito dell'etica: DSI modulo per l'etica professionale (un pacchetto di auto-formazione) e un workshop o corso nell'ambito dell'etica professionale. L'obiettivo del workshop o corso è far discutere gli specialisti finanziari delle questioni etiche nell'operatività. Il corso "Etica" fa parte della formazione richiesta da DSI. Iscrivendosi al corso Etica, si riceve un testo dove ci sono diversi articoli sull'etica e l'integrità professionali. Accanto al workshop ci sono delle situazioni pratiche che servono per base di discussione.

Chi sono i partecipanti

Il workshop Etica è diretto agli specialisti finanziari che intendono iscriversi al registro DSI e per questo necessitano di una formazione nell'ambito dell'etica e integrità professionale.

Obiettivo

Il workshop Etica si pone l'obiettivo di analizzare e discutere insieme agli specialisti finanziari le problematiche inerenti a situazioni pratiche. Si discute il significato dei termini etica e integrità nella pratica del mestiere.

Riunione

Il programma del workshop è illustrato di seguito:

- il significato di integrità e etica,
- la conoscenza di alcune situazioni di attività pratica,
- l'auto-valutazione etica,
- integrità opposta all'adesione,
- norme legislative.

9. Futures Finanziari

Introduzione

Con l'iscrizione si riceve un testo guida per il corso che deve essere studiato approfonditamente. Durante il corso saranno affrontati e risolti diversi casi attraverso il lavoro individuale o di gruppo. Successivamente il trainer discuterà le soluzioni in aula con tutti i partecipanti.

Chi sono i partecipanti

Il corso *Futures* Finanziari è rivolto a collaboratori dei società finanziarie e aziende dell'ambito finanziario.

Obiettivi

Dopo aver partecipato al corso di *Futures* Finanziari, si è in grado di:

- usare *futures* valutari, di interessi e indicizzati come strumenti di investimento,
- valutare il prezzo teorico dei *futures*,
- valutare il rendimento degli investimenti in *futures*,
- conoscere quali sono i rischi dei *futures* e come si possono minimizzare.

Riunione

Nell'introduzione generale si parla dei seguenti argomenti:

- introduzione generale ai *futures*,
- contratti forward (ossia contratti a termine),
- profilo di guadagno o perdita del future e arbitraggi senza rischio,
- l'operatività della logica dei margini.

Gli argomenti affrontati specificamente sono:

- *Futures* azionari indicizzati, *futures* obbligazionari, *futures* monetari e *futures* valutari,
- Formazione del prezzo: valore teorico e arbitraggio.

10. Introduzione ai titoli finanziari

Introduzione

Il corso di auto-formazione sull'introduzione ai titoli finanziari è composto da 4 sezioni. Il corso inizia con la definizione degli obiettivi e termina con il test di auto-valutazione. Insieme al libro di testo si riceve un libro di esercizi, un esame di prova e una e una guida di aiuto immediato.

Il corso è composto da un ampia panoramica dei titoli finanziari olandesi per approfondire la conoscenza delle partite, dei prodotti e del funzionamento del mercato.

Chi sono i partecipanti

Il corso sull'introduzione ai titoli finanziari è diretto a tutti coloro che in breve tempo intendono acquisire conoscenza sul mondo titoli olandese ma senza un eccessivo approfondimento.

Obiettivo

Dopo aver studiato il corso di auto-formazione si conosce:

- il ruolo ricoperto dal mondo titoli all'interno dell'attività bancaria,
- il valore aggiunto della borsa,
- l'organizzazione l'attività di contrattazione titoli in Olanda,
- l'iter conclusivo di un ordine di titoli,
- i prodotti più importanti che sono trattati sul mercato dei titoli.

Contenuto

a. il mondo titoli,

b. le tipologie di titoli,

c. la contrattazione di titoli,

d. l'amministrazione dei titoli.

11. Options

Introduzione

Con l'iscrizione si riceve un testo guida per il corso che deve essere studiato approfonditamente. Durante il corso saranno affrontati e risolti diversi casi attraverso il lavoro individuale o di gruppo. Successivamente il trainer discuterà le soluzioni in aula con tutti i partecipanti.

Chi sono i partecipanti

Il corso *options* è diretto ai collaboratori delle società finanziarie e alle aziende che operano nell'ambito delle *options* della Borsa di Amsterdam (AEX) oppure delle *options "Over-the-Counter"*.

Obiettivo

Dopo aver partecipato al corso sulle *options*, lei è in grado di:

- utilizzare e consigliare come investimenti a privati e aziende le *options* su valuta, interessi e azioni,
- costruire diverse combinazioni con *options* dell'AEX o dell' OTC come *options straddles, spreads* e costo zero,
- valutare il risultato degli investimenti in options,
- valutare le modalità di formazione del prezzo di un *options* e il significato dei *paramentri* di rischio,
- conoscere quali sono i rischi delle *options* e come possono essere minimizzati,
- conoscere per le options l'organizzazione della borsa, le modalità delle contrattazioni e la differenza con le *options* OTC.

Riunione

Nell'introduzione generale si parla dei seguenti argomenti:

- le conoscenze basilari delle *options*,
- controllo del rischio attraverso la Borsa di Amsterdam,
- organizzazione e contrattazioni,

- formazione del prezzo e parametri di rischio,
- strategie delle *options*,
- gestione del rischio di interesse e tesoreria dove attraverso le *options* OTC cercherà una soluzione per il rischio valutario e degli interessi aziendale.

12. Quotazioni delle options

Introduzione

Il corso di auto-formazione sugli indici di opzione è composto da 2 sezioni. Il corso inizia con la definizione degli obiettivi e termina con il test di auto-valutazione. Insieme al libro di testo si riceve un libro di esercizi, un esame di prova e una e una guida di aiuto immediato.

Chi sono i partecipanti

E' rivolto a coloro che accettano e passano gli ordini di *options* o a coloro che in fase di colloquio con la clientela vengono dalla stessa interpellati in merito alle possibilità di investimento in *options*. Questo corso è interessante anche per coloro che intendono conoscere i principi che sottostanno alla gestione delle *options*.

Obiettivo

Dopo aver studiato il corso di auto-formazione si conoscono gli investimenti, la contrattazione e le strategie in *options*.

13. Workshop di analisi tecnica avanzata

Introduzione

Con l'iscrizione si riceve un testo guida per il corso che deve essere studiato approfonditamente. Il programma del corso è una combinazione di esercizi pratici e discussioni di gruppo in base ai diversi casi che si presentano oppure portati all'attenzione da parte dei partecipanti.

Chi sono i partecipanti

Il workshop analisi tecnica avanzata è rivolto a collaboratori di società finanziarie e aziende che già utilizzano le analisi tecniche per le loro decisioni di investimento oppure che intendono approfondire la loro conoscenza.

Obiettivo

Ognuno dei cinque workshop avanzati approfondisce uno specifico argomento: modelli dei tassi di cambio, obiettivi, limiti del mercato, sistemi di contrattazione e gestione monetaria, psicologia del mercato e il contesto mondiale.

Dopo aver partecipato al workshop analisi tecnica avanzata sin è in grado di mettere in pratica le notizie apprese al workshop.

Il workshop richiede conoscenze teoriche e conoscenze pratiche di:
- modelli dei tassi di cambio,
- obiettivi,
- limiti del mercato,
- sistemi di contrattazione e gestione monetaria,
- psicologia del mercato e il contesto mondiale.

14. Analisi tecnica

Introduzione

Con l'iscrizione si riceve un testo guida per il corso che deve essere studiato approfonditamente. Durante il corso saranno interpretati i grafici delle quotazioni e gli indici basati sulle quotazioni.

Il programma del corso è una combinazione di esercizi pratici e discussioni di gruppo in base ai diversi casi che si presentano oppure portati all'attenzione da parte dei partecipanti.

Chi sono i partecipanti

Il corso Analisi Tecnica è diretto ai collaboratori delle società finanziarie e delle aziende dell'ambito finanziario che intendono utilizzare i dati storici sull'andamento delle quotazioni per le loro decisioni di investimento.

Obiettivo

Dopo aver partecipato al corso di Analisi Tecnica si conoscono gli strumenti fondamentali dell'analista tecnico.

Il corso pone le basi necessarie per diventare un vero analista tecnico.

Si è così in grado di prendere le migliori decisioni per gli investimenti poiché lei:

- può usare i diversi strumenti nel modo giusto,
- lei può prevedere le quotazioni secondo le regole dell'analisi tecnica,
- può scegliere quali strumenti adottare, decidere quando adottarli e in quali combinazioni.

Riunione

Gli elementi fondamentali del corso Analisi Tecnica sono:

- le basi di ogni analisi tecnica: le analisi tendenziali,

- le diverse tipologie di strumenti e elaborazione di un piano commerciale,
- l'elaborazione delle proprie regole commerciale,
- rispondere a quali strumenti utilizzo e in che maniera.

E' interessante notare che l'ampio riconoscimento di tutto il settore finanziario per le attività e i corsi nonché i titoli rilasciati dal NIBE – SVV si basa su una formula che vede le banche, le assicurazioni e le società finanziarie direttamente coinvolte, infatti spesso i contenuti dei corsi e l'attivazione degli stessi sono concordati con le società del settore finanziario in base alle loro reali necessità. Questo coordinamento assicura che il personale sia formato proprio per gli ambiti in cui le banche sono consapevoli che c'è un livello di sviluppo limitato o in quei settori nei quali si prevede un ampio sviluppo di prodotti e servizi. Sicuramente l'uso continuato e dettagliato di strumenti precisi, quali il Piano di Sviluppo Personalizzato se da un lato evidenziano le necessità dei singoli, dall'altro, con la rielaborazione aggregata dei dati, consentono la pianificazione di un'efficace politica di sviluppo basata sulla situazione reale e su previsioni veritiere.

A margine si sottolinea come la positiva esperienza olandese del NIBE-SVV abbia portato l'istituto a espandersi in vari Paesi europei in Germania, dove grazie ad un accordo con la Bankakademie ha costituito l'istituto EFISEG per la formazione del personale di banche, assicurazioni e società finanziarie soprattutto in vista della prossima scadenza dell'euro e delle conseguenze per mercati e operatori; ma anche in Austria, Belgio, Danimarca e Ungheria sempre a partire da accordi con i governi o le associazioni bancarie nazionali.

6.2.5   La banca Mees Pierson è un caso isolato?

Il contesto aziendale che è alla base delle politiche di management delle competenze è caratterizzato da un lato dalla progressiva attuazione di un modello di gestione aziendale per processi in linea con le varie combinazioni di *business* (mercato/canali/offerta/organizzazione/ICT) e dall'altro dal consolidamento delle tre aree banca: l'area "Fabbrica" per la produzione, l'area "Sviluppo e Gestione del *Business*" per il conseguimento degli obiettivi di *business* e l'area "*Corporate Governance* per l'orientamento strategico, la gestione del capitale e dei rischi. Il contesto aziendale e il cambiamento ambientale (politiche di liberalizzazione, attuazione dell'EURO, ecc.) sono caratteristiche comuni a tutto il settore finanziario e sono la base per la costruzione di una efficace politica di valorizzazione delle Risorse Umane e delle competenze, ormai fondamentali per il mantenimento del vantaggio competitivo.

Si deve quindi dedurre che la banca Mees Pierson non costituisce un caso isolato. A suffragare questa ipotesi, la dimostrazione dell'effettività della costituzione all'interno delle singole banche di tre aree distinte viene da una media banca belga la BBL. La Bank Brussel Lambert of Belgium (BBL) è stata acquisita nel 1997 dal Gruppo ING e, in linea alla politica di gruppo, continua ad operare sul mercato con un proprio marchio e propri prodotti. La banca BBL distribuisce, e questo come Mees Pierson, una serie di fondi studiati e costruiti dal proprio personale specializzato in base alla loro clientela. La BBL pubblica trimestralmente un volume che costituisce una relazione dettagliata sulla gestione dei fondi, dati generali, composizione, orientamento al mantenimento del capitale oppure orientamento alla percezione di una rendita, ecc. Il documento ha durata limitata, soprattutto se cambia repentinamente la situazione economica; l'utilità rimane per un periodo più lungo per il cliente che ha interesse nei fondi di investimento, poiché lo sollecita a pensare al suo investimento in termini di durata, propensione al rischio, entità dell'importo, situazione economica e finanziaria personale.

La banca BBL offre un ampia gamma di fondi.

I Fondi Monetari, investono nelle liquidità e nei titoli a breve termine, come i depositi a termine, i certificati di deposito, le obbligazioni con scadenza a breve termine, *titoli commerciali e titoli monetari*. I Fondi monetari possono essere in euro o in divisa.

Il Fondo monetario è denominato BBL Renta Cash.

I Fondi Obbligazionari (Bonds) investono prevalentemente (minimo 75%) in titoli a reddito fisso come le obbligazioni e i prestiti senza mediazione con un termine di scadenza maggiore di 18 mesi. Esistono fondi obbligazionari a tempo indeterminato e a tempo determinato (FIX) e possono essere in euro, in divisa diversificati in varie monete oppure in divisa specializzati in una sola moneta.

Il Fondo Obbligazionario è denominato BBL Renta Fund.

I Fondi in Obbligazioni Convertibili investono soprattutto in obbligazioni convertibili ma mantengono anche una quota minima di azioni, options e warrant.

Il Fondo Obbligazionario Convertibile è denominato BBL Dynamic.

I Fondi Azionari (Equities) investono prevalentemente (minimo 75%) in azioni di società ma mantengono spesso una buona parte di options, warrant e/o obbligazioni convertibili. Esistono fondi azionari a tempo indeterminato e a tempo determinato (FIX) e possono essere fondi azionari belgi, internazionali, specializzati (per settore di attività o area geografica).

I Fondi Azionari sono denominati: BBL Invest, BBL (L) Invest, BBL (F) Invest France (Actiegest), BBL Selectis, BBL Dynamic.

I Fondi Misti (Mixed) investono più del 25% delle disponibilità in azioni e in obbligazioni. La politica di assett allocation è attiva: dividono le diverse categorie di investimento in modo da tener conto del fabbisogno e delle circostanze nell'ambito degli investimenti.

I Fondi Misti sono denominati: BBL Patrimonial e BBL Solidarity.

I Fondi Hig-Tech. BBL Technix è un fondo che investe in comparti ad alta tecnologia. Si tratta di comparti nei quali l'evoluzione della quotazione non necessariamente concorda con l'attuale valore di legge all'interno dei normali fondi. Per raggiungere questa diversità il gestore dei fondi usa prodotti differenziati. Questi nuovi strumenti consentono alla BBL di proporre agli investitori opportunità totalmente nuove che non sono disponibili all'interno dei fondi tradizionali. BBL Technix in genere viene offerto agli investitori più specializzati.

I Fondi a Risparmio Pensionistico devono investire un minimo del 30% delle disponibilità in azioni del mercato belga, al massimo il 10% in titoli esteri quotati in Belgio e al massimo il 10% in liquidità. La parte restante del suo investimento consiste soprattutto in obbligazioni in franchi belgi.

Il Fondo a Risparmio Pensionistico è denominato BBL Star Fund.

Nel caso che il cliente scelga fondi monetari, obbligazionari e alcune tipologie di fondi azionari dovrà scegliere fra orientamento alla rendita e orientamento al capitale:

- **l'orientamento al capitale** non monetarizza i dividendi dell'investimento, gli stessi vengono aggiungi al capitale che aumenta di valore. In questo caso i dividendi non sono tassabili;

- **l'orientamento alla rendita** monetarizza ogni anno i dividendi ogni anno sotto forma di un coupon. Questa opportunità è adatta a coloro che desiderano regolarmente un'entrata monetaria. In questo caso i dividendi sono soggetti a tassazione.

Ogni fondo viene riportata una breve introduzione con i dati generali e un commento sull'andamento dei diversi comparti durante il trimestre passato.

Il documento trimestrale è completato da una dettagliata analisi di ogni comparto che riporta oltre ai dati statistici, una breve descrizione dell'obiettivo e della strategia del comparto, le monete e gli indici di riferimento, la valutazione del rischio, i confronti con il trimestre precedente e altre notizie tecniche. In particolare il sistema di valutazione del rischio "EVAL" consente di, quantificare per ogni comparto il rischio effettivo per il cliente-investitore e, stabilire la previsione di investimento minima che, in passato, ha sempre permesso di rientrare in possesso del capitale conferito inizialmente.

E' interessante sottolineare che il sistema di valutazione "EVAL" è stato elaborato direttamente dal personale della BBL e si basa sui dati degli ultimi 10 anni e su indici scelti o costruiti dalla BBL in funzione della strategia di investimento del comparto cui si riferiscono.

La guida trimestrale sulla gestione fondi si affianca ad altre tipologie di informazione dei fondi BBL, il documento quindicinale sulle novità relative ai fondi, le quotazioni pubblicate quotidianamente sul giornale che possono essere consultate anche con un PC attraverso il servizio di Home Banking nonché, in caso di sottoscrizione di un fondo, la relazione semestrale e il prospetto informativo.

Questa breve panoramica, se da un lato sembra confermare il consolidamento delle tre aree banca in una banca belga (comunque facente parte del Gruppo olandese ING), dall'altro evidenzia, con la costruzione di appositi fondi e di particolari meccanismi di valutazione del rischio, l'esistenza di competenze specifiche e, di conseguenza, di un sistema di gestione delle competenze in grado di costruire il vantaggio competitivo.

Conclusioni

L'esame dettagliato dei metodi e degli strumenti adottati nei due casi prospettati evidenziano come l'attività di gestione delle competenze sia molto sviluppata e strutturata in Olanda, mentre in Italia, sia ancora ad uno stadio iniziale, anche se, si deve riconoscere gli sforzi notevoli verso la consapevolezza del ruolo centrale delle Risorse Umane e verso la conseguente necessità di adottare politiche di sviluppo adeguate.

Nel gruppo Banca Popolare di Bergamo – CV è stata intrapresa una attività di mappatura delle competenze con l'obiettivo finale di migliorare le competenze delle persone e fargli acquisire maggiore professionalità attraverso un programma di sviluppo personalizzato coerente con la mission e la vision aziendali.

Nel dettaglio il progetto comprende:

- la fase di rilevazione delle competenze aziendali necessarie, durante la quale vengono definite e individuate le conoscenze (intese come le nozioni tecnico-professionali acquisibili con lo studio e l'attività pratica) e le capacità (intese come i comportamenti osservabili e descrivibili) aziendali, nonché le conoscenze e capacità specifiche e indispensabili per ogni ruolo;

- la fase di raccolta delle competenze presenti nei singoli collaboratori, attraverso la doppia valutazione da parte del responsabile e da parte del collaboratore stesso (autovalutazione). Nel dettaglio, la conoscenza viene rilevata segnalando - in una scheda predisposta - il livello di conoscenza di ogni singola competenza, mentre la capacità viene rilevata attraverso la compilazione di una check-list composta da cinque domande per ognuno dei tre profili che identificano ogni singola capacità (per un totale di quindici domande per ogni capacità);

- la fase di confronto delle competenze rilevate nei collaboratori con i modelli ideali predefiniti;

- la fase di restituzione dei risultati con la predisposizione dei programmi di sviluppo.

In particolare, la fase di restituzione dei risultati avviene attraverso una scheda di restituzione che si compone di due sezioni:

- nella prima, sono riportati, in forma di grafico, le capacità e conoscenze rilevate nonché il livello di possesso delle stesse e, alcuni suggerimenti per colmare le carenze più evidenti attraverso azioni di miglioramento da intraprendere personalmente, da parte del responsabile per favorire il miglioramento di alcune capacità, da parte della struttura come ad esempio la partecipazione a specifici corsi di formazione o la lettura di testi specializzati;

- nella seconda, in seguito ad un apposito colloquio con il responsabile, viene riportato il piano di miglioramento individuale che si compone di varie sezioni, gli obiettivi e le azioni di miglioramento unitamente alle verifiche periodiche a cura del responsabile, gli obiettivi dell'anno precedente (raggiunti o meno), le aspirazioni del collaboratore e altre informazioni utili. E' molto importante che il colloquio sia aperto e franco proprio perché è uno strumento che consente al collaboratore di avere una effettiva opportunità di crescita professionale e al responsabile di indirizzare il collaboratore verso il miglioramento professionale valutandone al tempo stesso anche la motivazione (che è alla base di ogni processo di miglioramento).

Tutta l'attività di rilevazione mira a valutare l'adeguatezza e la preparazione dei collaboratori rispetto al ruolo ricoperto e quindi alla predisposizione di

programmi di formazione mirati tesi a colmare i gap di competenze emersi in fase di rilevazione e ad impostare processi di sviluppo coerenti con gli obiettivi aziendali. A questo proposito è utile sottolineare che, a livello di ogni singolo collaboratore è essenziale la motivazione al cambiamento, infatti, è noto che le persone apprendono solo quello che realmente vogliono apprendere e quindi, che cambiamento e apprendimento devono essere consapevoli e motivati.

La banca Mees Pierson si trova in una situazione molto più avanzata rispetto al caso italiano. Innanzitutto, l'attività stabile e strutturata di creazione di fondi mirati sulla propria clientela e che vengono distribuiti a tutte le banche *retail* del gruppo Fortis testimonia l'avvenuto consolidamento delle tre aree banca: l'area "Fabbrica", l'area "Sviluppo e Gestione del *Business*", l'area *"Corporate Governance"*. Peraltro, tale situazione si riscontra anche nel caso della banca belga BBL che crea e commercializza i propri fondi di investimento pur facendo parte del gruppo BBL. Questo tipo di attività implica la gestione di competenze specifiche e precisamente delineate all'interno della banca Mees Pierson.

Il *management* delle competenze alla banca Mees Pierson è un attività strutturata e codificata e che si avvale di strumenti quali:

- la Matrice per lo Sviluppo della Carriera, che è un documento dove sono opportunamente combinate le seguenti dimensioni: conoscenza (intesa come contenuto del mestiere), competenza (intesa come abilità e sviluppo personali), relazioni sociali/relazioni con i clienti che insieme definiscono la conoscenza e i comportamenti necessari per ogni specifica funzione o ruolo. La Matrice è articolata per funzioni: investimenti, finanza strutturata, finanziamenti e all'interno di ogni funzione in quattro diversi gradi di avanzamento;

- il Piano di Sviluppo Personalizzato (POP), illustrato in seguito;

- la Guida con il contenuto formativo del mestiere di Private Wealth Management & Trust, che riporta i corsi e le attività formative indispensabili per il gruppo Fortis essenziali dal gruppo Fortis e effettuati da società esterne;

- la Guida per lo Sviluppo delle Competenze, che riporta per ogni singola competenza la definizione generale, le modalità di sviluppo, i legami con altri tipi di competenze, ecc.

La banca ha una visione consolidata di quelle che sono le competenze aziendali necessarie e, quindi, il suo campo di azione è costituito, essenzialmente, dalla valutazione dei talenti e dalle azioni per lo sviluppo dei talenti del personale in modo che, il miglioramento delle prestazioni favorisca la realizzazione degli obiettivi di *business*. La gestione delle competenze è un'attività che, in anni recenti, ha conosciuto un formidabile sviluppo sia per la maggiore flessibilità delle organizzazioni, sia per la crescente responsabilizzazione del singolo in funzione del proprio risultato.

La base del management delle competenze all'interno della banca Mees Pierson è il colloquio dei singoli collaboratori con il proprio responsabile per l'elaborazione del Piano di Sviluppo Personalizzato. La banca è consapevole che i collaboratori interessati a migliorare la propria professionalità sono una ricchezza in quanto la maggiore qualificazione del personale assicura lo sviluppo e il mantenimento del vantaggio competitivo. La consapevolezza dell'importanza del colloquio quale strumento per indirizzare lo sviluppo futuro del collaboratore e quale opportunità per scambiare opinioni personali in assoluta serenità vedono la banca Mees Pierson impegnata ad invitare i propri collaboratori a prepararsi bene al colloquio tramite la documentazione messa a disposizione dalla banca stessa, che illustra gli strumenti utili durante il colloquio e sollecita i collaboratori a porsi domande di autovalutazione.

Durante il colloquio vengono:

- evidenziate le concordanze e le differenze nel possesso dei talenti evidenziati nella Matrice per lo Sviluppo della Carriera,

- esplicitate le ambizioni del collaboratore,

- stabilite le eventuali insufficienze di conoscenza,

- fissati gli obiettivi di sviluppo e le conseguenti attività. In particolare, l'obiettivo finale viene suddiviso in tanti obiettivi intermedi con specifiche azioni di sviluppo concrete e definite, fin da subito, nelle modalità (coaching, on the job, workshop, ecc.), nei tempi di attuazione e nella valutazione degli effetti (ad esempio con "colloqui di avanzamento" periodici).

Tutte queste informazioni vengono riportate nel Piano di Sviluppo Personalizzato che attesta l'impegno e la responsabilizzazione del collaboratore (col supporto del proprio responsabile) per lo sviluppo dei propri talenti. Per ogni tipo di talento esiste una o più modalità di sviluppo che gli si addicono e che sono specificate nella Guida per lo Sviluppo delle Competenze; le attività di sviluppo sono: il coaching, il principio insegnante-allievo, l'apprendimento on the job, l'intervisione, lo stage, lo studio per conto proprio, i corsi brevi, i corsi a lungo termine, i seminari e i workshop.

Un'ulteriore conferma di quanto il management delle competenze sia un'attività strutturata viene dall'esistenza all'interno del gruppo Fortis di un Centro di Consulenza per la Carriera che opera in maniera indipendente e fornisce consulenza: ai collaboratori per sviluppo personale, pianificazione della carriera, formazione nonché offerte di lavoro interne e esterne al gruppo Fortis; ai manager delle aziende del gruppo per l'attuazione dei programmi di sviluppo del personale, la preparazione ai colloqui, ecc.; inoltre fornisce il personale per le sostituzioni e i fabbisogni temporanei di periodi comunque superiori a tre mesi.

Nel sistema finanziario olandese trova ampio spazio l'istituto per la formazione NIBE-SVV che opera a livello nazionale e organizza corsi e seminari nel settore finanziario. I corsi godono di ampio riconoscimento in tutto il settore finanziario sia perché basati su una formula che prevede lo studio autonomo di un testo e l'attività in aula concentrata sulla discussione di argomenti specifici e sulla soluzione di casi pratici con l'effettuazione sempre di un esame finale; sia perché le banche, le assicurazioni e le società finanziarie sono direttamente coinvolte, infatti i contenuti dei corsi e la loro attivazione sono spesso concordati con le società del settore finanziario che grazie alle adeguate politiche di gestione del personale e alle previsioni sugli sviluppi dei prodotti e servizi del mercato ben conoscono le loro reali necessità.

CAPITOLO SETTIMO

Conclusioni: valutazioni e prospettive di sviluppo

La caratteristica e al tempo stesso il limite del sistema bancario è stata, fino dal 1936-38, la sua natura di "sistema protetto", con: assenza di competitività, scarsa attenzione al mercato mobiliare e, presenza di un'Autorità Centrale forte (Banca d'Italia) che guidava l'attuazione dell'attività creditizia attraverso l'applicazione del concetto di rigido controllo di tutti gli intermediari. La rigidità iniziale, che nasceva da ragioni oggettive di: garanzia di stabilità, efficienza esterna, efficacia funzionale delle banche e, a cascata, dell'intero sistema finanziario ha vincolato, nel tempo lo sviluppo della attività bancaria.

Per il sistema bancario italiano il forte cambiamento avviene nel periodo 1985-1989 in seguito al recepimento – in ritardo rispetto ad altri Paesi della Comunità Europea - della Prima Direttiva europea (1985), che sancisce la natura imprenditoriale dell'attività bancaria e tenta di limitare la discrezionalità dell'Autorità Centrale e, nel 1989, della Seconda Direttiva europea che introduce il modello della banca universale. Le Direttive europee aprono la strada ad importanti interventi legislativi: nel 1990, la liberalizzazione sia dei movimenti di capitali con l'estero sia dell'apertura degli sportelli bancari; la Legge Amato (legge n. 218/1990) sancisce la trasformazione giuridica delle banche, da enti pubblici in società per azioni; nel 1993, il Testo Unico delle leggi bancarie (D.Lgs. 385/94) riconosce l'attività di nuovi intermediari finanziari: le SIM, i Fondi Pensione, i Fondi Comuni d'Investimento, ecc.

L'ingresso dell'Italia nell'Unione Europea (1° gennaio 1999) evidenzia gli effetti negativi dovuti al ritardo frequentemente accumulato nel recepimento delle Direttive europee nonché a attuazioni legislative molto lente o solo parziali. Nel nuovo mercato globale le banche europee hanno strategie competitive che mirano al raggiungimento di grosse economie di scala attraverso la gestione di masse di volumi sempre maggiori e l'acquisizione di competenze qualificate e specializzate. Il sistema bancario italiano, totalmente impreparato ad affrontare simili strategie competitive, vede così accelerarsi - al suo interno - i processi già in atto di restrizione dei margini, aumento della concorrenza, riorganizzazione aziendale, concentrazione e risponde attraverso l'aumento delle operazioni di *mergers* & *acquisitions* per fronteggiare i propri gap dovuti alla ridotta offerta di prodotti e servizi, alla scarsa capacità professionale nei settori specializzati, alle ridotte economie di scala.

La sfida, tuttora in atto, vede l'incremento delle fusioni e acquisizioni come l'unica strategia possibile per: migliorare l'efficienza allocativa delle risorse, ridurre i costi fissi di struttura, migliorare la specializzazione delle reti commerciali a supporto dei macro segmenti (*retail, corporate e private*), sviluppare ulteriormente l'area di *business* della banca-assicurazione, attuare strategie di marketing orientate all'approccio relazionale con la clientela, separare nettamente la funzione di vendita dagli altri settori (con effetti positivi soprattutto nel segmento *retail banking*), creare nel management, competenze distintive in grado di favorire, la scelta e l'attuazione di strategie vincenti e la conseguente necessità di formare maggiore professionalità in tutto il personale. Due sono le tendenze comuni che guidano le strategie di ristrutturazione: il progressivo passaggio, da una articolazione di tipo funzionale per Servizio e Ufficio, ad un modello di gestione per processi in base alle combinazioni di *business* scelte (mercato/canali/offerta/tecnologia, ecc.); e, il progressivo consolidarsi di tre aree all'interno della Banca, ognuna con proprie responsabilità e obiettivi: l'area "Fabbrica" per la produzione; l'area "Sviluppo e Gestione del *Business*" per il conseguimento degli obiettivi di *business*; l'area "*Corporate Governance*" per l'orientamento strategico, l'allocazione del capitale e la gestione dei rischi.

Il quadro delle tendenze in corso nel sistema bancario italiano (*mergers & acquisitions*, consolidamento delle tre aree banca, articolazione per processi, ecc.) ricalca il percorso progressivo effettuato, nel tempo, dal sistema bancario olandese.

In Olanda la riforma del sistema bancario e finanziario olandese si è sviluppato su due fronti strettamente legati: la modifica della normativa e la predisposizione di un'adeguata politica monetaria.

Il successo della riforma è stato dovuto sia all'approccio graduale alla liberalizzazione e alla modernizzazione - attraverso controlli prudenziali e regolamentari che hanno garantito la stabilità macro-economica e la solidità del sistema bancario – sia all'attuazione già a partire dagli anni Settanta e Ottanta di politiche di liberalizzazione delle transazioni dei capitali internazionali e di deregolamentazione dei mercati finanziari nazionali. Le motivazioni di benessere sociale sono alla base delle politiche di liberalizzazione anche se hanno avuto un notevole peso le crescenti difficoltà a controllare le transazioni di capitali internazionali, vista, la crescita economica, l'internazionalizzazione delle banche e lo sviluppo di centri finanziari *off-shore*. Il processo di deregolamentazione è stato quasi un percorso obbligato per evitare che il mantenimento delle restrizioni nazionali compromettesse la competitività delle istituzioni finanziarie olandesi.

Il grande vantaggio del sistema finanziario olandese, rispetto a quello italiano è aver iniziato a percorrere la strada della liberalizzazione a partire dagli anni Settanta e Ottanta, in linea con altri Paesi industrializzati ma precorrendo in qualche caso le Direttive europee. Nel tempo, il sistema bancario ha affrontato con gradualità i problemi connessi alla maggiore competitività e gli intermediari hanno avuto un ruolo attivo, proponendo, già negli anni Sessanta, strategie di fusione e acquisizione che sono proseguite negli anni Ottanta. Pertanto, la costituzione dell'Unione Europea ha trovato le banche olandesi pronte ad affrontare la concorrenza globale e in questo senso, ha avuto un ruolo positivo anche la tradizionale vocazione all'internazionalizzazione su mercati assai diversi e lontani (Brasile, Europa dell'Est, Stati Uniti).

A partire dalla fine degli anni Ottanta si sono succedute le operazioni di fusione e acquisizione, anche tra banche e assicurazioni, e sono sorti i grandi conglomerati finanziari ABN AMRO, ING Group, Rabobank, Fortis, AEGON la cui attività si svolge comunque sotto il controllo decentrato della Camera delle Assicurazioni oppure della Banca d'Olanda, in base all'attività della holding prevalente.

Come sta accadendo in Italia, la formazione dei gruppi è stata, negli anni Ottanta, la risposta del sistema bancario olandese all'aumentata concorrenza e alla necessità limitare la perdita dei margini nelle aree tradizionali di intermediazione bancaria anche se, successivamente, i gruppi hanno allargato il loro raggio di azione, a banche e assicurazioni di altri Paesi (Belgio, Brasile, Stati Uniti, Europa dell'Est, America Latina, ecc.). Fra le ragioni per le maggiori fusioni si ricordano: la possibilità di assumere un ruolo guida sul mercato finanziario dell'Unione Europea a partire da una solida base nazionale; la possibilità di spalmare il rischio grazie alla diversificazione di prodotti e fonti di reddito; l'incremento dell'offerta di servizi bancari e assicurativi, l'ottimizzazione della gestione dei canali distributivi; la riduzione dei costi e più in generale, la ripartizione dei costi crescenti per l'*Information Technology*.

Nei due Paesi le operazioni di *mergers & acquisitions*, a fronte di effetti comuni, hanno dato luogo anche a sviluppi differenziati.

In particolare, in Olanda, fra i primi effetti della nascita dei conglomerati finanziari occorre ricordare il cambiamento delle strategie distributive con lo sviluppo di un forte segmento *retail banking*.

Negli anni Novanta, l'impegno del sistema bancario è stato nell'attuazione delle strategie *"Allfinanz"* e *"one-stop-shopping"* per offrire ai clienti l'opportunità di fare le operazioni bancarie, di investimento e di assicurazione sotto un unico "tetto" nonché nel successivo sviluppo di strategie multi-clienti, per cercare di estendere i gruppi di riferimento; multi-servizi, per offrire ai clienti un'ampia gamma di servizi finanziari; multi-canale, per utilizzare tutti i canali distributivi disponibili. Si comprende che, nella relazione con la clientela, il principio di riferimento è "assumere il cliente come punto di partenza per tutti i servizi offerti"; pertanto accanto all'innovazione di prodotto data, dallo sviluppo dei servizi di investimento e di quelli assicurativi e dalla commercializzazione di nuovi prodotti quali, i prestiti di risparmio e di investimento, si inserisce la necessità di avere un canale di distribuzione orientato per ogni singolo gruppo di clienti sia quelli che preferiscono una relazione discrezionale e anonima (clienti fai-da-te) sia quelli che hanno bisogno della consulenza da una persona fisica.

Nell'ambito dei sistemi di pagamento "fai-da-te", la crescita dei terminali ATM (con un notevole ampliamento delle funzioni non solo di prelievo ma anche di pagamento) e EFTPOS testimonia che le banche cercano di incrementare le transazioni in pagamento automatiche in modo da far lavorare il sistema con costi ridotti al minimo e con rendimenti elevati.

Nell'ambito del *direct banking* sono in costante ascesa sia il servizio di *telephone banking*, che permette di ottenere informazioni sul proprio estratto conto, sui prodotti, sui trasferimenti ai propri conti di risparmio e/o investimenti, prestiti al consumo e assicurazioni grazie alla costituzione di attrezzati *Call Center* sia il servizio di *home banking*, che permette di effettuare operazioni (compresi i trasferimenti a soggetti terzi) direttamente dal proprio PC.

Anche in Italia, seppure con i limiti dovuti all'ancora basso numero di fusioni e acquisizioni, sono in atto le tendenze di forte sviluppo del segmento *retail banking*, con conseguente incremento delle strategie multi-clienti, multi-servizi, multi-canale, diffusione del principio di "assumere il cliente come punto di partenza per tutti i servizi offerti", forte incremento dell'area direct banking e dell'ambito dei sistemi di pagamento "fai-da-te", anche se in quest'ultima area i terminali ATM hanno funzioni limitate al prelievo e alle sole interrogazioni sul proprio estratto conto.

Un sostanziale allineamento su posizioni comuni, si riscontra anche nell'area delle *performance* economiche, infatti, a fronte della generale diminuzione dei margini sul tasso di interesse, sono in aumento le commissioni su servizi (in particolare, in Olanda, quelle dell'area mutui) e le altre entrate.

La distorsione più evidente è nella diffusione territoriale degli sportelli bancari, infatti, in Olanda, le fusioni e le acquisizioni hanno determinato la ristrutturazione delle reti di sportelli e la loro diminuzione, soprattutto per effetto della politica dei conglomerati Rabobank e ABN AMRO, mentre in Italia, alla diminuzione del numero delle banche ha fatto seguito un aumento del numero degli sportelli.

Le banche olandesi, dopo aver attraversato un periodo di ristrutturazione dovuto alla formazione dei conglomerati finanziari e alla conseguente diminuzione di personale di filiali, uffici, direzioni, "doppioni", hanno puntato la loro attenzione alle Risorse Umane quale unico elemento in grado di mantenere e sviluppare il vantaggio acquisito. In presenza di strategie orientate al cliente piuttosto che al prodotto (visto che sono facilmente imitabili), le Risorse Umane dotate di competenza e professionalità assumono un ruolo di primo piano.

Il capitolo sulle competenze evidenzia che anche in Italia aumenta l'attenzione alla gestione delle competenze, se ne studiano i modelli, i caratteri, l'operatività. Le banche italiane non operano più in un sistema protetto ma in un contesto globale caratterizzato da cambiamenti improvvisi e repentini che si susseguono e che assicurano la permanenza sul mercato solo per le aziende in grado di anticipare e influenzare il mercato e, di adattarsi ai mutamenti ambientali, grazie agli investimenti e alla valorizzazione delle proprie Risorse Umane e delle loro competenze. La consapevolezza della necessità di valorizzazione delle competenze determina l'attuazione dei processi individuazione di conoscenze, abilità e capacità attraverso l'attività di mappatura e la individuazione delle *Core*

Competencies ossia le quelle conoscenze tecniche e attitudini sociali che risultano **determinanti per lo sviluppo di professionalità anche molto diverse.**

Il processo di gestione delle competenze si compone di varie fasi:

- la fase di mappatura, che consiste nella individuazione delle competenze necessarie all'azienda per garantirsi un vantaggio competitivo e raggiungere gli obiettivi strategici e organizzativi;
- la fase di valutazione, per determinare quali competenze sono presenti in azienda e qual è il livello di intensità di presenza;
- la fase di sviluppo, relativa alla programmazione delle attività per implementare determinate competenze;
- fase di monitoraggio, per verificare se le attività successive alla programmazione hanno determinato lo sviluppo delle competenze a suo tempo individuate.

E' importante sottolineare che la mappatura è un processo che obbliga l'azienda banca a riconsiderare tutto il proprio *business* e la propria organizzazione individuando le strategie che intende attuare per assicurarsi la permanenza competitiva sul mercato.

L'esame dei due casi aziendali relativi al gruppo Banca Popolare di Bergamo -CV e alla banca Mees Pierson conferma che la situazione italiana della gestione delle competenze è ad uno stadio iniziale e che, per contro, la situazione olandese può costituire un efficace modello a cui tendere.

Il sistema bancario italiano risente, ancora oggi, del ritardo storico e normativo che ha visto riconosciuta solo da pochi anni la natura imprenditoriale dell'attività bancaria e che si riflette sulle strategie, sulle strutture, sulla normativa interna, sulla "cultura aziendale".

Come confermato dall'analisi del caso relativo al gruppo Banca Popolare di Bergamo-CV, le organizzazione che adottano moderne politiche di gestione del personale spesso hanno appena concluso la fase di mappatura per l'individuazione delle competenze alla base delle *performance* organizzative e, a livello di singoli collaboratori, detengono la documentazione relativa alla valutazione della presenza e dell'intensità delle competenze emerse in fase di mappatura.

In particolare, nonostante che l'attività di formazione sia focalizzata:

- a favorire lo sviluppo di competenze necessarie all'azienda (definite da una specifica strategia) e inserite nel Piano di Miglioramento Individuale;

- a colmare, in maniera strutturata, il gap di competenze nei singoli;

proprio il Piano di Miglioramento Individuale sembra ancora ben lontano dal livello di programmazione e definizione del Piano di Sviluppo Personalizzato della banca Mees Pierson che, è bene ricordarlo, contiene il dettaglio della programmazione di sviluppo con tempi, modalità di attuazione e di verifica da parte del responsabile. La Banca Popolare di Bergamo, ma anche tutto il sistema bancario italiano, si trovano ad affrontare una nuova sfida: *"occorre passare alla fase di valorizzazione delle risorse umane, per completare il processo di Performance Improvement"*[108] con l'istruzione di processi di sviluppo che creino effettivo valore per l'azienda.

La strada da percorrere è ancora lunga e si basa sulla consapevolezza della centralità delle Risorse Umane e delle competenze, che sono il fattore principale per l'acquisizione e il mantenimento del vantaggio competitivo. Le banche italiane devono iniziare ad utilizzare politiche e strumenti adeguati per costruire organizzazioni in grado di anticipare e reagire ai cambiamenti e quindi di entrare con professionalità nella competizione del mercato.

La banca Mees Pierson si trova in una situazione molto più avanzata rispetto al caso italiano sia per quanto riguarda l'avvenuto consolidamento delle tre aree banca: l'area "Fabbrica", l'area "Sviluppo e Gestione del *Business*", l'area

"*Corporate Governance*" testimoniato dalla stabile e strutturata attività di creazione di fondi mirati sulla propria clientela e che vengono distribuiti a tutte le banche *retail* del gruppo Fortis; sia nell'ambito delle politiche per la gestione delle risorse umane.

Il management delle competenze alla banca Mees Pierson è un attività strutturata e codificata e trasparente che si avvale di strumenti quali: la Matrice per lo Sviluppo della Carriera, il Piano di Sviluppo Personalizzato, la Guida con il contenuto formativo del mestiere, la Guida per lo Sviluppo delle Competenze.

La banca conosce perfettamente quali sono le competenze aziendali necessarie (contenute proprio nella Matrice) e, quindi, il suo campo di azione è costituito, essenzialmente, dalla valutazione dei talenti e dalle azioni per lo sviluppo dei talenti del personale in modo che, il miglioramento delle prestazioni favorisca la realizzazione degli obiettivi di *business*. Alla base del management delle competenze c'è il colloquio dei singoli collaboratori con il proprio responsabile per l'elaborazione del Piano di Sviluppo Personalizzato che attesta l'impegno e la responsabilizzazione del collaboratore (col supporto del proprio responsabile) per lo sviluppo dei propri talenti.

Tutta l'attività di gestione delle competenze è supportata a livello interno di gruppo dal Centro di Consulenza per la Carriera che opera in maniera indipendente e fornisce consulenza: ai collaboratori e ai manager, nonché a livello nazionale dall'istituto di formazione NIBE-SVV che organizza corsi e seminari spesso in base ai fabbisogni evidenziati dagli strumenti per la gestione del personale assicurando così l'integrazione tra i corsi e le necessità aziendali.

Note

1 Cfr. Balducci M., "Ingegneria organizzativa e scienza politica", si trova in Rivista italiana di scienza politica, n. 2, 1977 pp. 262-263

2 Strategia focalizzata di nicchia: la mission (=obiettivo fondamentale delle politiche aziendali) è individuare e mantenere una nicchia di mercato che, in genere, corrisponde ad un'area geografica di presenza diffusa. L'attività si focalizza sul fattore qualità, lo standard è un livello di servizio elevato anche grazie alla capacità di adattamento che deriva dalla conoscenza personale del cliente. Questo tipo di strategia ignora qualsiasi cambiamento che non influenza direttamente la nicchia di mercato in cui la banca opera

3 Il modello anglosassone è tipico del Regno Unito, la banca opera prevalentemente isolata nel mare del mercato e assai vicino all'idea di libero mercato statunitense.

4 Il modello renano è tipico di Germania e Olanda, vi giocano un ruolo prioritario le relazioni interorganizzative tra banche ed altre aziende e istituzioni.

5 Cfr. F. Capriglione, "L'ordinamento finanziario verso la neutralità", CEDAM, Padova, 1994, pag. 57

6 Cfr. P. Biffis, "La banca universale italiana", Il Risparmio, n. 1, 1993, pag. 2 E. Montanaro (a cura di), "Dalla banca commerciale alla banca universale? Realtà e prospettive per il sistema bancario italiano", Studi e Note di Economia, Quaderno n. 1, supplemento al n. 1, 1996.

7 Cfr. Previati D., Bombardi E., Fiorentino P., Torresan P. Pluviano P., "Le banche italiane tra ristrutturazione e flessibilità", si trova in Sviluppo & Organizzazione, n. 173, p. 71, 1999.

8 Cfr. F. Arcucci, "L'impatto dell'Euro sulle tecniche d'investimento del risparmio gestito", Banche e Banchieri n. 3 maggio/giugno 1998, pag. 309-311

9 Il patto associativo, dal punto di vista giuridico, si presenta come una società cui partecipano alcune banche per raggiungere gli scopi definiti dal proprio ordinamento statutario, oppure come un accordo di collaborazione.

10 Il ROE (Return of equity) è un indice che esprime il rapporto tra utile e patrimonio, quest'ultimo indicato da capitale sociale e riserve aziendali.

11 L'indice di cross-selling evidenzia il rapporto tra il numero dei prodotti acquisiti dal cliente ed il totale dei prodotti considerati propri per il segmento cui appartiene il cliente.

12 Cfr. A. Resti, "Per un nuovo approccio alla funzione vendita in banca", Banche e banchieri n. 5, Settembre / Ottobre 1998, pag. 509. Alcuni tra tali strumenti sono la segmentazione per grandi famiglie comportamentali, le campagne prodotto rivolte a target specifici e la scelta dei canali distributivi.

[13] Cfr. M. Di Antonio, "Lo sviluppo dei nuovi prodotti in banca", in "Manuale di marketing bancario", a cura di W. Scott, Utet, 1999

[14] Lo sportello self service è uno sportello che permette varie soluzioni distributive automatizzate, concentrate nel medesimo spazio fisico. La creazione di un ambiente esclusivo e la progettazione di layout funzionali, permettono di recuperare le possibilità di differenziazione che il singolo canale distributivo non possiede.

[15] Il POS si pone in competizione con le carte di credito, per l'accredito immediato e il costo di utilizzo piuttosto basso.

[16] Cfr. P.Torresan, P.Pluviano, "Le ristrutturazioni in atto nelle banche italiane", Le banche italiane tra ristrutturazione e flessibilità, Sviluppo & Organizzazione n. 173, 1999.

[17] Cfr. Coopers & Lybrand, EFMA, The strategic impact of the Euro on European *retail* banks, March 1997.

[18] Cfr. P. Hilbers, "Financial sector reform and monetary policy in the Netherlands", Amsterdam, De Nederlandsche Bank, 1998.

[19] Il 29 dicembre 1958, fu stabilità la convertibilità del fiorino per tutte le società finanziarie (holding) non-residenti, escluse quelle in conto capitale e alcuni conti bilaterali. L'Olanda fece progressi sostanziali con l'ulteriore riduzione di restrizioni e discriminazioni nel commercio e nei pagamenti, fra il 1958 e il 1961, quando fu stabilità la piena convertibilità dei conti correnti, come definito nell'Articolo VIII.

[20] O.E.C.D. Organization for Economic Cooperation and Development.

[21] La Banca d'Olanda controllava il sistema bancario olandese, mentre il controllo delle compagnie di assicurazione era affidato alla Insurance Chamber.

[22] Nel 1990, la Algemene Bank Nederland e la Amsterdam Rotterdam Bank annunciarono i loro piani di fusione, mentre nello stesso anno la Rabobank Nederland acquisì un'ampia partecipazione in una grossa compagni assicurativa (Interpolis). Nel 1991 si fusero la NMB / Postbank e la Nazionale Nederlanden (la più grossa compagnia assicurativa d'Olanda). Il risultato fu che, a metà degli anni Novanta, le attività consolidate dei tre gruppi finanziari più grossi d'Olanda raggiungevano più del 70% delle attività di tutte le totali istituzioni riconosciute.

[23] Un'altra delle ragioni più importanti per l'adeguamento di questo atto fu che era necessario recepire la Seconda Direttiva CEE in materia bancaria, comprensiva di alcune attività di controlli interni.

[24] Si è sempre riconosciuto che la politica monetaria olandese da sola non può controllare un processo inflazionistico senza adeguate politiche di budget e di pianificazione delle entrate. Questa è stata la base per la determinazione della posizione della Banca d'Olanda nelle questioni di budget e nelle discussioni con il Ministro delle Finanze e con gli altri sulla politica fiscale. Inoltre,

la Banca Centrale esprime le sue opinioni sugli sviluppi salariali, che tendono ad essere il risultato di procedure prudenziali fondate sul consenso fra i datori di lavoro e gli impiegati, almeno fino dagli inizi degli anni Ottanta, quando la moderazione salariale divenne la chiave per il ritorno alla buona salute delle condizioni finanziarie dell'economia.

[25] L'enfasi della politica monetaria olandese sui crediti piuttosto che sulla moneta, per lo meno nel breve termine, era in linea con la larghezza di vedute del paese e con i tassi di cambio fissi e, inoltre, con il carattere endogeno della sua offerta di moneta. In simili economie aperte, l'offerta di moneta nominale tende ad adeguarsi alla domanda di moneta attraverso la bilancia dei pagamenti, almeno quando c'è la convertibilità dei conti correnti. La convertibilità di conti capitale rende questi casi ancora più forti, ma non è necessario per l'offerta di moneta che è determinata a livello endogeno. Se l'offerta di moneta è endogena e quindi non può essere controllata dalle autorità monetarie, la politica monetaria deve essere formulata nei termini di espansione creditizia interna. Questo punto, che successivamente divenne l'essenza dell'approccio monetario alla bilancia dei pagamenti, fu elaborato da Guitan (1977) in risposta a Selden (1975).

[26] Si deve notare che il Ministro delle Finanze è responsabile delle scelte del regime dei tassi di cambio, compreso l'adeguamento della parità, mentre la Banca d'Olanda è responsabile per la gestione giornaliera dei tassi dei cambio in regime concordato.

[27] Naturalmente nel periodo successivo al sistema Bretton Woods la quotazione della valuta nazionale non poteva essere completamente fissata in termini di altre valute. Comunque, quello che qui interessa, è che con l'agganciamento al marco tedesco, lo strumento del tasso di interesse iniziò a venire utilizzato per mantenere l'agganciamento e non fu più possibile utilizzarlo in maniera indipendente per scopi monetari interni.

[28] La funzione tradizionale di domanda di moneta non costituì per lungo tempo una spiegazione soddisfacente per gli sviluppi monetari, e furono elaborati modelli più avanzati e dinamici per formulare una stabile funzione di domanda per gli aggregati M1 e M2.

[29] I controlli sui tassi di interesse non hanno avuto un ruolo di maggiore importanza in Olanda.

[30] Cfr. P. Hilbers, "Financial sector reform and monetary policy in the Netherlands", Amsterdam, De Nederlandsche Bank, 1998.

[31] C'è stata un eccezione: durante il periodo 1969-72 ci fu una restrizione sui prestiti personali, disposta su richiesta del Ministro delle Finanze.

[32] I limiti massimi creditizi erano basati sull' "Act on the Supervision of the Credit System" che descriveva i diversi strumenti che la Banca Centrale poteva utilizzare per controllare lo sviluppo monetario.

[33] La ragione della svelta di un accordo piuttosto che di una formale restrizione creditizia in linea con l' "Act on the Supervision of the Credit System" fu la relativa onerosità delle procedure associate alla introduzione di una restrizione creditizia. Queste procedure vennero semplificate e efficientate con gli adeguamenti dell' "Act" del 1992.

[34] La Banca d'Olanda conduce raramente operazioni di mercato aperto, attraverso le quali evita la continua presenza sul mercato che può rafforzare la sua autonomia.

35,36 Cfr. P. Hilbers, "Financial sector reform and monetary policy in the Netherlands", Amsterdam, De Nederlandsche Bank, 1998.

37,38,39 Cfr. W.J.Jansen, R.T.L.Moonen, "Restructuring of the Dutch banking sector: implications for banks and economy", Amsterdam, De Nederlansche Bank, 1999.

40 Il ROE (Return of equity) è un indice che esprime il rapporto tra utile e patrimonio, quest'ultimo indicato da capitale sociale e riserve aziendali.

41,42,43,44 Cfr. W.J.Jansen, R.T.L.Moonen, "Restructuring of the Dutch banking sector: implications for banks and economy", Amsterdam, De Nederlansche Bank, 1999.

45 EFTPOS: "Electronic funds transfer at point of sale" ossia trasferimento elettronico di fondi da un punto vendita.

46 ATM: "Automated Teller Machine (cash dispenser)" apparecchio che consegna denaro.

47 Cfr. H.K. Verkoren, et al, "Paying in the future", NIBE, 1994.

48 Con il termine smart card si intende una carta plastificata dove possono essere memorizzate informazioni di tipo elettronico.

49 KPMG, Gruppo inglese per la consulenza finanziaria, "Distribution in *Retail* Banking", 1996. Questo studio è basato su una ricerca effettuata su 45 banche di 7 Paesi.

50 Cfr. Mc Kinsey Global Institute, "Boosting Dutch Economic Performance (personal Financial Services)", 1997.

51 Cfr. H.K. Verkoren, E.J. Snijders, "Retail banking in the Netherlands", Amsterdam, ING Group, 1998.

52 Cfr. H.K.Verkoren, E.J.Snijders, "Retail banking in the Netherlands", Amsterdam, ING Group, 1998.

53 Cfr. Coopers & Lybrand, EFMA, The strategic impact of the Euro on European retail banks, March 1997.

54 Cfr. J. de Leeuw, "Financial conglomerates in the Netherlands, NIBE, 1996.

55,56 Cfr. Coopers & Lybrand, EFMA, The strategic impact of the Euro on European retail banks, March 1997.

57 L'obiettivo dello SME era quello di limitare le fluttuazioni dei tassi di cambio tra le valute dei paesi membri; una simile organizzazione è chiamata unione dei tassi di cambio.

58 Cfr. Coopers & Lybrand, EFMA, The strategic impact of the Euro on European retail banks, March 1997.

59,60,61 Cfr. ABI - Settore Ricerche e Analisi, "Principali indicatori del Sistema bancario italiano", settembre 2001

[62] Cfr. Mc Kinsey Global Institute, "Boosting Dutch Economic Performance (personal Financial Services)", 1997.

[63,64] Cfr. ABI - Settore Ricerche e Analisi, "Principali indicatori del Sistema bancario italiano", sett. 2001

[65] Cfr. W.J.Jansen, R.T.L.Moonen, "Restructuring of the Dutch banking sector: implications for banks and economy", Amsterdam, De Nederlansche Bank, 1999.

[66] Cfr. ABI - Settore Ricerche e Analisi, "Principali indicatori del Sistema bancario italiano", sett. 2001

[67] Cfr. G. De Feo, "Le competenze delle Risorse Umane e quelle Organizzative", Sviluppo & Organizzazione n. 157, 1996.

[68] Cfr. Isfol, "Rapporto Isfol 1996: formazione, orientamento, nuove tecnologie e professionalità", Milano, Franco Angeli.

[69] Cfr. V. Terzi, L. Malocchi, "E' l'etica della Performance la nuova chiave di successo", L'Impresa n. 7, 1993.

[70] Cfr. R. Boccalari, "Il Management delle competenze", Sviluppo & Organizzazione n. 152, 1995.

[71] Cfr. C.K. Prahalad, G. Hamel, "The Core Competence of the Corporation" Harvard *Business Review* n. 62, 1990 "....Il modo più efficace e potente per predominare nella competizione globale è ancora sconosciuto a molte aziende, durante gli anni Ottanta, i massimi dirigenti erano valutati in base alla loro capacità di ristrutturare, di ridurre la complessità. Negli anni Novanta, saranno giudicati in base alla loro abilità di identificare, coltivare e valorizzare le competenze aziendali che rendono possibile la crescita, per meglio dire, dovranno ripensare il concetto stesso di azienda...".

[72] dall'inglese behaviour, cioè comportamento. Questo approccio privilegia l'identificazione delle competenze a partire dall'osservazione dei comportamenti dei singoli soggetti, indica nell'ambiente il principio di tutte le differenze individuali e riferisce la stabilità del comportamento alla somiglianza delle situazioni che lo suscitano. Il comportamentismo che dominava la psicologia del lavoro negli Stati Uniti degli anni Cinquanta aveva trovato nel nuovo continente un favorevole ambiente socioculturale, in quanto ben si inseriva nei principi di uguaglianza sociale e controllo del proprio destino.

[73] Cfr. W. Levati, M.V. Saraò, "Il modello delle competenze", Franco Angeli, Milano, 1998. Per comportamento si intende "l'insieme delle azioni osservabili, messe in atto da un individuo sollecitate dalla combinazione di contesto e di caratteristiche proprie della persona".

[74] Cfr. Op. cit. Per capacità si intende "la dotazione personale che permette di eseguire con successo una determinata prestazione, quindi la possibilità di riuscita nell'esecuzione di un compito o, in termini più vasti di una prestazione lavorativa. Questa possibilità di riuscita è a sua volta condizionata dall'attitude. La capacità ha natura intrinseca proprio per il suo radicarsi nel patrimonio attitudinale dell'individuo, che è stabile".

75 Cfr. Op. cit. L'attitudine viene definita come: "il substrato costituzionale e permanente di una capacità. L'attitudine si trasforma in capacità, solo se trova condizioni esterne (contestuali) ed interne (motivazionali) favorevoli al suo manifestarsi. Le condizioni esterne sono essenzialmente costituite da opportunità di esercizio.

76 Cfr. A. Bruschi, "Metodologia delle scienze sociali", Bruno Mondatori, Milano, 1999. Esistono due modalità fondamentali di ragionamento, la modalità non dimostrativa che giunge a conclusioni probabili e la modalità dimostrativa che giunge a conclusioni certe ed è alla base della logica deduttiva dove affermando premesse vere dobbiamo avere conclusioni vere. Nel linguaggio naturale il connettivo dell'implicazione sottintende una pluralità di termini quali dunque, pertanto, quindi. Nel linguaggio naturale standardizzato corrisponde all'espressione "se….. allora---"; simbolicamente è rappresentato dal segno " $\rightarrow$ ". L'enunciato composto $p \rightarrow q$ è detto condizionale; dove p prende il nome di antecedente (implicante); q vien detto conseguente (implicato).

77 Con il termine stakeholders si indicano tutti coloro che hanno rapporti con le banche o con altri intermediari in vario modo legati alle banche: azionisti, management, clientela, personale, fornitori, autorità, istituzioni, ecc.

78 Con il termine fattori critici di successo si intendono i requisiti richiesti dal mercato per il mantenimento del vantaggio competitivo.

79 Cfr. R. Boccalari, "Il Management delle competenze", Sviluppo & Organizzazione n. 152, 1995. Per skill si intende "l'insieme delle abilità che si traducono in azioni direttamente collegate ad una prestazione eccellente in un determinato ruolo, conteso organizzativo e di *business*".

80 Cfr. C.K. Prahalad, G. Hamel, "The Core Competence of the Corporation" Harvard *Business* Review, n. 62, 1990.

81 Cfr. R. Boccalari, "Il Management delle competenze", Sviluppo & Organizzazione n. 152, 1995. Per *business* si intende "la relazione economica e profittevole nel tempo fra l'Azienda, il suo mercato-cliente e la sua tecnologia".

82 Per best performers si intendono coloro che offrono prestazioni lavorative eccellenti.

83 Cfr. R. Boccalari, "Il Management delle competenze", Sviluppo & Organizzazione n. 152, 1995. Per Famiglia Professionale si intende "un insieme di figure professionali che utilizzano know-how di base vicini e relativamente omogenei, per lo svolgimento di attività e responsabilità fra loro connesse all'interno di un certo processo (ad esempio il venditore e il supporto vendite hanno know-how e responsabilità parzialmente differenziate, ma operano entrambe per l'acquisizione del cliente".

84 Per Job Requirements si intendono l'insieme delle conoscenze e delle capacità necessarie per svolgere con successo le attività previste per una determinata posizione. La teoria dei Job Requirements si focalizza sulla posizione organizzativa definita "Job Description" ossia descrizione di tutte le attività relative ad un determinato lavoro.

[85] Woude M.J.L.C., 1985, "Beoordelingsprocessen binnen 360 graaden feed back instrumenten: validiteit van de Reflector, een 360 graaden feedback instrumenten", published by PiMedia Arnhem.

[86] Cfr. G.F. Goeta "Performance Improvement, il miglioramento delle prestazioni organizzative attraverso lo sviluppo delle competenze", La mappatura delle competenze da ruolo e l'identificazione delle famiglie professionali, Etaslibri, Milano, 1998.

[87] Cfr. G.F. Goeta "Performance Improvement, il miglioramento delle prestazioni organizzative attraverso lo sviluppo delle competenze", La mappatura delle competenze da ruolo e l'identificazione delle famiglie professionali, Etaslibri, Milano, 1998.

[88] Per nominations si intende l'identificazione di uno o più individui che hanno operato in modo efficace o eccellente nel job.

[89] Cfr. A. Rolandi, C. Filippini, "Performance Improvement, il miglioramento delle prestazioni organizzative attraverso lo sviluppo delle competenze", La mappatura delle competenze da persone eccellenti, Etaslibri, Milano, 1998. Per presenza / assenza di una competenza si intende la percentuale delle persone che hanno riportato la competenza almeno una volta nel gruppo dei medi e eccellenti intervistati.

[90] Cfr. Op. cit. Per frequenza di una competenza si intende il numero medio di volte in cui compare una particolare competenza nel gruppo dei medi e degli eccellenti.

[91] Cfr. Op. cit. Per competenze di soglia si intende le capacità o caratteristiche personali necessarie per svolgere in modo adeguato il proprio ruolo, ma non sufficienti per prestazioni eccellenti.

[92] Cfr. Op. cit. Per competenze distintive di successo si intende le capacità e caratteristiche personali alla base di prestazioni eccellenti.

[93] Il PAQ può essere richiesto alla Oxford Psychologist Press, che consapevole della complessità dello strumento lo fornisce solo agli analisti addestrati al suo uso.

[94] Il JCI è stato sviluppato dalla Social and Applied Psychology Unit dell'Università di Sheffield, Gran Bretagna.

[95] Cfr. P. Faville, R. Holdsworth, "WPS Manual", SHL, Eshter, 1988.

[96] Cfr. J.C. Flanagan, "The critical incident tecnique", in Psychological Bullettin, 51 (4).

[97] Cfr. W. Levati, M.V. Saraò, "Assessment Center", Franco Angeli, Milano, 1993.

[98] Cfr. G.C. Cocco, "L'Assessment Center: cos'è, come funziona", Sviluppo & Organizzazione n. 47, 1978.

[99] Cfr. W. Levati, "L'analisi e la valutazione del potenziale delle risorse umane. Teoria, metodi, strumenti", Franco Angeli, Milano, 1992.

[100] Cfr. W. Levati, M.V. Saraò, "Il modello delle competenze", Franco Angeli, Milano, 1998. Per empowerment si intende l'appiattimento dell'organizzazione ossia "...organizzazioni che per ottenere maggior flessibilità ed efficacia possibili, hanno semplificato la loro struttura, riducendo i livelli gerarchici e avviandosi verso modelli sempre più snelli e piatti. Venendo meno i gradi intermedi di supervisione, il livello delle responsabilità e delle necessità di autocontrollo sono ricaduti sulla base di quella che una volta era la base della piramide gerarchica".

[101] Cfr. V. Migliori, A. Rolandi "Performance Improvement, il miglioramento delle prestazioni organizzative attraverso lo sviluppo delle competenze", Strumenti e strategie per lo sviluppo delle competenze base e derivate, Etaslibri, Milano, 1998.

[102] Cfr. V. Migliori, A. Rolandi "Performance Improvement, il miglioramento delle prestazioni organizzative attraverso lo sviluppo delle competenze", Strumenti e strategie per lo sviluppo delle competenze base e derivate, Etaslibri, Milano, 1998.

[103] Cfr. G. De Feo, "Le competenze delle Risorse Umane e quelle Organizzative", Sviluppo & Organizzazione n. 157, 1996.

[104] Cfr. Gruppo Banca Popolare di Bergamo – CV, " Atti del Convegno Competenze Manageriali".

Riferimenti Bibliografici

ABI, *"Indagine conoscitiva sullo stato della formazione ed i costi dell'investimento in formazione nelle banche"*, Bancaria Editrice, 1996

ABI, *"Osservatorio organizzativo ABI-Crora: Organizzazione e risorse umane nelle banche europee"*, Bancaria Editrice, 1996

ABI, *"Osservatorio organizzativo delle banche. Rapporto Europa"*, Bancaria Editrice, 1996

ABI, *"Principali Indicatori del Sistema Bancario Italiano"*, Settore Ricerche e Analisi, settembre 2001.

ABI, *"Programma Force. Progetto Bankskill, Analisi dei bisogni di formazione"*, Bancaria Editrice, 1994

ABI, *"Semestrale ABI al 31 dicembre 1999. Le banche italiane nel 1999: uno scenario in rapida evoluzione"*, si trova in Bancaria, n. 6, p. IV, 2000

Alliney F., Mastroianni M, *"I sette passi per massimizzare il valore della clientela"*, si trova in Bancaria, n. 5, p. 76, 199

Bagnato G., Paletti F., Saraò M.V., Levati W., Cartocci A., Quadrelli G., Vailati B., de Michelis B., *"La selezione integrata. La selezione come leva strategica: le prospettive di integrazione con il ciclo di gestione del personale"*, si trova in Sviluppo & Organizzazione, n. 168, p. 75, 1998

Baldinelli C., Gangheri M., Leandri F., *"I riflessi sulle banche italiane della crisi del mercato immobiliare"*, si trova in Bancaria, n. 9, p. 2, 1998

Banca d'Italia, *"Bollettino Statistico I-2000"*, Banca d'Italia, gennaio 2000

Banca d'Italia, *"Bollettino Statistico I-2001"*, Banca d'Italia, gennaio 2001

Bandini S., Giuliani G., Suggi Liverani F., *"Quando le strategie che valorizzano la conoscenza e la ricerca arrivano al trasferimento tecnologico"*, si trova in Sistemi e Impresa, n. 7, p. 49, 1998

Baravelli M., *"L'evoluzione dei ruoli professionali nelle banche"*, si trova in Sviluppo & Organizzazione, n. 171, p. 35, 1999

Bellocci A., De Maio A., *"Tecnologie dell'innovazione e sviluppo di nuovi prodotti"*, si trova in Sviluppo & Organizzazione, n. 166, p. 91, 1998

Benincampi R., *"Industria bancaria e concorrenza: le tendenze recenti"*, si trova in Bancaria, n. 7-8, p. 36, 2000

Bertucci M., Scarnò M., *"Nuovi metodi d'analisi della clientela per potenziare il marketing relazionale"*, si trova in Bancaria, n. 2, p. 60, 1999

Bianchi T., *"La valutazione delle banche"*, Edibank 1985

Biazzo S., *"Approcci e tecniche di analisi dei processi organizzativi"*, si trova in Sviluppo & Organizzazione, n. 173, p. 99, 1999

Bistolfi M., *"Il Knowledge Management e la ricerca industriale in Europa. Il punto di osservazione dell'EIRMA"*, si trova in Sistemi e Impresa, n. 5, p. 37, 1998

Boldizzoni D., Ghezzi G., *"Le Corporate University"*, si trova in Sviluppo & Organizzazione, n. 178, p. 49, 2000

Boldizzoni D., Negrelli S., *"Human Resource Management e Relazioni Sindacali nelle Banche Europee"*, si trova in Sviluppo & Organizzazione, n. 165, p. 47, 1998

Bombardi E., *"Vincere la sfida del cambiamento"*, si trova in Banca & Lavoro, ottobre/dicembre, supplemento a Bancaria n. 12/1999, p. 10, 1999

Borghese A., *"Valore delle risorse umane e sviluppo del business"*, si trova in Sviluppo & Organizzazione, n. 179, p. 33, 2000

Bruno E.G, *"Il sistema bancario italiano e l'Europa: internazionalizzazione o integrazione?"*, si trova in Bancaria, n. 7-8, p. 69, 1999

Camuffo A., *"Il valore delle competenze"*, si trova in Sviluppo & Organizzazione, n. 178, p. 21, 2000

Carretta A., *"La cultura aziendale come strumento di governo del cambiamento della banca"*, si trova in BancaNotizie n. 3, p. 1, 1999

Casale G., *"Lavoro e produttività nell'altra Europa"*, si trova in Banca & Lavoro, ottobre/dicembre, supplemento a Bancaria n. 12/1999, p. 25, 1999

Chiacchierini C., Aquilani B., *"Skill-based compensation e capacità competitiva dell'impresa"*, si trova in Sviluppo & Organizzazione, n. 176, p. 41, 1999

Chiacchierini C., Neri M., *"Coinvolgimento della risorsa umana ed equità dei sistemi di gestione del personale in banca"*, si trova in Bancaria, n. 9, p. 78, 2000

Cnel, *"I facilitatori della conoscenza"*, si trova in Banca & Lavoro, luglio/settembre, supplemento a Bancaria n. 9/2000, p. 18, 2000

Colasanto M., *"Verso un sistema di formazione integrato"*, si trova in Banca & Lavoro, gennaio/marzo, supplemento a Bancaria n. 3/2000, p. 2, 2000

Comes R., *"Knowledge Management, il progetto"*, si trova in Sistemi e Impresa, n. 2, p. 12, 1998

Croci M., Morfino M., Padova A., *"Il difficile mestiere di creare valore"*, si trova in Sistemi e Impresa, n. 8, p. 31, 1999

De Marco M., Sorrentino M., *"Verso la Banca Virtuale"*, si trova in Sviluppo & Organizzazione, n. 176, p. 95, 1999

De Masi D., "L'impresa efficiente", si trova in Banca & Lavoro, ottobre/dicembre, supplemento a Bancaria n. 12/1999, p. 21, 1999

De Micheli P., "Il knowledge management", si trova in Banca & Lavoro, n. 1, supplemento a Bancaria n. 3/1999, p. 29, 1999

Decastri M., "Visione strategica e innovazione", si trova in Sviluppo & Organizzazione, n. 168, p. 15, 1998

Durante G., Prosperetti L., "Il lavoro nelle banche italiane: i primi segnali del cambiamento", si trova in Bancaria, n. 3, p. 2, 2000

Durante G., Troiani M., "I sistemi di incentivazione in banca", si trova in Banca & Lavoro, gennaio/marzo, supplemento a Bancaria n. 3/2000, p. 7, 2000

Ermers A., Metz A., "Verso la Learning Organisation. Lo stabilimento di Rohrbach della Festo AG & Co. ed il Festo-Lernzentrum Saar", si trova in Sistemi e Impresa, n. 5, p. 43, 1998

Fabrizi P.L., "Il futuro del sistema bancario italiano: strategie e modelli organizzativi", si trova in Bancaria, n. 1, p. 10, 2000

Fabrizi P.L., "La formazione nelle banche: da fattore di costo a leva strategica", si trova in Bancaria, n. 1, p. 36, 1999

Fanelli A., Hargadon A., "I mediatori della conoscenza", si trova in Sviluppo & Organizzazione, n. 175, p. 77, 1999

Fazio A., "Il lavoro nell'era della globalizzazione", si trova in Banca & Lavoro, giugno, supplemento a Bancaria n. 6/1999, p. 6, 1999

Fazio A., "Il sistema bancario italiano. Concorrenza, efficienza, sviluppo", si trova in Bancaria, n. 9, p. 14, 1999

Fazio A., "*Innovazione e crescita nel sistema bancario*", si trova in Bancaria, n. 9, p. 15, 2000

Finocchiaro A., "*Innovazione tecnologica nei sistemi finanziari e attività di supervisione delle banche centrali*", si trova in Bancaria, n. 7-8, p. 8, 2000

Forestieri G., "*La ristrutturazione del sistema finanziario italiano: dimensioni aziendali, diversificazione produttiva e modelli organizzativi*", si trova in Banca Impresa Società, n. 1, p. 29, 2000

Forghieri F., "*Spazio ai neospecialisti*", si trova in Banca & Lavoro, n. 1, supplemento a Bancaria n. 3/1999, p. 16, 1999

Garavan A., "*L'organizzazione che apprende*", si trova in Sviluppo & Organizzazione, n. 168, p. 45, 1998

Gatti S., Scardovi C., "*La catena del valore dell'asset management: una scelta di campo tra produzione e distribuzione*", si trova in Bancaria, n. 6, p. 76, 1998

Giussani C.A., "*La gestione dei processi in Bankitalia*", si trova in Banca & Lavoro, n. 1, supplemento a Bancaria n. 3/1999, p. 10, 1999

Goeta G.F., *"Il counseling per lo sviluppo individuale"*, si trova in Sviluppo & Organizzazione, n. 177, p. 39, 2000

Granata E., *"Banche e corporate governance: il ruolo degli intermediari nell'esercizio del voto"*, si trova in Bancaria, n. 6, p. 50, 1998

Gravilli G., Turati C., *"L'organizzazione Knowledge Based"*, si trova in Sviluppo & Organizzazione, n. 179, p. 91, 2000

Hilbers P., *"Financial sector reform and monetary policy in the Netherlands"*, Amsterdam, De Nederlandsche Bank, 1998

If Price, *"Memetica organizzativa? L'apprendimento organizzativo come processo di selezione"*, si trova in Sistemi e Impresa, n. 3, p. 21, 1999

Jansen W.J., Moonen R.T.L., *"Restructuring of the Dutch banking sector: implications for banks and the economy"*, Amsterdam, De Nederlandsche Bank, 1999

Lanza A., *"Partnership interaziendali e creazione di conoscenza"*, si trova in Sviluppo & Organizzazione, n. 175, p. 37, 1999

Lipparini A., *"L'apprendimento relazionale"*, si trova in Sviluppo & Organizzazione, n. 166, p. 75, 1998

Lodesani E.O., *"Strategia d'azienda e sistemi d'incentivazione"*, si trova in Banca & Lavoro, n. 1, supplemento a Bancaria n. 3/1999, p. 14, 1999

Maccanico A., *"Il sistema bancario italiano nel contesto europeo: nuove regole, ristrutturazioni e consolidamento"*, si trova in Bancaria, n. 11, p. 16, 2000

Marraffa M., *"Apprendimento organizzativo e teoria cognitiva della cultura"*, si trova in Sistemi e Impresa, n. 6, p. 55, 1998

Martelli A., *"Imprese e globalizzazione"*, si trova in Sviluppo & Organizzazione, n. 168, p. 33, 1998

Masciandaro D., *"La corporate governance nelle banche popolari"*, si trova in Bancaria, n. 12, p. 36, 1998

Maspero D., Rossignoli C. (a cura di), *"Le applicazioni dell'intelligenza artificiale negli intermediari finanziari"*, Bancaria Editrice, 2000

Massa S., Merlino M., Puliafito P.P., *"Knowledge Management e vantaggio competitivo"*, si trova in Sviluppo & Organizzazione, n. 173, p. 19, 1999

Massimo R., *"I due motori della trasformazione"*, si trova in Banca & Lavoro, aprile/giugno, supplemento a Bancaria n. 6/2000, p. 14, 2000

Minervini G., *"Le attività non bancarie della banca"*, si trova in Bancaria, n. 11, p. 20, 2000

Montironi M., Parmeggiani B., *"Società della conoscenza e comunità del sapere"*, si trova in Sviluppo & Organizzazione, n. 171, p. 45, 1999

Moran P., Ghoshal S., *"La creazione del valore"*, si trova in Sviluppo & Organizzazione, n. 177, p. 87, 2000

Mottura P. (a cura di), *"La banca reingegnerizzata"*, Edibank, 1996

Mottura P., *"Nuove strategie e riorganizzazione dell'attività di credito"*, si trova in Bancaria, n. 2, p. 3, 2000

Nanni S., Lucchi V., *"L'evoluzione dell'idea di strategia in Bayer Italia: verso la progressiva connessione tra Vision e Action"*, si trova in Sistemi e Impresa, n. 3, p. 31, 2000

Palombi L., *"Le buone pratiche. Gestione delle risorse umane e relazioni industriali nell'economia transnazionale"*, si trova in Sistemi e Impresa, n. 5, p. 31, 1998

Pero L., Campagna L., *"Il management della conoscenza organizzativa"*, si trova in Sviluppo & Organizzazione, n. 180, p. 99, 2000

Pietrabissa E., *"Il Contract Banking"*, si trova in Sviluppo & Organizzazione, n. 166, p. 15, 1998

Pietrabissa E., *"Metodi avanzati per la gestione della clientela retail di una banca"*, si trova in Bancaria, n. 10, p. 64, 1999

Pincolini D., *"I modelli organizzativi innovativi alle soglie del 2000"*, si trova in Sistemi e Impresa, n. 7, p. 37, 1998

Previati D., Bombardi E., Fiorentino P., Torresan P. Pluviano P., *"Le banche italiane tra ristrutturazione e flessibilità"*, si trova in Sviluppo & Organizzazione, n. 173, p. 71, 1999

Prosperetti L., Durante G., *"Retribuzioni e costo del lavoro nelle banche: il divario tra Italia ed Europa"*, si trova in Bancaria, n. 11, p. 36, 1998

Quarta M., *"La certificazione del Tm"*, si trova in Banca & Lavoro, ottobre/dicembre, supplemento a Bancaria n. 12/1999, p. 29, 1999

Ravagnani R., Biffi A., Terragni F., *"Nuove tecnologie e trasformazioni del lavoro. Come stanno cambiando il lavoro e i ruoli professionali nel nostro Paese?"*, si trova in Sviluppo & Organizzazione, n. 166, p. 63, 1998

Riolo F., *"La rivoluzione Internet tra regolamentazione e autoregolamentazione"*, si trova in Bancaria, n. 7-8, p. 2, 2000

Santoro G.M., *"Comunicazione, conoscenza, competenza distintiva"*, si trova in Banca & Lavoro, gennaio/marzo, supplemento a Bancaria n. 3/2000, p. 12, 2000

Sartoni A., *"La nuova formazione"*, si trova in Banca & Lavoro, n. 1, supplemento a Bancaria n. 3/1999, p. 22, 1999

Schwizer P., *"La flessibilità organizzativa nelle banche"*, si trova in BancaNotizie n. 3, p. 11, 2000

Sella M., *"Nuovi scenari e nuove strategie per le banche italiane ed europee"*, si trova in Bancaria, n. 11, p. 15, 1999

Sella M., *"Un sistema bancario nuovo per eccellere in Europa"*, si trova in Bancaria, n. 9, p. 21, 1999

Sella M., Prosperetti L., Durante G., Profumo A., Salvatori C., *"Un nuovo modo di lavorare nell'era della destrutturazione e della ristrutturazione"*, si trova in Bancaria, n. 12, p. 2, 1998

Simioni A., *"Le competenze nell'azienda banca"*, si trova in Banca & Lavoro, giugno, supplemento a Bancaria n. 6/1999, p. 9, 1999

Spadarotto L., *"Gruppi di lavoro e nuove forme organizzative"*, si trova in Sviluppo & Organizzazione, n. 169, p. 59, 1998

Tomassini M., *"Come evolve la learning organization. Note sui presupposti dello sviluppo di reti di apprendimento"*, si trova in Sistemi e Impresa, n. 6, p. 41, 1998

Torrisi B., *"Economie di scala e di scopo: una verifica empirica per il sistema bancario siciliano"*, si trova in Bancaria, n. 7-8, p. 54, 2000

Troiani M., Pasquini C., Rigon A., Landi A., *"Il ruolo strategico delle banche di piccole e medie dimensioni in Europa"*, si trova in Bancaria, n. 9, p. 50, 1998

Tronti L., Carabelli U., *"Le eccedenze di lavoro nei paesi dell'UE"*, si trova in Banca & Lavoro, ottobre/dicembre, supplemento a Bancaria n. 12/1999, p. 15, 1999

Verkoren H.K., Snijders E.J., *"Retail banking in the Netherlands"*, Amsterdam, ING Group, 1998

Verza S., *"Aspetti psicologici del Reengineering"*, si trova in Sistemi e Impresa, n. 7, p. 65, 1998

Verza S., *"Impresa e gestione della conoscenza"*, si trova in Sistemi e Impresa, n. 10, p. 49, 1999

Visco V., *"L'economia e la finanza italiana tra liberalizzazione e riforme"*, si trova in Bancaria, n. 9, p. 2, 2000

Viviani D., *"Professione bancario"*, si trova in Banca & Lavoro, n. 1, supplemento a Bancaria n. 3/1999, p. 25, 1999

Zadra G., *"I principiali svantaggi competitivi delle banche italiane nel confronto europeo"*, si trova in Bancaria, n. 1, p. 2, 2000

Zuanelli E., *"Il management nell'età dell'euro"*, si trova in Banca & Lavoro, giugno, supplemento a Bancaria n. 6/1999, p. 13, 1999

ISBN: 978-90-823922-0-3